2

중국교회의
타문화권 선교 운동

중국교회의 타문화권 선교 운동

Copyright ⓒ 도서출판 목양 2020

초판 1쇄 인쇄 2020년 11월 10일
초판 1쇄 발행 2020년 11월 16일

지은이 김종구
펴낸이 정성준
펴낸곳 도서출판 목양

등록 2008년 3월 27일 제 2008호-04호
주소 경기도 용인시 처인구 양지면 양지리 38-2
전화 070-7561-5247 팩스 0505-009-9585
홈페이지 www.mokyangbook.com
이메일 mokyang-book@hanmail.net

ISBN 979-11-86018-90-3 〔03230〕

* 본 저작물은 신 저작권법에 의하여 한국 내에서 보호받는 저작물이므로 무단전재와 복제를 엄격히 금합니다.

· 책 값은 뒤표지에 있습니다.
· 잘못된 책은 교환하여 드립니다.

중국교회의 타문화권 선교 운동

김종구 지음

Cross-Cultural Mission Movement of
Chinese Church

목양

이 연구 저서는 아세아연합신학대학교 학술 저서 연구비에 의하여 지원된 저서임.

추천사

지금 세계선교의 흐름을 볼 때 어디선가, 누구에 의해서든가 선교의 불길이 일어나야할 필요성을 감지하게 된다. 이 일에 중국을 빼놓을 수 없다. 1억 정도의 중국 기독교인들에게 선교의 열정이 불어 넣어진다면 세계선교는 큰 힘을 받아 진전될 수 있을 것이다. 중국교회가 세계선교를 감당해야 할 때인 것을 놓치지 않고 우리 대학에서 강의하며 중국선교를 연구하는 김종구 교수에 의해 책으로 출판된다는 것은 매우 고무적인 일이다. 부디 이런 업적이 중국선교와 세계선교를 위한 좋은 밑받침이 되기를 소망하며, 선교 관심 자에게 좋은 모델케이스가 될 것으로 확신하여 적극 추천하고 싶다.

• **정흥호 총장**(아세아 연합신학대학교 총장)

중국은 땅이 크고 인구가 많고 장구한 역사를 가진 나라입니다. 아울러 중국에 교회와 기독교 인구의 숫자를 하나님 외에는 아는 사람이 없습니다. 그래서인지 중국교회와 선교에 대해 쓴 대부분의 책은 장님 코끼리 다리 만지기식입니다. 그러나 이 책은 중국교회를 이해하는데 깊은 통찰력을 줄 수 있어서 매우 기뻤습니다. 추천인이 35년간 중국관련 많은 것들을 보고 듣고 가보았지만, 이렇다할만한 책을 보지 못했는데, 이번에 중국교회의 세계선교에 깊은 관심을 갖고 중국교회를 세계선교에 동원하고 훈련하고 있는 우리 선교회의 김종구 선교사에 의해 이렇듯 전문성이 있는 책이 나와 기쁜 마음으로 추천합니다. 중국교회를 이해하는 데 큰 도움이 되리라 확신합니다.

- **양영학 선교사**(빌리온선교회 설립자, 고문)

먼저 김종구 박사님의 『중국교회의 타문화권 선교운동』 출간을 진심으로 축하합니다. 저자는 빌리온선교회의 대표로서 중국선교에 깊이 헌신된 선교사이자, 아세아연합신학대학교(ACTS)에서 선교학 교수로서 이론과 실천을 겸비한 분입니다. 이번에 출간되는 책은 선교학을 단순히 이론적으로만 접근하지 않고, 중국선교의 현장과 상황 가운데 실제적으로 선교의 전략화가 가능한 경험적 연구(empirical approach)를 동반했다는 데에서 매우 고무적이라고 평가됩니다.

    이 책은 중국 내 도시가정교회를 통한 세계선교 전략의 활성화를 연구하는 것을 목적으로 합니다. 세계선교를 위해 특화된 중국교회의 선교전략과 선교활성화 모델을 제시함으로써 향후 도시가정교회를 통해 중국교회가 모범적으로 세계선교를 감당하는 모범적 선교적용의 모델을 제안한 점은 이 책의 장점이라고 볼 수 있습니다. 따라서 본 추천자는 선교의 이론과 실천을 두루 겸비한 이 책을 통해 세계선교에 동기를 부여받아 '하나님의 구속적 선교'에 모두 기쁜 마음으로 동참되기를 간절히 소망합니다.

- **배춘섭 교수**(총신대학교 신학대학원 선교학 교수)

사랑하고 존경하는 김종구 선교사님의 저서가 출간된다는 소식에 참으로 마음이 기쁩니다. 그것은 선교에 대한 그의 뜨거운 열정과 신실함 그리고 학문적 능력을 잘 알고 있기 때문입니다. 일반적으로 선교학자는 선교이론에는 해박하나 선교현장의 경험은 부족할 수 있고, 선교사는 선교경험은 많으나 선교이론에는 약할 수가 있습니다. 그러나 저자는 해박한 선교이론과 풍부한 선교현장의 경험을 함께 갖추고 있습니다. 중국선교가 가장 왕성할 때 축적된 그의 경륜은 어려움에 처한 현재의 중국 현장에서도 많은 선교적 통찰력을 제공해 줄 것입니다. 특히 이 책에서 활용한 통계적 분석은 통계가 가지는 많은 한계가 있을 수 있고, 통계적 방법은 혹 미흡할 할 수도 있고, 혹 어려울 수도 있습니다. 그러나 다양한 통계적 방법에 의해 도출해 낸 그의 선교적 제안은 중국 이외의 지역에서도 유용하게 활용할 수 있을 것입니다.

앞으로 얼마동안 중국선교는 수면 아래에서 진행이 되어 질 것입니다. 이런 때 일수록 그동안 우리 한국교회를 통해 활발하게 이루어졌던 중국선교에 대한 많은 열매와 정보를 잘 정리하고 관리해야 할 필요성이 있습니다. 저자의 이번 저서는 그동안 우리 한국교회가 중국선교를 통해 경험하고 맺은 열매를 정리하고 공유하는 의미가 있습니다. 아무쪼록 이 열매가 세계선교에 뜻을 두고 있는 많은 이들에게 두루두루 공유되기를 기대합니다. 이 모든 일에 함께하실 우리 주님을 저자와 함께 기뻐합니다.

이우윤 박사(전 선린대 교수, 온택트선교연구소장)

우리는 오랫동안 중국을 선교 대상으로 생각해 오고 있는데, 저자는 대단한 발상의 전환으로 중국교회의 타문화권 선교를 조망해 보고 있다. 전통적으로 중국은 주로 농촌지역의 가정교회가 대세였지만, 21세기 들어서는 도시가정교회의 약진이 놀라웠다. 이 책은 바로 이들의 선교적 자각을 추적해 가고 있다. 특히 국내뿐만 아니라 해외에도 알려진 원저우 교회의 선교를 자연스럽게 접근하는 선교모델을 제시하고 있다. 원저우 모델은 21세기에 중국뿐 만 아니라 세계 모든 교회가 선교의 귀감으로 삼을 만하다. 저자는 그들 가운데 수많은 인터뷰와 리서치를 통해 우리에게 그 비결의 핵심을 설명해 주고 있다. 중국도 이제는 선교 대상에서 세계 선교의 한 축(軸)을 감당해야 하는데, 바로『중국교회의 타문화권 선교운동』이 그 길을 모색하는 길라잡이로 손색이 없어 기쁜 마음으로 추천하는 바이다.

• **한정국 선교사**(전 KWMA 사무총장, 한국복음주의협의회 선교위원장)

그동안 한국교회의 중국교회와 지도자들에 대한 사역과 훈련은 풍성하였지만 그 과정을 통해 선교중국을 지향한 연구의 결과물은 많지 않았습니다. 이번에 발간하는『중국교회의 타문화권 선교운동』은 저자가 오랜 시간 중국교회와 온주교회와 삶으로 살아내며 훈련하며 연구한 선교운동의 기록입니다. 무엇보다 앞으로 중국교회가 선교중국을 향해 나아가야 할 당위성에 대하여 문제제기에 그치지 않고 실제적이고 실천적인 전략을 제시한 것이 돋보입니다. 저자는 본서의 한계를 연구 대상 지역을 저장성 원저우지역으로 한정하는 특수성을 말하고 있으나 그 내용은 중국교회 전체와 도시가정교회의 선교활성화 방안으로 보아도 무리가 없는 보편성을 가지고 있습니다.

　저자는 현장에서 직접 체험하지 못하면 알 수 없는 중국교회와 지도자들의 선교의식과 세계선교를 준비하는 일에 필요하다고 생각되는 필수 요소들을 효과적으로 기술하였습니다. 부디 이 책의 내용이 중국교회가 선교중국으로 나아갈 때 중국교회를 선교하도록 동원하는 일에 일익을 담당하는 효과적인 안내서로 잘 사용되기를 기도합니다.

　• **차준한 장로**(온누리교회 장로(중국선교연합선교팀장))

중국에서 오랫동안 신학교사역을 하던 김선교사님의 논문이 책으로 출판된다는 기쁜 소식을 들었다. 정말 감사한다. 세계선교의 주제를 연구한다는 것은 교회에게 실제적으로 필요한 일이다. 선교는 하나님의 선교이고, 교회는 선교적 단체이며, 교회는 선교를 위해 존재한다. 교회가 하나님의 선교를 위해 세워진 것이다. 삼위일체 하나님은 선교의 하나님이다. 하나님의 교회는 곧 선교하는 공동체이다. 모쪼록 저자의 『중국교회의 타문화권 선교운동』을 통하여 교회 특히 우리 중국교회가 세계선교를 향한 하나님의 마음을 이해하는데 도움이 되고, 아울러서 중국교회가 하나님의 세계선교의 마음에 응답하며, 세계선교에 참여하고, 동원하고 선교사를 배출하는 일들이 일어나기를 기대한다.

　• **馬提亞 牧師**(중국 온주교회 목사, WH 선교회 간사)

저자 서문

오랜 시간 중국에 살면서 이 나라가 변화하는 모습을 온몸으로 보았다. 어떤 때는 빠르고 거대한 모습으로 발전하는 중국이 두렵기까지 했다. 하지만 이 두려움은 감사로 바뀌었다. 왜냐하면 이런 변화와 발전은 사회 경제 분야에 국한 된 것이 아니라 중국 교회에도 영향을 미쳤기 때문이다. 중국 교회는 아주 급한 상승곡선을 그리며 부흥하며 다른 나라와 민족에게 복음을 전하는 일에도 마침내 눈을 뜨기 시작했다. 이러한 중국교회의 선교적 움직임을 보며 그들과 함께하고 싶은 마음이 들었다. 그래서 선교캠프, 선교여행, 선교훈련 등을 작은 규모로 진행하고 있었다.

그러다가 문득 "중국교회는 세계선교에 대해서 어떤 생각을 하고 있을까?" 하는 궁금증이 생겼다. 궁금증을 해결하기 위해 번거로운 일을 시작했다. 설문지를 만들어서 직접 현장에 찾아가서 이해시키고 다시 수거하였다. 또한 지도자들과의 인터뷰도 여러 차례 진행하며 이들의 세계선교에 관한 질적 연구의 자료도 준비하였다. 이렇게 중국교회가, 특별히 도시가정교회가 가지고 있는 세계선교에 관한 의식을 연구하게 되었다. 막상 연구의 결과물이 흡족하지 않았지만 많은 용기를 내어 이 책을 출판하게 되었다.

선교학이 이론적 학문으로 그치지 않고, 선교현장과 선교사 그리고 선교전문기관의 실질적 사역에 활용되고 기여 하는 학문이 되며, 빠른 속도로 변화하는 선교환경-비록 선교의 대상인 인간, 선교의 당위성과 같은 본질은 불변하나-에 적합한 학문이 되기 위해서는 경험적 연구가 더욱 필요하다. 따라서 이 연구에서는 여러 연구방법 중에서 연역적 방법인 양적 연구방법을 채택하여 연구를 진행하였다.

본서를 간략히 소개하면 다음과 같다. 먼저 선교현장에서 같이 사역하고, 가르치던 중국 도시가정교회 지도자들의 선교의식을 조사하였다. 그 결과를 근거로 도시가정교회의 세계선교 활성화 전략을 연구하는 것을 목적으로 하였다.

이와 같은 목적의 연구를 위하여 문헌조사방법과 양적 연구방법을 사용하였다. 첫째, 문헌조사방법은 중국교회, 원저우 도시가정교회, 선교활성화 전략의 연구에 사용하였다. 둘째, 양적 연구방법은 설문 조사를 통해 진행하였다. 또한 'SPSS program'을 이용하여 비교분석과 회귀분석을 시행하여 실증분석(實證分析)을 하였다.

본서의 제 1부는 서론, 제 2부는 중국교회, 도시가정교회 및 원저우 도시가정교회의 이해, 제 3부는 온주지역 가정교회지도자들의 선교의식에 관한 실증분석, 제 4부는 중국 도시가정교회 선교활성화를 위한 전략연구, 제 5부는 결론, 선교활성화 전략 및 제언으로 구성하였다.

제 2부는 중국 원저우 도시가정교회에 관한 연구이다. 이 장을 통하여 중국교회, 도시가정교회와 원저우 도시가정교회에 대한 각각의 역사와 현황 및 특징을 이해할 수 있다. 특별히 원저우지역 도시가정교회 연구는 저장성 원저우 개황, 원저우교회의 역사, 원저우 도시가정교회로

나누어 상세한 연구를 하였다.

제 3부는 원저우 도시가정교회 지도자들의 선교의식에 관한 실증적 연구이다. 선교의식 조사를 위한 연구의 설계, 분석, 실증분석 결과로 나누어 연구하였다. 설문은 통계처리 프로그램인 'SPSS 17 프로그램'으로 비교분석과 회귀분석을 실행하여, 종속변수인 선교의식에 영향을 주는 독립변수를 살펴보았다.

제 4부는 앞 장에서의 분석결과에 대한 함축적 의미를 살펴보고, 결과를 근거로 도시가정교회 선교활성화 전략을 세우는 연구이다. 첫 번째 단계는 실증분석 자료를 활용한 선교활성화 방안이며, 두 번째 단계는 중국 도시가정교회의 선교적 책무 및 선교원칙의 적용에 관한 연구이다. 세 번째 단계는 중국 도시가정교회의 세계선교 활성화 전략을 선교단체와의 협력과 선교 기도 모임과 선교동원 대회 참여 등을 통한 활성화 방안, 단계별, 지역별 전략과 선교거점을 활용한 전략을 연구하고, 결론적으로 '중국교회 2030 선교모델'을 제시하였다.

제 5부는 결론 부분에서는 요약 및 선교활성화 전략, 그리고 기여도와 한계, 후속연구를 위한 제언으로 구분하여 정리하였다.

본 연구를 통하여 도출된 주요 결과는 몇 가지로 정리할 수 있다.

첫째, 원저우의 도시가정교회는 세계선교를 감당할 수 있는 여건들을 갖추고 있음을 알게 되었다.
둘째, 중국교회 지도자들의 선교의식에 영향을 주는 변수들을 발견하였다. 종속변수는 관심, 헌신, 선교사, 순종으로 하였으며, 각각의 종속변수에 영향을 주는 독립변수들은 선교 당위성, 선교에 관한 설교, 선교를 위한 헌금, 선교를 위한 기도 및 선교지식 등으로 분석되었다. 또한, 종속변수인 교회의 선교사 파송계획에 영향을 주는 독립변수로는 선교의 참여와 기도회 등으로 분석되었다.

셋째, 세계선교에 있어 중국교회 지도자들이 생각하는 중국교회의 장단점, 장애물, 두려움, 선교역량 등을 파악하였다.

넷째, 중국 도시가정교회의 세계선교 활성화 전략을 도출하였고 선교활성화 모델을 제시하여 중국교회가 적용할 수 있도록 하였다.

본 연구의 결과로 제시된 중국 도시가정교회 선교활성화를 위한 모델이 중국교회에 적용될 것을 기대한다.

이상과 같은 연구가 보다 정확히 시행되기 위해서 전제되는 것은 양적 연구를 위한 좋은 설계, 신뢰도와 대표성을 갖는 표본채취, 검증된 통계분석들을 확보하는 것이다. 본서가 여러 약점이 있음에도 불구하고 기대하기는 21세기 세계선교의 당위성 앞에 직면한 중국교회의 선교활성화 방안의 관점뿐만 아니라 선교학적 연구방법론의 관점에서 활용되어 선교현장에서의 경험들이 이론화 혹은 전략화될 수 있기를 바란다.

본 연구를 위해 학문적으로 지도해주신 분들, 추천서를 통하여 격려해주신 분들에게 큰 감사를 드린다. 특별히 중국 현지의 어려운 상황에서도 설문조사를 위해 원조우 여러 지역에 산재해 있는 신학교와 단체본부에 저자를 안내하고 설문 조사에 도움을 마목사, 이 설문의 분석을 위해 같이 밤을 지세며 지도해주고 통계처리를 도와준 이우윤 박사에게 감사의 말을 꼭 전하고 싶다. 필자가 25년전 선교사로 파송될 때부터 지금까지 기쁨으로 헌신하며 기도하고, 사랑으로 함께해 주고 있는 교회와 신앙 동지들에게 감사의 인사를 전한다.

그리고 필자가 재직 중인 아세아연합신학대학교(총장 정흥호)에서 '학술저서 연구지원비'를 지원하여 주어서 출판에 이르게 됨을 감사한다. 그리고 본인이 대표로 섬기고 있는 빌리온선교회 선교사들과 실행이사님들, 본부 스탭들에게도 마음을 담아 고마움을 꼭 전하고 싶다.

끝으로, 나의 사랑하는 가족인 아들 부부와 딸, 100일을 맞이하는 손녀, 그리고 나의 영원한 동반자 아내 엄로이스 선교사에게 진심으로 사랑을 고백한다.

찬양받기에 지극히 합당하신 하나님 아버지에게 온 맘으로 경배를 드린다. 할렐루야

2020. 09. 23
저자 김종구

목차

추천사 • 5
저자 서문 • 10

제1부 서론 • 20

제1장 연구동기와 문제제기 • 20
제2장 연구의 목적 • 24
제3장 연구의 방법 및 범위 • 25
   1. 연구 방법 • 25
   2. 연구 범위 • 27
제4장 선행연구 • 29
   1. 중국교회사에 관한 선행연구 • 29
   2. 중국의 원저우 도시가정교회에 관한 선행연구 • 30
   3. 선교전략에 관한 이론적 근거 • 32
제5장 연구의 제한성 • 34

제2부 중국의 원저우 도시가정교회의 이해 • 38

제1장 중국교회에 대한 이해 • 38
   1. 중국교회의 현황 • 38
   2. 중국교회 문제 • 41
제2장 중국의 도시가정교회에 대한 이해 • 49
   1. 중국의 도시화와 경제성장 • 49
   2. 중국 도시가정교회 • 52
   3. 도시가정교회의 정체성 및 도전 • 56

제3장 저장성 원저우(浙江省溫州)의 도시가정교회 이해 • 61
    1. 저장성 원저우지역 개황 • 62
    2. 원저우지역 교회 이해 • 66
    3. 원저우 도시가정교회 이해 • 87
    4. 원저우 도시가정교회의 특징 • 92
제4장 요약 • 96

제3부 원저우지역 도시가정교회 지도자들의 선교의식에 관한 실증분석 • 102

제1장 선교의식 조사를 위한 연구의 설계 • 102
    1. 연구 목적 • 102
    2. 연구의 설계와 설문의 내용 • 103
    3. 연구의 방법 • 106
    4. 연구의 대상과 응답자 • 107
제2장 선교의식 조사에 대한 연구의 결과 및 해석 • 109
    1. 응답자의 인구 통계적 정보 • 109
    2. 응답자의 선교의식 분석 • 110
    3. 회귀분석을 통한 원저우지역 도시가정교회 지도자들의 • 147
       선교의식 분석 • 147
제3장 요약 • 179

제4부 분석결과의 적용을 통한 선교활성화 전략 연구 • 184

제1장 실증분석 결과의 함축적 의미와 적용 • 184
    1. 선교의식 • 184
    2. 중국교회의 선교활성화를 위한 제언 • 185
제2장 중국 도시가정교회 선교활성화 전략 연구 • 191
    1. 중국 도시가정교회와 세계선교 • 191
    2. 중국교회의 세계선교 원동력 • 194
    3. 중국 도시가정교회 선교활성화 • 199
제3장 선교활성화 전략 적용을 위한
    '교회—선교사—선교단체' 이해 • 203

　　　　1. 파송 주체로서의 교회 • 203
　　　　2. 파송 받은 선교사 • 208
　　　　3. 선교단체 • 210
　　제4장 중국 도시가정교회 선교 활성화 전략 • 215
　　　　1. BM선교회와 협력사역을 통한 선교활성화 방안 • 215
　　　　2. B지역 선교활동의 적용을 통한 활성화 • 218
　　　　3. 선교동원대회 참석을 통한 선교 활성화 • 221
　　　　4. 단계별 및 지역별 활성화 전략 • 224
　　　　5. 선교거점의 활용 전략 • 228
　　　　6. 중국교회의 '2030 선교중국' 비전 공유를 통한 활성화 전략 • 230
　　제5장 요약 • 235

제5부 결론 • 240

　　제1장 요약 • 241

　　제2장 활성화 전략 • 248

　　제3장 기여도와 한계 • 251

　　제4장 후속연구를 위한 제언 • 253

표 목차

　　〈표 II-1〉 1951년의 원저우시의 각 교파별 신자의 수 • 76
　　〈표 II-2〉 원저우시 각 현(시, 구) 기독교 인구분포 • 89
　　〈표 III-1〉 ~ 〈표 III-3〉 인구학적 통계 • 109
　　〈표 III-4〉 ~ 〈표 III-25〉 선교의식 요소 • 111
　　〈표 III-26〉 ~ 〈표 III-30〉 세계선교 • 132
　　〈표 III-31〉 선교 최대강점 • 137
　　〈표 III-32〉 세계선교 약점 • 138
　　〈표 III-33〉 선교사 자질 • 139
　　〈표 III-34〉 선교사 학력 • 139
　　〈표 III-35〉 교회의 의무 • 140
　　〈표 III-36〉 선교단체 필요 • 141
　　〈표 III-37〉 선교단체 사역 • 142

⟨표 Ⅲ-38⟩ 선교 필요지역 • 143
⟨표 Ⅲ-39⟩ BTJ운동 • 144
⟨표 Ⅲ-40⟩ 선교사로 순종 • 145
⟨표 Ⅲ-41⟩ 선교지식 • 146
⟨표 Ⅲ-42⟩ 개인모형의 종속변수에 대한 반응 • 149
⟨표 Ⅲ-43⟩ 개인모형에서의 독립변수에 대한 반응 • 149
⟨표 Ⅲ-44⟩ 교회적 모형에서의 종속변수에 대한 반응 • 150
⟨표 Ⅲ-45⟩ 교회적 모형에서의 독립변수에 대한 반응 • 150
⟨표 Ⅲ-46⟩ ~ ⟨표 Ⅲ-53⟩ 관심 • 151
⟨표 Ⅲ-54⟩ ~ ⟨표 Ⅲ-57⟩ 헌신 • 158
⟨표 Ⅲ-58⟩ ~ ⟨표 Ⅲ-61⟩ 헌금 • 160
⟨표 Ⅲ-62⟩ ~ ⟨표 Ⅲ-69⟩ 선교사 • 164
⟨표 Ⅲ-70⟩ ~ ⟨표 Ⅲ-76⟩ 순종 • 169
⟨표 Ⅲ-77⟩ ~ ⟨표 Ⅲ-84⟩ 파송 • 174
⟨표 Ⅳ-1⟩ 세계선교 활성화 문제점 • 187
⟨표 Ⅳ-2⟩ 백투예루살렘 운동에 포함된 국가의 분류 • 198
⟨표 Ⅳ-3⟩ 해외화교인구 및 화교 교회 통계 • 230
⟨표 Ⅳ-4⟩ 중국교회의 "2030 선교중국(宣敎中國)"전망 • 231

그림 목차

⟨그림 Ⅲ-1⟩ 연구모형 1 • 104
⟨그림 Ⅲ-2⟩ 연구모형 2 • 105

부록1 Missions Movement of Churches in China and Cooperative Programs • 256
부록2 Crisis and the Demand for Transformation in the Ministry faced with the Korean Missionaries in China, 2018 • 270

참고문헌 • 292

제1부

서론

제1부
서론

제1장 연구동기와 문제제기

필자는 1995년부터 중국선교사로 중국에 거주하며 가정교회 지도자를 양성하는 사역을 하였다. 당시 중국교회는 놀라운 성장과 부흥의 현장이었다. 중국교회의 부흥의 때에, 그 뜨거운 현장에 있으면서 이 시점에 중국교회가 필요로 하는 사역은 무엇인지 생각하지 않을 수 없었다. 선교사로서 중국교회를 섬길 수 있는 사역이 무엇인지를 생각하게 되었다. 중국 가정교회는 정치적인 이유로 인해 교회 자체도 존립에 위협을 받아야 했기 때문에 지도자들을 훈련하거나 양성하는 일은 더욱 어려운 형편이었다.

이에 중국 가정교회 지도자를 양성하는 일에 집중하기로 하고 가정교회를 위한 신학교를 개설하여 강의하고 훈련하는 일을 하였다. 가정교회 지도자들을 양성하는 과정을 통해 가정교회 지도자들과 신뢰의 관계가 형성되면서 깊은 교류가 이루어졌고, 중국교회가 급하고 빠르게 성장하며 변화하고 있는 것을 직시하게 되었다. 이것은 중국 가정교회가 타문화 선교에 관한 생각을 하기 시작하는 것이기도 하였다.

21세기에 접어들면서 가정교회 단체 중에는 국내 소수민족 지구에 선교사를 보내는 일을 시작하는 단체도 있었고, 중국교회의 선교 잠재력에 대한 비전을 나누는 해외 선교단체들이 생기기 시작하였다. 이러한 시대적 조류에 힘입어 필자도 신학교 교과과정에 선교학 과목을 개설하고, 세계선교에 관한 이상(異象)을 나누고 기도하는 일을 시작하였다.

1979년 개혁개방 이후 중국의 변화와 성장은 세계가 주목할 만큼 빠른 속도로 진행되고 있다. 중국은 2008년 북경올림픽과 2010년 상해국제엑스포와 같은 국제적인 대회를 치르면서 국제적 위상이 높아졌다. 경제 규모는 일본을 추월하였고 미국에도 근접하고 있다. 중국은 또한 외환보유고나 생산성의 지표가 될 수 있는 석유 소비율이 세계 1위이다. 이같이 성장한 경제력을 바탕으로 중국은 국내외에서 많은 인재를 양성하고 있으며, 정책적으로 해외의 유명한 대학이나 연구기관에 석학들을 보내고 있다. 이미 귀국하여 중국의 발전에 이바지하기 시작한 이들도 적지 않다.

국가적인 경제성장과 사회 환경의 변화는 선교 200주년을 넘긴 중국교회에도 많은 영향을 미치고 있다. 그동안 농촌지역의 인구분포는 부녀자와 노인들이 주를 이루었다. 하지만 이제는 소위 지식층에 해당하는 대학생들의 모임이 활성화 되고 있다. 사회적으로도 고위직 신분을 갖거나 전문인들이 모이는 도시가정교회가 베이징(北京), 상하이(上海), 광저우(廣州)와 같은 대도시뿐만 아니라 원저우(溫州)와 같은 중소도시에도 계속하여 세워지고 있으며, 그 규모 또한 점점 커지고 있는 등의 획기적인 변화들이 있다. 이처럼 국가의 성장이나 교회의 부흥은 중국교회가 세계선교를 감당해야 하는 당위성을 부정할 수 없게 한다. 세계 기독교계의 기대뿐만 아니라 중국내부에서도 중국선교시대에서 선교중국시대로 전환해야 한다는 작은 외침들이 있다. 특별히 도시가정교회 중에서 일부의 교회들은 선교에 참여하고 있기도 하고, 세계선교에 관심을 보인다.

중국 도시가정교회들의 선교적 움직임이 활성화되어 중국교회가 세계선교에 적극적으로 동참하기를 바라는 것은 전 세계 교회들의 희망이고 기도 제목이다. 그러나 선교의 활성화에 필요한 선교경험이 아직은 풍부하지 못한 것이 중국교회의 현실이다. 이에 필자는 중국 도시가정교회의 현재 상황을 정확히 파악하고, 내재해 있는 문제와 현상을 선교학적 관점에서 살펴보아 선교활성화를 촉진하고자 하는 동기로 본 연구를 하고자 한다.

한 국가의 지역교회가 선교하기 위해서는 교회의 부흥과 종말론적 신앙관, 대외적인 국가의 위상, 그리고 국가의 경제력 상승, 국외 여행의 자유화 등의 기본적인 인프라들이 구축되어 있어야 한다. 21세기의 중국교회, 특별히 도시가정교회들은 이런 선교환경들이 어느 정도 갖추어져 가고 있지만, 세계선교의 사명을 감당하는 일에는 일부 지도자나 교회를 제외하고는 소극적인 것이 현실이다. 부흥과 성장을 경험하고 있는 중국교회는, 선교의 지상명령을 내리신 예수 그리스도 앞에서, 200년이 넘는 선교역사 앞에서 선교의 대 사명을 감당하지 못하고 있다. 그러나 중국교회는 이 상황에 대하여 선교적 책임감이나 사명의식을 갖고 있지 못하고 있는 것 또한 자명하다.

본서는 중국교회의 선교의식 부재 혹은 선교에 관한 소극적 태도에 대해 문제를 제기하며, 이 문제의식에서 출발하여 중국교회 지도자들의 선교의식을 살펴보고 선교 신학적 관점에서 중국교회의 선교활성화 방안을 제시해보고자 한다. 이를 위하여 이론적 배경으로 중국교회의 역사와 도시가정교회 그리고 원저우지역 도시가정교회에 대해 연구하고, 선교활성화를 위한 선교의 거룩한 삼각구도에 대하여 고찰하고자 한다. 이어서 지도자들의 선교의식에 대하여 비교분석과 회귀분석 즉, 실증적 분석을 시행하게 된다.

　이와 같이 중국 도시가정교회의 선교의식 및 선교활성화를 주제로 하여 깊이 있게 연구된 바는 아직은 없는 것으로 보인다.

제2장 연구의 목적

본서는 중국 도시가정교회와 지도자들의 선교의식을 고찰하고, 이것을 근거로 하여 중국교회의 선교활성화 전략을 연구하는 것을 목적으로 하며, 구체적으로 아래와 같다.

첫째, 원저우지역을 중심으로 한 현재 중국 도시가정교회의 현황을 파악하고자 한다.

둘째, 원저우지역 도시가정교회와 교회지도자들의 선교의식과 선교의식에 영향을 주는 변수들을 분석하고자 한다.

셋째, 중국교회의 선교활성화에 영향을 주는 요소들 즉, 장애물과 장점, 단점, 난점들을 파악하고자 한다.

넷째, 원저우지역 도시가정교회의 선교활성화를 위한 전략을 제안하고자 한다.

제3장 연구의 방법 및 범위

1. 연구 방법

이 연구의 목적을 수행하기 위하여서 두 가지 연구방법론을 채택하였다.

첫째는 문헌연구를 통한 방법으로 이론적 이해를 도울 것이며,

둘째는 사회과학 조사 방법으로 설문지 조사 연구에 의한 양적 자료 분석(quantitative analysis) 방법을 실시하여 중국 도시가정교회 지도자들의 선교의식을 분석하여 이 연구의 목적인 선교활성화 전략의 기초자료로 활용 하고자 한다.

a. 문헌 연구 방법

연구의 첫 번째 부분에서는 이론적 배경을 고찰해보고자 한다. 문헌 연구의 중심이 되는 본 논문의 제2부는 세 부분으로 구성되어 있으며, 본 연구에 대한 핵심적인 이론의 배경을 고찰하게 된다.

첫째 부분은 중국교회에 대한 이해이다. 근대 중국교회에 대한 이해를 세 시대 즉, 1805년에서 1949년 공산화 전, 1949년 공산화 이후에서 1977년 문화혁명 종결까지 그리고 1978년 개혁 개방 이후의 시기로 구분하여 시대적 특징 및 시대마다 발생했던 특별한 사건들을 살펴볼 것이다.

둘째 부분은 중국의 도시가정교회에 대한 이해이다. 도시가정교회에 대한 정의, 도시화 과정 중에 있는 중국 도시가정교회, 중국교회가 안고 있는 현안의 문제들을 역사적 관점, 교회적 관점, 신학적 관점 그리고

선교적 관점에서 살펴보며 잠재적 선교역량을 살펴볼 것이다.

셋째 부분은 본 연구의 집중 연구 대상인 저장성 원저우지역의 교회에 대한 이해이다. 먼저는 지역 개황을 살펴본 후, 원저우지역의 기독교 역사 이해를 역시 세 시대로 구분하여 살펴보고, 원저우지역 교회의 부흥의 원인과 특징을 살펴볼 것이다. 또한 원저우시의 도시화가 교회에 미친 영향과 도시가정교회가 세계선교에 미칠 영향을 고찰할 것이다.

또한, 제 5부 중국교회의 세계선교 전략에서도 문헌연구가 포함된다. 이 부분은 네 부분으로 구성되어 있다. 첫째는 선교전략의 원칙과 구성에 대한 이해, 둘째 부분은 선교전략 차원에서의 선교적 교회론 적용을 위한 연구로 설문지 분석연구 결과를 활용하여 중국교회의 적용에 대한 것을 연구할 것이며, 셋째 부분은 선교의 거룩한 삼각구도에서의 선교활성화 연구이며, 넷째 부분은 제 5부의 결론 부분으로 이 연구가 목표로 하는 세계선교 활성화 전략에 관하여 연구하게 될 것이다. 뿐만 아니라 단계별-지역별 선교전략 수립, 선교거점 활용 전략과 선교 중국 전략과 중국교회의 2030 세계선교 비전을 수립하여 모델을 제시할 것이다.

b. 설문조사연구 방법

본 연구의 목적을 수행하기 위해서는 문헌연구만을 가지고는 한계가 있으며 불충분하다. 따라서 설문 조사 연구 방법을 사용하여 중국교회와 교회지도자들의 선교의식을 더욱 분명히 밝혀내기 위한 시도를 하였다. 원저우지역 교회지도자들과 신학교 학생들의 세계선교에 관한 의식을 조사하고 실증분석(實證分析)하여 중국교회의 선교전략을 세우는 일에 자료로 사용하고자 한다.

이 내용은 본 논문의 제 4부에서 집중연구 할 것이며, 세 부분으로 구성되어 있다.

첫째 부분은 설문 조사의 연구의 설계이다. 이 부분은 설문의 구성 및 내용, 연구의 방법 그리고 연구의 대상과 응답자로 구성되어 있어 설문 조사 연구의 개요를 설명해주고 있다. 연구의 설계는 종속변수와 독립변수를 수직으로 배치하고, 인구통계학적 특성과 교회적 특성을 수평으로 놓은 형태의 연구모형을 제시하여 연구를 더욱 분명히 하도록 하였다. 설문의 구성은 기본적으로 '리커트 척도(Likert-type scale)'를 사용하여 5점 척도로 응답하도록 하였다.

둘째 부분은 연구의 결과 및 해석이다. 이 부분은 응답자의 인구 통계적 정보요약, 응답자의 선교의식 분석, 회귀분석을 통한 원저우지역 교회의 단계별 선교의식으로 회귀모형과 분산분석표와 회귀계수, 케이스별 진단, 오차항에 대한 가정 검증, 단계별 회귀분석 그리고 선교 의식으로 구성되어 있다. 이 부분은 SPSS(PASW) 17.0을 활용하여 정확한 설문 분석과 검증된 정확한 결과를 도출하였다.

셋째 부분은 결론 부분으로 선교의식과 선교 활성화를 위한 전략 수립을 위한 제안으로 구성되었다. 선교의식은 지도자 개인과 교회로 구분하여 살펴볼 것이다. 선교 활성화 전략을 위한 결론적 제안에서는 교회의 내부적 문제, 교회 외부적인 문제, 선교지 개념에 대한 문제 그리고 선교 활성화 전략을 위한 제안으로 구성하였다.

2. 연구 범위

본 연구는 중국교회의 선교 활성화를 촉진하기 위한 전략을 도출하기 위한 것으로, 중국교회와 중국 도시가정교회에 대한 이해를 기초 연구로 한다. 본서는 연구의 범위를 저장성 원저우지역의 도시가정교회로 하였으며, 설문의 응답자도 원저우지역 교회의 현직 지도자들과 원저우지역에 있는 신학교 학생들로 범위를 한정하였다. 따라서 본서는 중국 가정교회를 대표하거나, 보편적인 도시가정교회를 대표할 수 없는 한계점이 있다.

제4장 선행연구

선행연구는 첫째, 중국 교회사 부분이고, 둘째, 도시가정교회와 원저우지역교회 부분이며, 셋째, 선교 활성화 전략에 관한 부분이다.

1. 중국교회사에 관한 선행연구

중국 교회사에 대한 연구는 비교적 많이 진행되었다. 주로 홍콩이나 대만 등 해외 학자들에 의해서 진행되던 연구는 중국의 개혁개방 이후 중국 내 학자들에 의해서도 진행되기 시작하였다. 책으로 출판된 연구의 결과물들은 楊森富의『中國基督敎史』, 王治心의『中國基督敎史綱』[1], 趙天恩·莊婉芳의『當代中國基督敎發展史 1949-1997』, 梁家隣의『福臨中華: 中國近代敎會史10講』,[2] 및『改革開放以來的中國農村敎會』, 陳健夫의『近代中華基督敎發展史』, 姚民權·盧衛虹의『中國基督敎簡史』, 陶飞亚·杨卫华의『基督敎与中国社会研究入门』,[3] 唐曉峰의『改革開放以來的中國基督敎及研究』, Kenneth Scott Latourette의 A History of

---

[1] 1940년 중국에서 처음으로 중국기독교사에 대한 통사(通史)를 기술한 책으로 중국기독교사의 고전으로 불린다. 이 책은 주로 중국 내부 자료를 이용하여 집필하였으며, 필자는 중국 삼자신학교인 금릉신학원(金陵神學院)의 철학과 교수로, 주로 중국 내부 자료를 이용하여 집필하였으며, 중국의 반기독교 운동 및 교안(敎案)에 대해 비교적 많이 다루고 있다.

[2] 복임중화(福臨中華)는 양가린(梁家隣)교수가 중국 기독교 교회사를 열 부분으로 나누어 강의한 것을 집필한 책으로, 1807년 모리슨(Morisson)에 의한 복음전파 전 세 차례의 기독교 전래로부터 1937~1957년 내전, 항전의 시대를 까지를 10개의 시대로 나누어 기독교적 입장에서 기술하였다.

[3] 陶飞亚, 杨卫华가『基督敎与中国社会研究入门』(上海: 復旦大学出版社, 2009)에서 이제까지의 중국 기독교사 연구사를 연구 주제별로 정리하였다. 또한, 한국 학자 盧在軾은 "중국 근대 기독교사 연구 동향: 중국 대륙, 대만, 홍콩, 미국 학계를 중심으로,"「中國近現代史硏究」第28輯 (2005), 에서 그동안의 중국교회관련 연구물들을 종합하여 놓았다.

Christian Mission in China⁴, 이관숙의 『중국기독교사』⁵ 등이 있다.

2. 중국의 원저우 도시가정교회에 관한 선행연구

중국의 도시가정교회와 원저우 도시가정교회에 관한 선행연구는 활발하게 진행되지는 않았다. 이것은 도시화 과정에서 형성된 도시가정교회 역사가 길지 않은 것과 원저우라는 국부적인 지역에 한정되어 있기 때문일 것이다. 연구 서적 중 가장 최근에 발간된 류통쑤 · 왕이(劉同蘇 · 王怡)의 『觀看中國城市家庭教會』⁶가 있는데, 이것은 중국의 도시가정에 관해 종합적으로 연구된 유일한 출판물이라 할 수 있다.

저자는 이 저서에서 중국 도시가정교회의 정의를 잘 정리하며, 전통 가정교회와의 구분을 신앙적인 측면과 정교 관계, 영적 전승 그리고 공공영역 등의 영역별로 분명하게 구분하고 있다. 이것은 전반적으로 현대 중국의 도시가정교회를 이해하는데 소중한 자료이다.

---

4 1929년 미국의 선교사가(宣敎史家)인 라토렛이 주로 영문 자료들만을 사용하고 선교사들의 입장에서 기술한 책이지만 가장 오래된 중국 기독교사를 기술한 자료이다.
5 이관숙은 한국인 최초로 중국교회사를 출판하여 중국어로 번역되어 많은 중국 사람들이 참고하고 있다.
6 이 책의 저자 중 류통쑤(劉同蘇)는 중국의 도시교회 혹은 신흥도시 교회 연구에 저명한 사람으로 현재는 미국 L.A에서 화교교회를 담임하고 있으며, 국내외에서 수차례 이와 관련된 세미나 등에서 발표한 바 있다. 이 책은 서론 외에 총 9장으로 되어있으며, 도시가정교회에 대하여 집중적으로 다루고 있다. 제 1장에서 중국가정교회의 정의를 고찰하고 있다. 제 2장과 3장에서는 도시가정교회가 나타난 교회 외적 사회 문화조건과 교회 내부적 원천을 분석하고 있으며, 제 4장에서 도시가정교회의 역사를 교회사의 사도시대와 속사도 시대와 비교하고 있다. 이어서 5장에서는 저자가 주력하는 사역 중의 하나인 도시가정교회 공개화 사명을 많은 지면을 할애하여 역설하고 있다. 그리고 제 6장부터 9장까지는 대표적인 도시가정교회를 선정하여 관찰하고 탐방하고, 실제 조사와 설문 조사 한 내용들과 다섯 명의 도시가정교회 지도자들을 분석하였다. 개인적인 의견들이 강하게 나타나는 경향이 미미하게 있기는 하지만, 중국의 도시가정교회를 집중적으로 연구한 좋은 자료이다.

한편 원저우지역의 교회에 관한 연구물로 舍禾의 『中國的耶路撒冷 溫州基督敎歷史 上, 下』[7]가 있다. 저자는 원저우 기독교 역사를 고대사, 근대사, 현대사로 구분하였고, 특별히 1949년을 기준으로 중국기독교의 근현대사를 구분하며 연구하였다. 책의 상권에는 원저우에 대한 개관, 원저우 기독교 고대사와 근대사에 대해, 하권에는 원저우 기독교 현대사와 원저우지역의 교안(敎案)과 반기독교 사건을 다루고 있다. 이 책은 2015년 발간된 것으로 가장 최근 자료이며, 원저우 기독교 역사 연구에 중요한 의미를 갖는다.

이외에도 支華欣의 『溫州基督敎』, 莫法有의 『溫州基督敎史』, 龔纓晏의 『浙江早期基督敎史』, 陳村富의 『轉型期的中國基督敎-浙江基督敎個案硏究』, 趙春晨, 雷雨田, 何大進의 『基督敎與近代岭南文化』, 吳榜明, 李向平, 黃劍波, 何心平의 『邊際的共融』 등이 있다. 중국 내에서는 보기 드물게 원저우지역 교회에 관한 학위논문으로, 李向平의 "鄕村敎會的組織結構及其運行機制-溫州市甌北鎭基督敎組織硏究"[8]와 Ren ZhiJie의 The Fomation and the Effect of Christianity belief of the College

---

[7] 舍禾, 『中國的耶路撒冷 溫州基督敎歷史 上, 下』(台北: 基督敎宇宙光全人關懷機構, 2015). 저자인 舍禾은 저장성 원저우 사람으로 기독교인이며, 전도에 종사하고, 신학교육과 역사연구, 문서사역 등을 주 사역으로 하고 있다. 저자는 원저우 기독교 역사 기술함에 있어 첫째 1275-1367년을 원저우 기독교 고대사로, 1832-1949년을 원저우 기독교 근대사로, 1949-2012년을 원저우 기독교 현대사로 구분하였다. 특별히 현대사는 다시 1949-1966년을 삼자혁신운동, 1967-1976년을 문화대혁명 기간, 1976-1982년을 원저우지역 교회의 황금시기, 1982-2009년을 두 차례의 분열과 새로운 구조의 탄생으로 구분하여 연구하였다. 그리고 1982-2012년 기간의 원저우 기독교 발전의 궤적을 살피고 있다. 또한 기독교 입장에서 원저우지역에서 발생한 교안과 중대 반기독교 운동을 연구하였다.
[8] 이 논문은 상해대학(上海大學)의 박사학위 논문으로 원저우의 지역교회의 교회조직을 사회학적으로 접근하여 분석한 논문이다. 저자는 종교를 사회조직의 형태로 보고 조직분석의 시각에서 교회를 관찰하였다. 중국 내에서 한 지역교회를 선정하여 연구하는 것에 의미가 있긴 하지만 기독교 신앙의 시각에서는 본서는 아니다.

Students in WenZhou Area[9], 와 2011년 張忠誠이 「金陵神學誌」에 발표한 "從溫州敎會的牧區現狀間敎會的牧養管理" 등이 있다.

3. 선교전략에 관한 이론적 근거

첫째, 선교전략에 관한 이론적 근거는 E. R. 데이튼 & D.A. 프레이저의 『세계선교의 이론과 전략』과 이현모의 『현대선교이해』에 선교전략 부분이다. 선교전략[10]은 성경에 근거해야 하고, 예수 그리스도를 증거 하여 하나님 나라의 확장에 목적이어야 한다. 즉 복음을 전하고, 토착교회를 세우고 영적 재생산을 할 수 있는 교회로 세워가는 것이다. 전략은 성경적이어야 함과 동시에 연구와 조사를 거친 것이어야 하고, 직접적인 전도 활동, 제자훈련, 교회 개척, 교회 성장, 지도자 훈련, 재정적 문제, 구제 활동과 같은 물질적 필요를 채워주는 긍휼 사역 등 포괄적인 내용이 포함되어야만 실제적이고 효과적인 전략이다.[11]

선교전략은 4가지 기본적인 요소로 구성되는데, 선교목표와 전략, 전술, 개인적 사역계획 등이다. 또한, 좋은 선교목표는 구체적으로 세 가지 요소를 포함해야 한다. 먼저는 복음 전도를 통한 개인 구원이다. 이것이 포함되지 않는 선교는 있을 수 없는 일이다. 두 번째로 토착교회 설

---

9 이 논문은 화중사범대(華中師範大) 석사학위 논문으로 저장성 원저우지역의 크리스천 대학생들의 신앙과 사상과 행동 방면에 어떤 영향을 주는지를 연구한 논문으로 중국 내에서 쉽지 않은 기독교에 관한 연구를 시도한 의미가 있다.

10 이현모, 『현대선교의 이해』(대전, 침례신학대학 출판부, 2003). 242. 선교전략이란 제시된 선교의 목표를 달성하기 위한 계획을 의미한다. 또는 특정한 문화권 내에서 하나님의 뜻을 실현하는 실제적인 행동방안을 의미하기도 한다. 전략과 방법은 구분한다면, 전략이란 자원과 기회들을 활용하는 전반적인 계획, 원리, 방안 등을 의미하고, 선교 방법은 구체적이고 상세한 전술 혹은 실천방안을 지칭하는 것을 의미한다고 할 수 있다.

11 E. R. 데이튼 & D. A. 프레이저, 『세계선교의 이론과 전략』, 곽선희 외 2인 공역 (서울: 대한예수교장로회총회출판국, 1991), 103-105.

립으로 개인 구원과 동일하게 중요한 요소이다. 세 번째로 재생산이 가능한 교회를 설립하는 것이다. 재생산이야 말로 선교전략에서 **빼놓을 수 없는** 필수 요소이다.[12] 선교 자체가 하나님의 일이기 때문에 그 전략들 또한 하나님의 말씀에 근거를 두어야 한다. 아울러 선교대상 지역이나 종족 그리고 선교를 시행하는 선교사나 선교단체의 이해를 포함하는 리서치를 근거로 해야 한다.

위와 같이 중국교회, 중국 도시가정교회, 원저우 교회사에 관한 선행 연구들과 선교전략에 대한 이론적 근거들을 살펴보았다. 이러한 자료들은 주로 역사적인 사실과 사건들을 연대기적으로 다루거나, 종교 사회학적 입장이나 정치적 입장에서 연구한 것들이다. 선교전략에 관한 부분도 주로 이론적으로 연구한 것들이다.

그러나 본서는 이 같은 연구들과는 달리 원저우지역 도시가정교회를 교회적 관점과 선교적 관점에서 연구하였다. 본서는 선행연구들을 바탕으로 하였을 뿐만 아니라, 현지 지도자들을 중심으로 설문을 통한 양적 연구를 실시하여 원저우지역 도시가정교회에 필요하고 적용 가능한 선교활성화 전략을 연구함으로 위의 연구들이 갖지 않는 독창성과 차별성을 갖는 실천적 연구이다.

---

12 이현모, 『현대선교의 이해』(대전: 침례신학대학 출판부, 2003), 242-252.

제5장 연구의 제한성

본서는 필자의 관심 분야인 중국교회의 선교활성화 전략의 연구를 위한 첫 시작이라는 의미를 갖는다. 본 논문의 연구결과를 바탕으로 선교활성화를 위한 연구를 계속해야 할 것이다. 그러나 이 논문은 다음과 같은 몇 가지 한계를 갖는다.

첫째, 연구대상 지역을 저장성 원저우지역으로 한정한 것이다. 비록 중국의 예루살렘이라는 칭호를 가진 원저우라 할지라도 저장성을 대표하거나 더 나아가 중국을 대표하는 대표성에 대한 한계이다. 따라서 이 연구의 결과를 전국적으로 적용하거나 일반화시키는 데 한계가 있다.

둘째, 자료 수집의 한계이다. 중국 도시가정교회로서의 원저우교회의 연구에 이론적 이해를 위한 문헌이나 자료가 갖는 한계이다. 비록 원저우시 도서관을 방문하여 자료를 수집하고, 기존의 연구물들을 수집하였지만, 그 종류가 지극히 한정적이다. 또한, 선행연구가 부족하다. 이것은 도시가정교회 출현이 시간적으로 오래되지 않았으며, 삼자교회에 속하지 않은 교회를 공개적으로 연구하기가 어렵기 때문일 것이다. 이렇듯이 문헌이 부족하고, 자료의 수집이 용이하지 않은 한계가 있다.

셋째, 표본선정과 표집 방법의 한계이다. 본 연구의 양적 연구에 사용된 표집 대상은 저장성 원저우지역의 교회 지도자들과 원저우 지역에 위치한 신학교 학생들이다. 따라서 이들이 원저우교회 전체집단의 대표성을 나타낸다고 할 수 없으며, 교회 성도들을 배제한 상태에서 특수집단이라 할 수 있는 지도자들과 신학생들의 응답을 토대로 연구된 것이기 때문에 정확히 성도들과 교회의 의사가 반영되었다고 하기에는 한계가 있다.

넷째, 중국교회의 세계선교 한계이다. 선교활성화를 위한 제안과 전략을 적용해야 할 중국교회는 아직 세계선교에 관한 경험이 부족하다. 따라서 학문적 이론과 이 논문의 연구결과를 근거로 중국교회의 선교활성화 전략을 세우지만, 그것을 적용하고 실행하기에는 큰 한계가 있다.

이상과 같이 많은 제약이 있는 것은 사실이나 본 연구가 중국교회의 선교 활성화에 기여하는 것이 필자의 연구 목표이다.

제2부

중국의 원저우
도시가정교회의
이해

제2부
중국의 원저우 도시가정교회의 이해

제1장 중국교회에 대한 이해

1. 중국교회의 현황

중국교회는 1949년 중국이 공산화되고, 당정부가 1954년 '기독교삼자애국운동위원회(基督教三自愛國運動委員會)'를 발족시킨 이후, 모든 교회가 '기독교삼자애국운동위원회'(약칭: 삼자회)에 가입하도록 강력하게 집행하면서 중국교회는 삼자에 가입한 교회와 가입하지 않은 교회로 나뉘게 된다.[1] 즉, '삼자회'에 가입한 삼자교회(三自教會)와 '삼자회'에 가입하기를 거부한 가정교회(家庭教會)의 두 노선이 생긴 것이다. 따라서 1949년 이후의 중국교회의 현황은 두 노선을 따라 살펴볼 수밖에 없다.

한편 21세기에 접어들면서 중국사회의 발전과 도시화 현상에 따라 출현한 다른 형태의 교회 즉, 도시가정교회(城市家庭教會)가 도시지역을 중심으로 나타나고 있다. 따라서 최근에는 중국교회를 '삼자교회', 가정교회와 도시가정교회로 구분하기도 한다. 본 필자도 중국교회를 삼자교회와 가정교회로 분류하는 전통적 구조에서 벗어나 도시가정교회도 중국교회의 새로운 형태로 보고 세 가지 형태로 분류하여 살펴보고자 한다.

---

1 趙天恩, 莊婉芳, 『當代中國基督教發展史 1949-1997』(台北: 中國福音會出版部,, 1997), 78-91.

먼저 공인(公認)과 공개(公開)를 원칙으로 하는 삼자교회의 현황을 살펴본다. 삼자교회에 관련된 현황은 기독교 '양회(兩會)'[2]가 공식적으로 발표하는 통계가 있다. 중국사회과학원 세계종교연구소의 연구팀이 2008년과 2009년에 전국적으로 표본조사를 진행하였다. 그 결과로 2011년 1월 14일 중국기독교 등록교회 설문조사 보고서 형식으로 발표한 '중국종교보고 2011'에는 중국의 기독교인은 2,305만 명이다. 이것은 중국 전 인구 대비 1.8%에 해당하는 비율이다.[3]

2014년 중국기독교 양회(兩會)는 중국의 기독교인은 2,500만여 명, 교회당이 60,000개, 교회사역자(부목사 포함)는 목사 4,500여 명, 장로 6,000여 명, 의공(義工)을 19,000여 명으로 발표하였다. 또한, 신학교는 21개에 3,700여 명의 학생들이 재학 중이고, 신학교 졸업생이 14,000여 명으로 발표하였다.[4] 10년 전인 2004년 중국기독교 양회가 발표한 1,600만 명의 기독교인 수치[5]를 기준으로 하면 10년 사이에 약 1.5배 이상의 외적 성장을 기록하였다. 매년 약 100만 명의 기독교인이 늘어난 것을 알 수 있다.

둘째, 비공인(非公認)과 비공개(非公開)를 원칙으로 하는 '가정교회' 현황을 살펴본다. 가정교회의 성도 수에 관한 것은 여러 정보가 있다. ACTS의 중국전문가 우심화 교수는 중국교회 성도 수에 대한 각종 통계

---

[2] 기독교 양회(兩會)는 '중국기독교삼자애국운동위원회'와 '중국기독교협회'로 구성되는 기독교 기구이다.
[3] 盧炳照, "우뚝 일어서고 있는 중국교회", 「中國과 福音」 159, (2011년 가을): 13-14..
[4] 王俊, "中國基督敎發展的基本情況", 「2014 한·중 기독교 교류 세미나 자료집」(서울: 한·중기독교교류협의회, 2014), 42-43. 이 자료는 2014년 6.14-19에 서울에서 열린 '한·중기독교교류 세미나' 자료이며, 이 세미나는 중국의 기독교 양회(중국기독교삼자애국운동위원회, 중국기독교협회)와 한국의 한·중기독교 교류협의회(대표회장 박종순 목사)가 공동으로 주관한 대회이다.
[5] 부선위, "중국기독교 사회봉사 사역의 실천", 「2004년 한·중 기독교 교류회 자료집」, 68. 2004년 서울에서 개최된 10월 19일 개회된 한·중 기독교 교류회 포럼에서 발표한 내용은 기독교인 1,600만 명, 교회(처소 포함) 50,000개, 신학교 18개이다.

를 종합 분석한 자료를 내놓았다.[6] 우심화는 중국 국내외 정부조직과 민간기구 18곳의 중국내 기독교 인구 발표 사항과 배경을 비교분석하고, 중국교회 성장률, 삼자교회와 가정교회 구성비, 세례교인 비율 등을 근거로 하여 중국의 기독교 인구를 6,777만-7,602만 명으로 추론하고 있다. 이 추론치는 비교적 보수적인 숫자로 중국 기독교 인구의 여러 통계치의 평균치 보다 약간 밑도는 값이다. 중국교회는 공산화 이전에도 교회 부흥을 경험한 바 있고, 또한 개혁개방 이후에도 계속되는 정부의 관리와 통제와 핍박에도 불구하고 중국 기독교는 의심할 바 없이 부흥하고 있다. 기독교의 선교 역사를 살펴보면 강력한 교회의 부흥을 경험한 교회가 세계선교의 사명을 감당하고 나선 것을 알 수 있다. 같은 맥락에서 현재 부흥하고 있는 중국교회도 세계선교에 관한 인식의 변화가 있어야 하며, 또한 선교역량을 갖추어 가야 한다.

다음에서 중국교회가 선교운동의 시작과 활성화에 대한 부분을 연구하기에 앞서 중국교회가 안고 있는 문제들을 살펴본다.

---

[6] 우심화, "중국의 기독교인 수치 연구"「ACTS 신학저널」, (경기양평: 아세아연합신학대학교 신학연구소, 2014), 59-117. 우심화는 이 연구에서 중국 기독교 인구에 대한 다양한 통계들을 정리하며, 종합하여 평가하고 이 값들을 근거로 자신의 의견을 제시하였다. 우심화가 참고한 통계치 중에는 a. 중국 사회과학원 세계종교연구소가 사회과학문헌출판사와 공동으로 개최한 "제3회 당대(현대)중국종교포럼" 개막식에서 발표한 2010년도『종교청서(宗敎藍書: The Bluebook)』의 2,305만 명이고, b. 웨너 부클린이 티벳을 제외한 중국의 모든 지역에 조사팀을 보내 13개월의 조사를 거쳐 발표한 2007년도의 중국 기독교인은 3,900만 명이고, c. 영국의 토니 램버트는 2006년의 China's Christian Millions 수정·증보본 에서는 6,000만 명이고, d. 영국의 선교전략가이며 세계기도정보저자인 패트릭 존스토운이 2001년도 판에서 발표한 7,987만 5,000명이고, e. 아시아 하비스트(Asia Harvest)의 디렉터인 폴 하터웨이(Paul Hattaway)는 2010년 10월의 "Answering the Qustion: How many christians are there in China?"에서 밝힌 수는 82,334,875 명 등 18개 기관이나 조직, 단체 등에서 발표한 통계치를 참고하였다. 우심화는 이러한 통계치의 발표 사항과 배경을 비교 분석하고, 중국교회 성장률, 삼자교회와 가정교회 구성비, 세례교인 비율 등을 근거로 중국의 기독교 인구를 6,777만 명에서 7,602만 명으로 추론하고 있다.

2. 중국교회 문제

중국교회가 세계선교를 감당하는 교회로서 선교적 역량을 갖추어 가고 있는 것은 분명하지만, 선교 활동이 역동적으로 시작되고 지속하기 위해서는 현 위치에서 중국교회의 현실을 파악하는 일이 선행되어야 할 것이다. 이에 몇 가지 관점에서 중국교회의 문제를 살펴본다.

a. 역사적 관점

중국교회는 1949년 이후 지속적으로 정치세력에 의해 신앙과 신학과 교회 모두가 통제 혹은 훼손되어왔다. 삼자교회든 가정교회든 많은 손상을 입었으며 특별히 1950년대 초부터 1978년 개혁개방 때까지 존립을 위하여 사투를 벌이던 시절도 있었다.[7] 중국 공산당 정부가 자치(自治)·자전(自傳)·자양(自養)의 삼자원칙을 기독교 관리 원칙으로 제정하면서부터 중국기독교는 철저히 통제되어 서방의 교회들과의 교류가 단절되었다.[8] 중국교회 지도자들이나 성도들은 전통적인 신학과 서구의 발전된 신학이나 2,000년의 기독교 역사를 접할 기회를 상실하게 되었다. 그뿐만 아니라 기독교의 중국화가 가속화되면서, 기독교 전통의 신학은 거부당했다.

역사적 관점에서 또 한 가지 문제는 가정교회와 삼자교회의 오랜 대립이다. 지금도 정부에서는 가정교회를 핍박하고 있고, 삼자교회는 정부의 철저한 관리와 감독하에 있다. 이들의 대립은 중국이 공산화된

---

[7] 토니 램버드, 『중국교회의 부활』, 김창영·조은화 옮김 (서울: 생명의 말씀사, 1995), 28-29, 107-37.
[8] 梁家麟, 『改革開放以來的中國農村敎會』 (香港: 建道神學院, 1999), 71-72.

1949년 이후 특히 '기독교삼자애국운동위원회'가 정식으로 성립된 1954년부터 현재까지 계속되고 있다. 지역에 따라 다소 편차가 있지만, 기본적으로 대립 구도는 여전히 존재하고 있다.[9] 이런 대립의 구도에서 두 교회가 협력하며 선교하는 교회로 변화한다는 것은 참으로 쉽지 않은 일이다. 왜냐면 정부의 종교정책[10]에 절대적 지배를 받는 삼자교회는 기본적으로 전도나 해외선교에 대하여 언급하지 않고 있다. 결국, 중국에서의 세계선교는 가정교회 위주의 세계선교를 의미하는 것으로 볼 수밖에 없다.

b. 교회적 관점

선교중국의 모판과 기지가 되어야 할 중국교회는 교회적 관점에서 몇 가지 문제가 있다.

첫째, 삼자교회든 가정교회[11]든 목양이 뒷받침되지 못한다. "중국 종

---

9 토니 램버트, 『중국의 교회 그 놀라운 성장』, 이찬미 · 최태희 옮김 (부산: OMF출판부, 2007), 91-92.

10 王作安, 『中国的宗教问题和宗教政策』 (北京: 宗教文化出版社, 2004), 108-14. 중국 공산당의 종교자유 정책은 세 가지로 설명할 수 있다. 첫째로는 누구든지 믿을 자유와 믿지 않을 자유가 있다는 것이다. 중국 종교의 중요한 문서인 '19호문건(19号文件)'에는 "모든 국민은 종교를 믿을 자유를 가지고 있으며 동시에 종교를 믿지 않을 자유도 있다. 또한 어떤 종교든 간에 믿을 자유도 있다. 이전에 믿다가 믿지 않을 자유도 있다. 믿을 자유가 보장 되어야 하는 것처럼 믿지 않을 자유도 보장 되어야 한다는 것이다. 둘째로는 종교 활동에 관한 것으로 중국정부는 종교행정을 법적으로 관리하는데 이는 종교 신앙의 자유와 합법적인 종교 활동을 보장한다는 것이다. 이 말은 결국 중국의 모든 종교는 국가의 법률과 정책이 허용하는 범위 내에서만 활동해야 한다는 것이다. 셋째로 중국의 모든 종교 단체나 종교 행정은 자치, 자전, 자양의 원칙에 따라 어떤 외국의 세력이나 기관이나 단체의 지배를 받지 않는다는 것이다. 중국선교에 역사에서 1842년 남경조약 이후 100년 넘게 중국교회가 외국세력에 의해 식민주의 상태로 지배당하고 있었다고 본다.

11 중국이 1949년 공산화 된 이후, 1954년 8월 4일-5일 '중국기독교삼자애국운동위원회(中國基督敎三自愛國運動委員會)'를 설립하고 모든 교회가 등록하도록 지시하였다. 이 지시에 순응하여 등록한 교회를 '삼자교회'라 칭하고, 등록하지 않은 교회에 대한 총칭으로 가정교회(혹은 지하

교보고 2011"에 의하면 중국 그리스도인 중 68.8%는 자신이나 가족의 질병으로 인해 신앙을 갖게 되었다고 한다. 이들은 낮은 교육수준과 신앙의 기초가 약한 성도들인데 목양 내지는 양육이 절대적으로 필요하다.[12] 교회는 구체적인 목양과 훈련이나 성경공부 등이 이루어지지 못하고 있으며 또한 행정적으로는 교회의 건전한 관리체계나 조직과 제도 또한 결핍되어 있다.

둘째, 목회자들의 수가 심각하게 부족할 뿐더러 신학교육을 받지 못한 목회자들이 많다. 중국교회는 신학기관이 부족하기 때문이다. 공인된 삼자 신학교가 22개[13] 있으나 대부분 역사도 길지 않고, 학생모집에 많은 제약이 있으며, 도서관이나 제반 시설들이 열악하고, 교수요원들이 양적인 면과 질적인 면에서 절대 부족하다.[14]

가정교회는 이보다 훨씬 더 열악한 환경에 놓여있다. 가정교회를 위

교회)리고 칭한다.
12 盧炳照,, "우뚝 일어서고 있는 중국교회", 13.
13 王俊, "중국 기독교발전의 기본정황," 「2004 한중기독교교류 세미나 자료집」, 43. 이 자료에 근거하면 신학교 22개소, 졸업생 14,000여 명, 현재 학업 중인 학생 3,700여 명이다. 중국의 신학교는 금릉협화신학원(南京金陵協和神學院), 연경신학원(北京燕京神學院), 화동신학원(上海華東神學院), 중남신학원(武漢中南神學院)등은 대학교 학력을 인정하고, 동북신학원(沈陽東北神學院), 산동신학원(濟南山東神學院), 사천신학원(四川神學院), 운남신학원(云南神學院), 합비신학원(合肥神學院), 절강신학원(杭州浙江神學院), 복건신학원(福州福建神學院), 광동협회신학원(广東協和神學院) 등은 전문대학교 학력을 인정하고, 하남성의 성경학교(鄭州神學院), 섬서성경학교(西安峽西基督教圣經學校), 강서성성경전과학교(南昌江西圣經學校), 내몽골 기독교양성 훈련센터(呼和浩特神學院), 귀주성기독교신학반(貴州省基督教神學班) 등은 고등학교 학력을 인정하고, 호남성경학교(長沙湖南基督教圣經學校), 감숙성 기독교양성훈련센터(甘肅省基督教培訓中心), 하북성 기독교 양성훈련 센터(河北省基督教培訓中心)의 등은 일 년 정도 신학을 배우는 과정이다.
14 翁雅各, 「如何识别异端」(上海: 中國基督教三自愛國運動委員會, 中國基督教協會, 2005), 91. 1980년부터 2003년 까지 중국 정부가 운영하는 삼자 신학교를 통해서 배출된 신학생의 수가 2,748 명이며, 2003년 현재 재학 중인 신학생이 1,283명이라고 밝힌 적이 있다. 罗伟虹, 「中国基督教」(北京: 五洲传播出版社, 2004), 93-94.

한 신학교 또는 성경학교는 해외 화교들과 외국선교사들이 운영하는 신학교들과[15] 그리고 가정교회 단체가 자체적으로 운영하는 단기 성경 훈련반(培訓班) 등이 있다. 이 또한 공개적으로 운영할 수 없는 어려움 때문에 대부분 열악한 상황에서 운영되고 있다.[16] 토마스 리(Thomas Lee)는 중국 전역에 약 700개의 신학교(성경학교)[17]가 존재하고 있다고 하지만 8,000만 명에 이르는 중국교회 성도들을 위한 목회자를 수급하기에는 심각하게 부족한 숫자이다. 이런 이유로 해서 대부분의 가정교회 사역자(同工)들이 훈련받을 기회는 극히 제한적이다.

양적인 면에서 부족한 현상과 아울러서 목회자들의 수준도 높지 않은 것이 또한 문제이다. 무엇보다도 신학원(신학교) 교수의 역량이 취약하고, 교육수준도 높지 않으며, 신학서적이나 자료들도 부족하여 양질의 신학교육을 할 수 없는 상태이다.[18] 결과적으로 중국교회는 성경을 가르치며 목회할 목회자의 양적인 면과 질적인 면에서 보강해주는 일을 신속하게 해결해야 하는 문제를 안고 있다.

셋째, 교회간의 교류의 차단이다. 삼자교회와 가정교회 간에는 위에서 언급한 것처럼 교류는 지극히 요원한 일이며, 오히려 깊은 대립의 구도가 지속되고 있다. 또한, 가정교회 사이에서도 중국정부의 통제 및 핍박으로 인해 성도 간에 교제를 갖지 못하며, 교회 간에도 교류가 쉽지 않

---

15 본 필자도 중국의 모 지역에서 2년제 장기반(長期班) 신학교를 직접 운영하였는데 많은 어려움들을 겪었다.
16 본 필자가 운영하던 신학교도 초기에는 학교장소를 이사를 자주 해야 했으며, 큰 소리로 기도나 찬양을 마음껏 할 수 없는 어려움이 있었다. 후에 기존의 학교 부속건물을 빌려서 운영할 때는 이런 문제는 해소 되었지만, 임대료가 많이 소용되었다. 학교 소방 시설 검사 시기에는 소풍을 감으로 정부의 조사에 대응하기는 등 많은 상황들이 있다.
17 노봉린, "아세아 신학의 발전", 『KMQ』(2014년 여름호 제50호): 43.
18 盧炳照,, "우뚝 일어서고 있는 중국교회", 13-14.

다. 교류가 차단된 상황이 지속되면서, 가정교회 단체의 계보를 중심으로 모이는 교회들이 서로 간의 의견을 적대시하는 경향도 발생하고 있다. 전도에 대한 정부의 감시와 통제로 인해 가정교회의 전도활동도 조직적이지 못하고 밀폐된 환경을 조성하여 문제발견과 해결이 쉽지 않다.[19] 이런 틈을 타고 이단들의 침입과 공격들을 겪고 있다.

넷째, 중국교회는 두드러진 삼다현상과 삼소현상을 갖고 있다. 농촌교회와 교인, 여성과 노인이 많은 삼다(三多)현상, 목회자와 신학교와 신학서적이 적은 삼소(三少)현상을 볼 수 있다. "중국종교보고 2011"에는 중국 기독교인의 형편을 이렇게 기록하고 있다.

> 중국 그리스도인의 50% 이상은 초등학교 혹은 그 이하의 수준이고, 중졸은 32.7%, 전문대 이상의 학력은 겨우 2.6%이다. 중국 기독교인 중에서 연령이 45세 이상의 사람이 73.7 %이며, 그 가운데 65세 이상은 25%가 넘는다, 24세 이하의 기독교인은 불과 4.3% 정도이다. 그리고 중국교회의 성도 중에서 여성이 차지하는 비중은 70% 이상으로 성도들의 노령화와 여성화 현상은 중국교회의 보편적인 현상이다.[20]

물론 근간에 교회 안에 청년 대학생들과 지식층들의 증가와 도시교회의 부흥, 그리고 신앙서적의 출판이 눈에 띄게 많아지고 있지만, 중국교회 전체적인 구조로 본다면 아직은 여전히 삼다·삼소현상을 벗어나지 못하고 있는 것이 현실이다.[21]

---

19 김종구, 『중국교회 이단 동방번개』 (서울: 도서출판 목양, 2011), 50.
20 盧炳照, "우뚝 일어서고 있는 중국교회", 13.
21 현상을 뒷받침해주는 2001년 자료를 살펴보자. 중국교회의 전체 기독교 인구 중에 80%정도가 농촌에 호적을 두고 있는데, 이들은 학력이 낮고, 이들의 지도자들 또한 교육수준이 변변치 않다. 1980-1990년의 모(某)시 5개 교회에서 세례 받은 12,000 명중 문맹률이 32%를 차지하고, 초등학교와 중졸의 학력이 15-26%이며, 1997년의 중국기독교 양회의 자료에 의하면 신도 중 70%가 여성이며 세례 받은 성도의 남녀 비율은 2:8로 여성이 월등히 많으며 또한 연령 분포도

c. 신학적 관점

중국교회는 중국이 1949년 공산화된 이후부터 해외 신학계와 단절되었다.[22] '삼자교회' 신학은 원칙적으로 국가의 정치적 입장과 통일전선 정책에 따른 종교정책이 우선적으로 고려되어야 한다. 반면에 가정교회는 국가의 엄격한 핍박과 환란들을 온몸으로 받아내며 신앙을 지키는 일조차도 버거웠다. 이런 시간이 계속되자 신학의 틀을 세우는 작업이 절대로 용이하지 않았다. 이러한 역사적 이유로 인해 가정교회는 신학적 기반이 매우 약할 수 밖에 없는 현실이다.

이와 같은 중국교회의 신학적 상황 하에서 이단, 사교들이 창궐하는 현상들을 볼 수 있다. 중국교회는 많은 이단들이 교회를 무너뜨리고 성도를 미혹하고, 사회적인 문제를 야기하는 일들이 발생하고 있다. 이런 상황에서 가정교회들은 1998년 가정교회 5개 단체의 대표들이 모여 중국정부를 상대로 담화문을 발표하고, "가정교회 신앙 선언문"을 작성하여 공포하였다.[23] 한편 이 선언문이 중국 가정교회 전체에 보급되고 수용되어 중국가정교회가 신학적으로 견고해지는 중요한 근거가 되어야 할 것이다.

d. 선교적 관점

중국교회는 이미 복음을 받은 지 200년이 넘는다. 그러나 성경이 말하는 교회의 본질로서의 선교에 관한 인식이나 부담감은 전반적으로 미

로 보면 60세 이상이 63%를 차지한다. 「중국을 주께로」, 2001년 9-10월호를 참고하였다.
22 梁家麟, 『改革開放以來的中國農村敎會』, 187-88.
23 김종구, 『중국교회 이단 동방번개』, 266-277. 부록에 대정부 발표문과 가정교회 신앙선언문 전문을 번역하여 수록하였다.

미하다. 이것은 본 필자가 중국의 모 지역에서 가정교회 신학교를 십여 년 넘게 운영하며 가정교회 지도자를 양성하고, 한편으로는 목회자 연장교육 과정을 개설하여 정기적으로 신학강의를 하는 동안에 발견한 것이다. 그뿐만 아니라 여러 지방에서 지역교회 지도자들을 대상으로 강의하고 대화하는 중에, 이들의 대부분은 선교에 대해 무관심한 것을 알게 되었다. 물론 가정교회 단체나 일부 교회는 이미 진지하게 중국 내에 있는 1억에 가까운 소수민족을 향하여 타문화 선교를 하고 있으며, 해외에 선교사를 보낸 경우도 있다.[24] 그러나 진행되고 있는 선교조차도 적절한 관리가 되지 못하고, 지속적인 재정 후원부족, 타문화 적응에 어려움을 겪는 등의 이유로 매우 짧은 기간에 중도 귀국하는 일들이 발생하고 있다.[25]

세계선교를 위한 간절한 기도는 중국 교회들에게 전반적으로 파급되지 않았다. 선교에 관한 강력한 도전은 극히 일부의 사람들에게로 국한되었다. 교회에서의 선교교육이나 동원사역은 미미하며, 혹 이미 선교사를 파송한 선교기구나 교회가 있기도 하지만, 선교사 파송과 관리에 있어서 아직 조직적이거나 장기적이지 못한 문제가 있다.

이상과 같이 세계선교에 직면해 있는 중국교회를 역사적 관점과, 교회적 관점, 신학적 관점 그리고 선교적 관점에서 살펴보았다. 중국교회의 현실은 선교사역을 감당하기에는 전반적으로 준비가 되지 않았고, 선교역량이 갖추어지지 못한 것으로 볼 수 있다. 1949년 이후 정치

---

24 토니 램버트, 『중국의 교회 그 놀라운 성장』, 이찬미 · 최태희 옮김(부산: OMF출판부, 2007), 242..
25 필자는 졸업생 한 명을, 2006년에 파키스탄 선교사로 파송한 경험이 있다. 파송하기 전 소정의 선교 훈련과 영어 학습을 과정을 거치게 하고 출신교회의 협력으로 파송하였으나, 9개월 후에 중도 귀국하였다. 주요 원인은 이슬람권 적응력 부족과 몇 개월 지나면서 교회의 재정 후원이 중단된 것이다.

적 압력 아래에서 기독교 공동체는 삼자교회로 통합되거나 지하교회(underground church) 형태로 존재하게 되면서 조직적인 타문화 선교가 불가능했던 역사가 있었다.[26]

그러나 중국교회는 강력한 부흥이 있으며, 오랜 환란을 이겨내고 얻은 정결함과 강한 종말론적 신앙을 가진 교회이다. 이러한 요소들은 선교를 가능하게 하는 원동력임이 분명하다. 중국교회를 향하신 하나님의 열심이 중국교회로 하여금 교회의 본질인 선교를 깨닫고, 온 교회가 세계선교를 위해 기도하게 할 것이다. 선교를 교육하며, 헌금하고, 선교사를 동원하고 파송하며 역동적인 선교를 하도록 할 것이다.

이제 세계선교 측면에서, 달라진 중국교회를 이해할 필요가 있다. 세계선교의 역량을 갖추어 가고 있는 교회, 세계선교를 감당해야 할 사명 앞에 직면해 있는 도시가정교회(城市家庭敎會)에 관해서 살펴보고자 한다.

---

26 Kevin Xiyi Yao, "중국교회의 선교운동", 「파발마 2.0 2015년 1-2월호」(서울: 한국선교연구원, 2015) 참고

제2장 중국의 도시가정교회에 대한 이해

1. 중국의 도시화와 경제성장

a. 중국의 도시화 현상

'도시화'에 대한 개념과 정의는 관심과 문제 인식의 관점에 따라 다양하게 내려질 수 있다. 그러나 일반적으로 비농업 산업과 인구가 농업부문을 잠식하며 규모화되고 유리한 입지 조건을 갖춘 위치를 찾아 이전(移轉)하고 집중하면서 비농업공간인 도시공간을 확대해나가는 과정이라고 할 수 있다. 즉, 산업구조 측면에서는 공업과 서비스업 등 비농업 산업의 점유비중이 증가하는 과정이고, 공간적 측면에서는 이같이 증가하는 비농업 산업과 관련 기능들이 유리한 입지 조건을 찾아 공간적으로 집중하며 확산해나가는 과정이라고 할 수 있다.[27]

이러한 개념 아래에서 중국의 도시화는 중국 국가통계국이 밝힌 자료에 의하면 중국의 도시인구(6억 9,079만 명)가 전체 인구에서 차지하는 비중이 51.27%[28]를 참고할 때에 이미 도시화율 50%를 넘은 것을 알 수 있다.

중국의 도시화는 중국정부의 개혁개방정책이 시행된 1978년을 기점으로 현저한 차이를 보이고 있다. 개혁개방 정책이 시행되기 이전에 중국의 도시발전과 도시화는 정체 상태 혹은 후퇴한 적도 있다.[29] 중국이

---

27 박인성, 『중국의 도시화와 발전축』(서울: 한울 아카데미, 2009), 122.
28 "중 초고속 도시화, 인구비중 농촌 추월", 동아닷컴, ⟨http://news.donga.com/3/all/20120118/43418703/1⟩
29 高師寧, "城市化過程與中國基督敎", 『燕京神學誌』2010年 合輯 總 第 23期, 93-98. 중국의 도시화 율은 1952년 12.46%, 1957년 15.39%, 1960년 19.4%로 지속적인 도시화 현상을 보이다가 문

공산화되던 1949년부터 1975년 사이에는 도시화 속도가 느리게 진행되었다. 그러나 1978년 이후 경제개방에 따라 도시화의 규모와 속도는 급하고 전면적인 모습을 보이고 있다.[30]

중국의 1949년 도시인구 비율은 10.6%, 개혁개방이 시작된 1979년에도 18.0%에 불과했다. 그러나 2000년의 도시인구비율은 36.3%, 2002년은 39.0%, 2013년은 51.27%에 이르게 되었다. 한편 전국표준화 도시의 수를 살펴보아도 도시화의 속도를 알 수 있는데, 1978년에 193개 도시였으나, 1990년 464개 도시, 2000년에는 659개 도시로 급한 증가추세 현상을 보게 된다. 이러한 증가추세와 발전 속도를 근거로 2020년의 도시화율 55-60%, 도시인구로는 8-8.5억으로 예측하며[31], 2030년에는 도시화율 70% 이상을 예측하기도 한다.[32]

이상과 같이 일반적으로 도시화가 주는 변화를 살펴보았다. 도시화는 필연적으로 사회문제, 인권문제, 물가문제와 같은 부정적 요소를 동반할 수밖에 없지만 중국 정부는 지속적으로 신형도시화의 계획을 추진하며, 질적 향상을 꾀하고 있다.[33]

한편, 위에서 살펴본 것과 같이 도시화가 주는 많은 현상과 수반되는 문제점들은 사람들에게 뿐만 아니라 필연적으로 교회에도 많은 변화와 영향을 준다. 이제 이러한 여러 변화를 유발하는 도시화가 중국의 교회에 미치는 영향을 살펴본다.

    화대혁명이 포함 된 1962년에서 1975년 사이에는 17. 35%로 감소한 것을 볼 수 있다.
30 박인성, 『중국의 도시화와 발전축』, 126.
31 高師寧, "城市化過程與中國基督教", 93-98.
32 "중 초고속 도시화, 인구비중 농촌 추월", 동아닷컴
33 이철용, 우저안, "도시화, 향후 10년 중국 경제 좌우할 동력"(LG 경제연구원 연구보고서, 2013년 2월 6일), 2. 이 보고서에 의하면 첫째, 농민공이나 새로 유입 된 인구의 시민화 계획, 둘째, 농업의 현대화 추구, 셋째, 도시개발과 산업구조의 활성화와 스마트 도시화 그리고 넷째로 환경오염을 고려한 저탄소(低炭素)와 친환경 도시의 구축 등이 도시화로 인해 유입되는 사람들을 위해 권익을 보호하고 도시병을 해결하기 위한 계획으로 수립되어 있다.

b. 중국의 경제성장

해외 선교가 경제적 자원을 전적으로 의지하는 것은 아니지만, 해외 선교를 감당하는 일에 있어 경제적 자원은 전적으로 무시할 수 없는 일이다. 중국의 경제력이 급성장하는 것이 중국교회의 세계선교의 중요한 요소인 것은 분명하다. 중국의 2014년 GDP는 10조275억5800만 달러, 국민 일인당 GDP는 7,332 달러이다. 외환보유고 세계 1위이다. 경제무역규모도 일본을 추월하였고, 미국에 근접하여 세계 1위권 진입을 눈앞에 두고 있다.

2014년 3월 3일 중국 상무부(商務部)는 중국은 지난해 세계 최대 상품무역 대국이 되었다고 발표했다.

세계무역기구(WTO) 사무국의 예비 통계를 보면 중국의 2013년 수출과 수입은 각각 2조2,100억 달러(약 2,364조원), 1조9,500억 달러로 총 무역 규모는 4조1,600억 달러를 기록함으로 세계 최대 무역 대국이 되었다. 중국의 무역 규모는 개혁개방 이래 연평균 16%의 성장세를 보여 왔다.[34]

중국은 국가의 경제력을 활용하여 아프리카나 동남아시아 지역 등에 많은 경제 협력과 경제 원조를 하고 있으며, 관련 인원들을 파견하여 협력하고 있다.[35] 이렇듯 중국은 여러 면에서 국제적 위상이 높아지고 있으며, 비자협정이 체결되어 무비자로 입국할 수 있는 나라들[36]이 증가하고 있다. 이러한 중국의 발전은 중국교회들에게는 선교인프라가 구축되고 있는 것이라 할 수 있다.

---

34 e-데일리 경제신보, 2014년 3월 3일
35 원무(文牧)는 중국정부가 "현대 실크로드"의 건설을 전개하면서, 2010년 1월에 300억 달러를 중앙아시아 지역의 8개국과 협력하여 고속도로를 건설하기 시작하였으며, 그 길을 통하여 중앙아시아 국가들이 중국에 곧 바로 올 수 있도록 하고자 하였다고 한다.
36 아프리카 14개국, 미대륙 중 5개국, 아시아 19개국, 오세아니아 10개국 등이다.

2. 중국 도시가정교회

a. 도시가정 교회의 출현과 의미

중국교회는 전통적으로 삼자교회와 가정교회로 구분해 왔다. 그러나 사회의 변화와 도시화로 인해 새로운 형태의 교회들도 세워지고 있다. 그것은 신흥도시에 세워지는 새로운 형태의 교회이다. 이 교회는 삼자교회에 속하지도 않고 전통적인 농촌 가정교회에도 속하지 않는 교회로, 다양한 호칭이 사용되고 있다. 물론 각각의 호칭은 각각 다른 의미를 포함하고 있기도 하다. 가장 보편적인 의미로 도시가정교회(城市家庭敎會)라고 부르며, 특별히 최근에 교회 구성원들의 형태를 중심으로 '신흥 도시교회' 혹은 '신흥도시가정교회' 그리고 기존의 삼자교회나 가정교회와의 구별되는 의미로 '제3의 교회' 라고도 한다. 정부는 도시가정교회에 대해 민감하게 반응하며 주시하고 있다.[37] 형태적으로는 지역적으로 도시에 위치한 교회, 농촌으로부터 도시로 이주한 신자들로 구성된 농민공(農民工)들의 교회, 그리고 주로 대도시의 지식층들 중심으로 모이는 형태의 교회 등이 있다.[38]

중국의 학자인 쑨이(孫怡) 교수는 이런 형태의 교회를 '신흥 도시가정교회'로 부르면서, 이것은 도시에 있는 삼자교회도, 80년대 이후, 농촌에서 부흥한 가정교회와도 다른, 심지어 전통적인 도시가정교회와도 구별되는 새로운 형태의 도시교회로 분류하고 있다. 북경 도시가정교회 지도자인 김명일은 "신흥 도시가정교회는 1990년대에 중국 대도시에 나

---

[37] 북경의 '수위왕교회(守望敎會)' 같은 경우는 중국정부가 강력하게 간섭하고 있기도 하다.
[38] 도시의 외곽지를 중심으로는 농민공 교회들이, 대도시의 학원가 중심으로 해외귀국 엘리트들, 석·박사급들과 대학생들을 중심으로 하는 교회들이 생성하여 왕성하게 모이고 있다.

타나기 시작한 새로운 형태의 교회들로서, 중국 가정교회의 전통을 따르고 있으며, 주로 젊은 층 지식인들에 의해 주도되고, 구성되는 가정교회를 지칭한다."[39] 고 말한다.

또한, 중국의 도시가정교회에 관해 많은 연구를 하는 리우퉁쑤(劉同蘇)는 도시가정교회를 단순히 지역적 의미로 도시 안에 있는 교회로 정의하는 것은 지나치게 외적인 표현이라고 말하며, 중국의 가정교회 출현을 특정 사회문화 조건 하에서 특정이념을 가진 정부가 국가 공권력을 배경으로 전체 사회의 공적인 생활을 통제하는 것에서 기인한다고 하였다.

> 정부가 국가 강제력을 동원해서 전체 사회에 국가의 이념을 시행하는 것이다. 이런 조건 아래서는 어떠한 신앙도 사회의 공적인 형태에서 공개적으로 존재할 수 없다. 교회는 본질 상 신앙의 공적 생활이다. 사회의 공적 생활 안에서 신앙생활을 할 수 없을 때 교회는 상대적으로 독립된 개인 생활 영역(가정) 안으로 물러나서 독립된 개인 생활 형식으로 신앙의 공적 생활을 지킨다. 가정교회는 중앙집권 통제하의 독립교회이다. 가정교회는 다만 가정교회의 외적 형식일 뿐이며 정부의 권력이 통제할 수 없는 독립적인 신앙의 공적 생활이 곧 가정교회의 본질적인 내용이다.[40]

도시가정교회도 사실은 위의 내용과 맥을 같이 하는 교회다. 비록 구성원이나 규모와 성격이 다르다 할지라도 도시가정교회는 가정교회이며 십자가의 길을 걸으며, 내적 생명을 유지하고 있는 것이 중요한 요소이다.

도시가정교회에 대한 개념은 관점에 따라 다를 수 있다. 다만 본 논문에서는 넓은 의미로서의 도시가정교회의 정의를 채택하여 사용한다.

---

39 김명일, "중국신흥도시교회와 선교중국", 「MISSION CHINA 2011」, 중국선교협의회 주관.
40 위의 책, 38-39.

즉, 첫째는 지역적으로 도시화로 인해 생긴 신흥도시든 기존의 도시든 간에 도시에 위치하고 있으며, 둘째는 구성원이 기존의 농촌에 위치한 교회와 같이 농촌인구, 부녀자, 노인 위주의 형태의 교회가 아니고 보편적인 도시인구들이 주축이 된 형태의 교회의 정의를 채택했다.

b. 도시가정교회의 환경변화

도시화는 중국교회 내외적인 환경에 많은 변화를 초래하였다.[41] 우선 생각할 수 있는 것은 교회 외부환경의 변화다. 이것은 중국교회의 주류세력의 변화를 의미한다. 도시가정교회는 과거의 '전통 가정교회'와 신앙고백과 십자가의 길을 걷는 정신은 동일한 선상에 있는 것은 분명하다. 그러나 교회 모임의 규모와 구성원, 경제력, 대외적 이미지 면에서 뚜렷한 대조를 이루고 있으며, 결과적으로 교회구조, 목양방식, 신학이념 등 교회의 외형적인 면에서 다른 면이 존재한다.[42]

중국교회는 농촌교회가 그 역사와 규모면에서 주체였던 것은 분명하다. 그러나 급속한 도시화 현상으로 인한 사회 구조의 변화에 따라 도시교회가 주체가 되는 도시가정교회로의 변화를 불러왔다.[43] 이러한 현상

---

41 高師寧, "城市化過程與中國基督敎"『燕京神學誌 2010年 合輯 總 第 23期』, 93-94. 중국교회는 대도시화의 속도가 빨라지고, 교회가 부흥하면서 많은 변화를 겪고 있다. 첫째로 도시의 교회들이 규모가 커지고 있으며, 기독교인의 수가 증가하고 있다. 둘째, 교회 유형이 다양화하고 있는데 소위 가정교회형태의 교회들이 증가하고 있다. 셋째, 주일예배 외의 교회의 활동 이를테면 부활절이나 성탄절 같은 교회절기의 활동, 연령별-성별-단계별 성경공부나 활동, 등록비를 내면서까지 참여하는 세미나나 야외활동 등이 다양하게 진행되고 있다. 넷째, 참여 활동 인원과 성도들의 조직과 구성 비율이 다양하여져서 중국교회의 삼다현상의 불균형이 해소될 긍정적 가능성이 보인다. 다섯째, 교회의 대 사회 활동이 다양해지고 있다.
42 劉同蘇, 王怡, 『觀看中國城市家庭敎會』(臺灣: 基文社, 2012), 230-31. 2007년 북경지역의 65개 신흥 도시가정교회를 조사한 바에 따르면 성도의 75%가 30세 이하이고 교육수준은 70% 이상이 전문대학(大專) 졸업자이며, 소위 화이트칼라 계층에 속해 있다.
43 金但以理, "激流中的思考: 中國城市家庭敎會的發展方向", 『大使命』(2008): 9-10.

은 21세기에 접어들면서 두드러지게 나타났다. 이미 도시화 인구가 50% 이상 된 상황에서 자연스러운 변화일 수도 있다.

두 번째로 생각할 수 있는 것은 교회 내부적인 변화이다. 첫째 성도들의 증가로 교회의 규모가 커지게 되었으며, 교회 안의 모임들도 다양해지고 있다[44]. 둘째로 기존의 비개방적인 교회의 성격에서 개방적인 형태로 바뀌게 되면서 교회 안에는 성도들 외에도 관심자, 구도자, 관광객 그리고 교회 활동에 이웃 주민들이 참여하는 등의 다양한 구성원들이 있다. 셋째로 노인층에서 청장년층으로 변화, 남녀비율의 평균화, 성도들 직업의 다양함, 교회의 경제적 형편의 상승, 그리고 본 지역사람 외에 타지역 사람들의 증가 등 다양한 변화가 있다.[45]

세 번째는 사역 면에서의 도전과 변화이다. 도시가정교회들은 현재 각계각층의 사람들로 구성되어 있고, 나름의 재정적 지원이 확보되었다고 볼 수 있다. 따라서 교회는 시대적으로 사회에 필요한 사역들에 대하여 깊은 관심을 갖고 구제사역, 장애인 사역, 문맹퇴치 사역, 사회복지 사역 등을 감당하여야 할 것이다. 구체적으로 '농민공(農民工)' 사역을 들 수 있다. 도시화의 추진에 따라 소위 '농민공'으로 불리는 많은 농촌인구를 위한 사역이다. 많은 농촌인구가 도시로 이동한다. 이들은 그 도시의 거류증을 받지 못해서 의료나 교육과 같은 기본적인 혜택도 받지 못하고 있어, 도시의 소외계층으로 살게 된다.

그러나 이러한 열악하고 어려운 삶 가운데 사는 이들은 복음의 수용성이 높다. 화동(華東)지역의 어느 교회는 지역 안에 있는 도시 이주민인

---

44 사업가 모임, 대학생 모임, 의료인 모임, 노인대학, 부부 또는 가정모임, 대학생 모임, 단기선교 모임 등을 들 수 있다.
45 高師寧, "城市化過程與中國基督教", 『燕京神學誌 2010年 合輯 總 第 23期』, 117-122.

'농민공'들을 배려하여 야간에 예배나 성경공부, 찬양집회 등을 운영하고 있다.[46] 최근에는 도시에 이주 노동자들로 구성된 '농민공교회'도 새롭게 생겨나고 있으며 이것은 도시가정교회의 새로운 사역이다.[47] 이들을 위한 활동 장소를 제공할 뿐만 아니라 정신적인 측면에서 공허함을 해결해야 하는 상담자 역할까지도 감당해야 하고, 선교 차원에서의 복음전파 사역으로 여겨야 한다.

3. 도시가정교회의 정체성 및 도전

a. 도시가정교회의 정체성

도시가정교회의 출현은 중국 기독교가 변두리에서 주류 사회나 문화에 진입했거나 진입하고 있음을 의미하는 것으로 볼 수 있다. 이것은 복음전파의 차원에서 중요한 의미를 갖는다. 기독교가 전체 사회에 복음을 전할 기회를 얻은 것이다. 개인적으로, 사회 전체적으로 복음과 접할 기회를 제공하는 접촉점이 형성되어 많은 사람의 문화 즉, 일상생활 방식 가운데 생명의 복음을 스며들게 할 수 있기 때문이다.[48]

도시가정교회를 통하여 이미 중국의 주류문화에 진입한 중국의 도시가정교회는 강한 독립된 정체성을 갖는다. 그래서 혹자는 도시가정교회를 '독자적 가정교회'로 표현하기도 하는데 이것은 삼자에 속한 교회들과는 분명한 구분을 선언하고 있다. 그러나 역사적으로는 중국가정교회

---

[46] "도시화에 따른 중국교회의 변화", 전은정 역 「중국을 주께로」 통권 99호, 2007년 1-2월호. 자료출처; www.ccchina.org

[47] 장예진, "중국 도시가정교회 개척 사역", 「중국을 주께로」 통권 115호, 2009년 9-10월호.

[48] 劉同蘇, 王怡, 『觀看中國城市家庭教會』(臺灣: 基文社, 2012), 79-81.

의 긴 역사를 계승하고 있다. 또한, 도시가정교회의 성도들은 대졸자들이 70% 이상이 되며, 이 교회를 목양하는 교역자들 또한 유학파를 포함한 실력자들이 풀타임 사역자로 목회에 전념하고 있다.[49]

풀타임 사역자가 전임으로 사역에 전념하게 되면서 도시가정교회의 많은 교회가 관리제도와 틀을 갖춘 예배형식, 목양을 위한 장단기 계획을 세워가고 있다. 이것은 자생적인 집회 형태를 띠고 있던 초기 도시교회들이나 전문인들의 모임과는 구별된다. 그리고 이미 주류 사회에 진입한 도시가정교회는 강한 사회적인 참여의식과 그리고 법제의식(法制意識)을 가지고 있다. 비록 교회의 모임은 법적인 인가를 받은 상태가 아니지만, 사회문제에 대한 깊은 관심과 책임감이 강하다.[50]

b. 도시가정교회 '신흥신자그룹'의 특징[51]

'신흥신자그룹'은 현대화와 시장경제 체제하에서 대도시나 중소도시 등에서 기독교인의 신분으로 기업주, 회사 경영자, 사장, 회사원 등으로 활약하고 있다. 이들 대부분은 도시의 호적(戶口)을 갖고 있거나 혹은 농촌이나 외지에서 온 사람 중에 이 도시에서 사업을 하거나 직업을 가진 사람들이다. 이것은 현대 생산방식이나 경제활동의 산물이며 동시에 시장경제와 필연적으로 관계있다.

'신흥신자그룹'의 신자들은 중국교회 과거의 '삼다(三多)'[52] 현상과는 달

---

49 위의 책, 319-320.
50 김명일, "중국신흥도시교회와 선교중국", 『Mission China 2011 핸드북』.
51 '新型基督徒群體' 즉, 'The emergence of a New Type of Christians'를 번역한 것이다. Ren ZhiJie, "The Formation and the Effect of Christianity belief of the College Students in WenZhou Area" (Master's Thesis, Central China Normal University, 2012), 93.
52 梁家麟, 『改革開放以來的中國農村教會』, 20. 일반적으로 중국교회에 나타나는 뚜렷한 "삼다삼소(三多三少)" 현상이 있다. 삼다현상은 노인이 많고, 농촌인구가 많고, 부녀자가 많은 것이며 (혹자는 문맹이 많은 것을 말하기도 한다), 삼소현상은 목회자가 적으며, 신학교와 같은 지도

리 나이가 비교적 젊고, 교육수준이 높으며, 남녀 비율도 비교적 균형을 이루고 있다. 든든한 경제력이 있어서 교회 건물을 새로 건축하며, 교회의 자선사업에 기여하고 있다. 이들은 식견이 넓고, 활동량이 많고, 일반 사회에서도 다양하게 넓은 네트워크가 형성되어 있다. 교회와 정부, 교회와 비기독교 사회와의 관계를 조절하며, 교회가 현대사회에서의 지위와 영향을 확대 발전시킨다.

중국교회의 미래를 예측할 때, 여기에 새로운 형태의 교회가 갖는 두 가지 중요한 요소를 중시해야 한다. 하나는 교회 내에서 형성되는 청년층들이 교회의 주체가 되는 것이다. 이들은 신학교육을 받았고, 개방적이고, 동시에 세계 기독교 지도자들과 협조하는 그룹들이다. 다른 하나는 신형 기독교신자 그룹이 엘리트 그룹으로 형성되고 있다는 것이다. 물론 관리상 주의하고 연구해야 하며, 이 그룹들의 지위와 역할에 대한 이해가 있어야 하며, 정책적으로 신중하게 대처해야 할 것이다.[53]

이들은 또한 정부에 대한 태도, 전통적 가정교회에 대한 태도에 대한 문제에 대해 연구하고 대처해야 하는 문제를 연구해야 한다. 여기에는 이들의 실제적인 삶과 소비생활, 믿음이 표현되는 사회생활과 종교생활이 포함된 사회학적 연구들이다. 이들 신흥그룹이 이전의 전통 보수적인 신앙에 반해 현대화되고 세속화된 사고에 대하여 어떠한지를 연구해야 할 것이다. 중국기독교의 발전은 사회와 정치 그리고 경제적 변화와 밀접한 관계가 있다.[54]

자 목회자 양성 기관이 적고, 신앙서적이나 신학 서적이 적은 현상들을 말한다. 양가린(梁家麟)은 기독교인 중에서 농촌인구 점유율을 80%로 보고 있으며, 이들은 교육수준이 낮고 경제적으로 낙후되어 있다고 한다. 唐曉峰, 『改革開放以來的中國基督敎及硏究』(北京: 宗敎文化出版社, 2013), 97-99. 부녀자가 많고 노인이 많으며 교육수준이 낮은 사람이 많은 삼다현상을 말하고 있다. 그는 이 현상들이 점점 나아지고 있는 것을 부인하지 않지만 아직은 삼다현상의 근본적인 변화는 아직 없다고 쓰고 있다.

53 陳村富, 『轉型期的中國基督敎-浙江基督敎個案硏究』(北京: 東方出版社, 2005), 181-197.
54 위의 책, 201.

c. 도시가정교회가 직면한 도전

기독교가 중국에서 점점 발전하고 있다. 무엇보다도 도시가정교회 성도들의 지적수준이 높아지고 있다. 비교적 지식계층의 성도들이 많아지고, 그에 따른 교회에 요구하는 것들이 갈수록 높아진다. 그러나 이 일에 대응해야 하는 교회의 역량은 아직은 미비한 상태이다.

첫째로 성도는 급격히 증가 하는데 목회자와 교회건물은 지극히 제한적이다. 성도들이 예배당의 자리가 부족하여 예배를 드리기 힘들 뿐만 아니라, 영적인 문제를 해결 해줄만한 목회자를 찾지 못하고 있다. 따라서 가정교회들이 계속 출현하게 되고 참석인원도 급증하는 현상이 발생하고 있다.[55]

둘째로 성도간의 편차가 심하다. 이 문제는 이전에 비해 더욱 복잡하고, 더욱 다양한 형태를 띠고 있다. 한마디로 너무 다르다. 이것은 생활의 문제와 심리적이고 감정적인 문제이고 아울러 영적인 문제이다. 의심할 여지없이 목양 방면에서 보다 수준 높은 목회자가 필요하다. 그렇지 않다면 성도들의 요구를 전혀 만족시킬 수 없을 것이다.[56]

셋째로 도시교회들은 대처해야 할 일들이 많다. 대 정부, 대 민간단체, 대 학술단체 그리고 대 NGO 등과의 관계를 적절히 대처해야하는 위치이다. 이 일을 위하여, 교회사역자들이 정책 능력, 문제의식과 안목 등으로 기회를 장악할 수 있어야 하고, 그리고 교회의 여러 방면에서의

---

[55] 高師寧, "城市化過程與中國基督教", 『宗教學研究 2011年 2期』, 117-122.
[56] 또한 최근 중국교회 내에서도 목회자들의 상담에 대해 관심이 많아지고 있다.

발전을 촉진시킬 수 있는 수준 높은 사역자들이 필요하다.[57]

그러나 무엇보다 도시가정교회는 세계선교의 도전을 마주하고 있음을 기억해야 한다. 이런 의미에서 도시가정교회는 선교중국의 차원에서 가장 큰 의미를 갖는다. 구성원들의 경제력과 학력이 비교적 높으며, 사회적 지위와 영향력이 있는 지식인층이다. 따라서 교회의 선교적 역량, 즉 교회의 목회자와 리더들이 선교에 대하여 개방적이며, 선교의식을 가지게 할 수 있다. 아울러 그들의 고학력과 해외 문화를 경험한 풍부한 인적자원 형성, 선교를 지원할 수 있는 재정적 역량과 해외와의 다양한 네트워크를 형성하고 있어서 중국교회의 해외 선교를 한 걸음 앞당기는 계기가 될 수 있을 것이다. 이들이 하나님의 부르심 앞에 헌신하고 순종하면 선교중국이 더 낙관적일 수 있다는 판단이다.

이상과 같이 중국선교의 당위성에 대하여 중국교회가 직면한 도전, 세계선교의 원동력으로 나누어 살펴보았듯이, 중국교회의 세계선교 사명은 더는 미룰 수 없는 일이 되었다. 중국교회 지도자인 천레이(陳鐳)는 중국교회의 선교 사명 감당에 대해 다음과 같이 주장하고 있다.

> 중국 내의 8,000만 성도와 세계 화교성도 300만의 숫자는 하나님께 감사하기에 충분한 숫자이다. 중국교회는 국내든 해외든 교회들은 성도들에게 전도학을 가르쳐서 전도하도록 내보내야 하며, 선교 주도형 신학원을 세워서 선교사를 훈련하고 파송하는 일을 하도록 하자.[58]

오늘 중국교회는 축복의 통로가 되어, 땅 끝까지 복음을 들고 나가고, 선교사를 파송하는 역할을 감당해야 한다.

---

57 高師寧, "城市化過程與中國基督教", 117–122.
58 陳鐳, "風雲再起 直到主來", 『中國心』, 2007年 7–9月 第 19期, 中國神州差傳會刊, 4.

제3장 저장성 원저우(浙江省溫州)의 도시가정교회 이해

원저우지역에는 공식적으로 예배를 위해 '열린 교회 건물들이 2천 개가 넘는다. 이러한 원저우(溫州)지역의 기독교 부흥의 현상을 보고, 중국 내의 기독교인들과 해외의 많은 기독교인은 원저우지역을 '중국의 예루살렘'이라고 부르고 있다.[59] 저장성 원저우사람 서허(舍禾)는 그가 저술한 책을 『중국의 예루살렘 원저우기독교역사(中國的耶路撒冷溫州基督敎歷史 上·下)』라고 제목을 정하기도 하였다.[60] 실제로 원저우지역의 거리에서 큰 교회건물과 거기에 세워진 십자가를 보는 것은 어렵지 않다.[61]

원저우지역 기독교는 중국의 개혁개방 직후부터 지속해서 발전해 왔다. 특히 1976년부터 1982년은 원저우지역 교회 발전의 황금시대로 불린다. 이 시기에 원저우교회는 신앙 환경이 급변하여 최고의 자유를 누린 시기이고, 각 교회는 부흥과 오순절 역사와 같은 성령의 역사를 경험하였다.[62]

그 후 원저우교회는 여러 번의 정치적인 이유로 어려움을 당하지만 굴하지 않고 지속해서 발전해 왔으며, 지금도 여전히 부흥과 성장을 경험하고 있다. 이러한 추세는 2,000년대에 접어들며 도시지역 가정교회들의 부흥으로 이어지며 소위 도시가정교회들이 곳곳에 세워지기 시작했다. 도시가정교회의 발흥과 발전은 중국교회의 세계선교 측면에서 새로운 도전과 가능성을 제시해주는 고무적인 현상이다.

따라서 중국교회의 세계선교 활성화를 위한 방안을 연구함에 있어 원저우지역의 도시가정교회와 교회의 지도자들에 대하여 연구하는 것은 당연히 선행되어야 할 것이다.

---

59 토니 램버트, 『중국의 교회 그 놀라운 성장』, 32.
60 舍禾, 『中國的耶路撒冷溫州基督敎歷史 上, 下』(台北: 宇宙光全人關懷機構, 2015)
61 토니 램버트, 『중국의 교회 그 놀라운 성장』, 323-34. 원저우에 1Km 마다 교회를 세웠다는 기록이 있다.
62 舍禾, 『中國的耶路撒冷溫州基督敎歷史 下』, 526.

여기서는 첫째, 원저우지역의 개황, 둘째, 원저우지역 교회의 이해, 셋째, 원저우지역 도시가정교회 이해, 넷째, 원저우지역 도시가정교회 특징과 사역으로 나누어 살펴본다. 이 연구는 문헌들을 중심으로 진행하였고, 특별히 국내 자료의 부족함을 보충하기 위해 필자가 저장성 원저우시에 있는 시립도서관을 두 차례 방문하여 문헌 조사를 하였고, 원저우지역 도시가정교회와 연합회를 수차례 방문하여 지도자와 만나며, 그간에 교회가 발간한 간행물들을 수집하여 연구 자료로 활용하였다.

여기서 연구하는 원저우지역 도시가정교회에 대한 자료는, 다음 장에서 설문분석을 통한 원저우지역 교회지도자들의 선교인식 연구와 분석 결과를 근거로 중국교회의 선교 활성화를 연구함에 있어 중요한 이론적 배경이 된다.[63]

1. 저장성 원저우지역 개황[64]

a. 원저우지역 이해

저장성은 중국 동부의 연안에 위치하고 있으며, 면적은 102,000km² 이고, 성 중심지인 성회(省會)는 항저우(杭州)이다. 지리적으로 북부평원과 남부 구릉지대로 구분하는데, 북부평원은 타이후(太湖)에서 치엔탕장강(錢唐江) 하류에 걸친 평야와 항저우의 남쪽해안의 닝보(寧波)와 사오싱(紹興)평야가 있다. 저장성은 긴 해안선을 가지고 있으며, 약 188개의 섬

---

[63] 2014년 9월 20-23일과 10월 12-13일 원저우지역을 방문하여 교회와 신학교를 직접 탐방하여 조사하였으며, 일부 그룹은 원저우지역 지도자 40명이 훈련(V 프로그램)을 위해 한국 방문 시에 집회에 참석하여 설교 한 후에 설문 조사 하였다.
[64] 김종구, "저장성의 기독교-중국의 예루살렘인 원저우를 중심으로-",「선교타임즈」(2012년 2월호) (서울: KWMA, 선교타임즈 공동발행, 2012), 35-51. 원저우 개황과 원저우교회에 관한 부분은 본 필자가「선교타임즈」2012년 2월에 기고한 내용을 포함하고 있음을 밝힌다.

이 있으며, 그 섬들 중에 푸퉈산 산(普陀山)은 중국 불교의 명산으로 꼽히고 있다.

원저우지역은 저장성 동남부 연해지구와 남쪽으로 푸젠성(福建省) 북부와 접하고 있다. 이곳은 대외적으로 개방한 연해 항구도시 가운데 하나로 저장성 남부 연해의 무역, 교통, 관광, 정치, 문화 중심지이며, 특별히 '원저우방언(溫州方言)'을 사용하며 원저우사람으로서의 큰 자긍심을 가지고 있다. 원저우시는 총면적 11,784㎢이며, 삼면이 산으로 둘러싸여 있고 산의 면적이 무려 9,212㎢나 되지만, 동쪽 바다는 '동방의 진주'라는 아름다운 별명을 갖고 있다.[65] 시 전체의 인구는 8,002,056 명[66]이며 루청구(鹿城區), 룽완구(龍灣區), 어우하이구(歐海區) 등 세 개의 구(區)와 루이안(瑞安), 웨칭(樂淸) 등 두 개의 시(市)가 있고, 융자(永嘉), 핑양(平陽), 창난(蒼南), 타이순(泰順), 원청(文城), 둥터우(洞頭) 등 6개의 현(縣)이 있다.[67]

b. 원저우 사람에 대한 이해

원저우 사람들을 지칭하는 말 중에 '원저우 상인'이라는 말이 있다.[68]

---

[65] 溫州市統計局國家統計局溫州調査隊, 『溫州統計年監-2012』(浙江溫州: 中國統計出版社, 2012), 13.

[66] "2012 溫州市人口統計", 『溫州年監2013』, (北京: 中華書國出版, 2013), 33. 鹿城區: 725,752명, 龍灣區: 348,600명, 歐海區: 422,149명, 瑞安: 1,216,011명, 樂淸: 1,271,596명, 永嘉: 962,719명, 平陽): 872,968명, 蒼南: 1,299,946명, 泰順: 360,485명, 文城: 391,164명, 洞頭: 130,576 등 총 8,002,056명이다.

[67] 溫州市統計局國家統計局溫州調査隊, 『溫州統計年監-2012』, 13.

[68] 오늘날 중국 각지에서 활동하고 있는 상인의 수만 해도 무려 200여 만 명에 이르고, 그들이 설립한 기업은 무려 3만 개가 넘는다. 해외에 진출해 있는 원저우 상인들의 수도 50만 명에 이른다. 그런 이유로 원저우상인은 중국 5대 신상방(新商帮)이라 불리는 저장상방(浙江商帮)에서 독자적으로 분화해 제6의 상인집단을 형성했으며, '동양의 유대인'으로 불리는 21세기 중국 최

이들은 '중국의 유태인'[69]이라 불리고 있으며, 그 발자취는 전국에 고루 퍼져 있다. 중국 전역뿐만 아니라 시장이 있는 곳이라면 어느 곳이든 세계 도처에 산재해 있다. 이들 중에는 동남아나 미주는 물론 이탈리아나 스페인, 아프리카 등에서도 사업을 하는 사람도 있다.[70]

원저우 사람들은 그 독특함 때문에 다른 지역의 중국인들은 '원저우인정신(溫州人精神)' 또는 '원저우정신(溫州精神)'이 있다고 칭송을 한다. '원저우정신'은 시대별로 특징이 있다. 1980년대 원저우인 정신은 '사천(四千)'[71]이고, 1990년대 '원저우인 정신'은 '사자(四自)'이며, 1998년은 '사감(四敢)'이다. '사자(四自)'란 1993년 7월 원저우 사람들이 제2차 창업을 부르짖으며 생긴 말로 '자력개혁(自力改革)', '자담풍험(自擔風險)', '자강불식(自强不息)', '자구발전(自求發展)'의 정신을 말한다. 그리고 '사감(四敢)'[72]이란 '감위인선(敢爲人先)', '감모풍험(敢冒風險)', '감위창업(敢于創業)', 감우창신(敢于創新)을 가리킨다. 이중에 원저우인의 정신으로 가장 특별나고 사람들에게서 가장 많은 칭송을 받은 것은 '감위인선(敢爲人先)'의 정신이다. 이들의 이러한 정신의 배경은 강렬한 신지식 문화에 있다.[73] 지속적으로 창의적인 활동을 하는 원저우 사람들은 창조적 기업이 전국에서 가

고의 상인집단이 되었다. 원저우상인(溫州商人)은 태생적으로 사업 기회에 매우 민감하다. 그들은 시장이 없으면 시장을 만들어내고, 혼란 속에서도 돈을 버는 기회를 찾아낸다. 또한 돈을 벌기 위해서는 천하의 어디든 찾아간다는 정신을 가지고 있다(張津令, 『商經』 참조).
69 舍禾, 『中國的耶路撒冷 溫州基督敎歷史, 上』, 47.
70 김종구, "저장성의 기독교", 『선교타임즈』, 2012년 2월호(서울: 선교타임즈사, 2012), 35-51.
71 천산만수(千山萬水)를 다니며, 천신만고(千辛萬苦)로 애를 쓰며, 천언만어(千言萬語)를 말하고, 천방백계(千方百計)의 생각을 가지고 있으며, 천가만호(千家萬戶)의 분포와 천변만화(千變萬化)의 사회 변화와 수요와 요구에 적응하는 정신이다.
72 1998년 10월 원저우시 제 8차 당 대회에서 보고된 원저우인의 정신으로 "감위인선(敢爲人先)," 특별능창업(特別能創業)"이라고 보고하였고, 이것이 후에 "원저우인 정신"의 "사감(四敢)" 즉, "감위인선(敢爲人先)", 감모풍험(敢冒風險), 감위창업(敢于創業), 감우창신(敢于創新)을 가리킨다.
73 陳靑華, 徐月萍, "溫州(溫州人精神)", 『溫州30年』(溫州: 折江日報溫州分社 編, 2010), 15.

장 많은 지역이다.[74]

원저우학자 마진룽(馬津龍)은 "개혁은 구체제(舊體制)를 돌파하고 신체제(新體制)를 건립하는 것인데 많은 경우가 원저우에서 시작하여 성공한 것이다. 이것이 '원저우모델'로 사람들에게 주목을 받는 이유이다"[75]라고 하였다.

원저우시의 상주인구 중 전문대(大專)를 포함하여 대학을 졸업한 인구는 65만 명이고, 기술고등학교(中專)를 포함하여 고등학교를 졸업한 인구가 115만 명, 중졸 이상이 335만 명, 초등학교 이상이 270만 명이다. 이것은 2000년 제5차 전국인구조사 시에 대학졸업자가 10만 명당 2,305명이었으나 2011년에는 7,128명으로 비율이 3배 이상 높아졌으며, 고등학교 졸업자는 10만 명당 9,190명에서 12,611명으로 증가한 것을 볼 수 있다.[76] 이러한 인구사회학적인 통계가 보여 주듯이 전반적인 학력수준이 높아지고 있어 교회에서도 갈수록 고학력자들이 증가하고 있다.

위에서 살펴본 바와 같이 원저우 사람들은 다른 지역과 구별되는 독특한 사항들이 있다. 즉, 세계 각 도처에서 활발하게 활약하고 있으며, '사천(四千)'과 '사자(四自)'와 '사감(四敢)'과 같은 특유의 정신을 가지고 있고, 학력 또한 점점 높아지고 있다. 이와 같은 원저우인 특유의 정신들은 원저우교회가 지속적인 부흥과 발전을 경험하고 있는 사실과 무관하다 할 수 없다. 뿐만 아니라 이러한 원저우사람들의 진취적인 개척정신과 적응력과 도전정신들은 타문화 선교에 아주 필요한 요소들이다.

---

74 위의 책, 15-16.
75 위의 책, 16.
76 "溫州市2010年 第 6次 全國人口普査主要數據公報", 溫州市 統計局 2011년 5월 9일, 『溫州市 2010年人口普査資料 下』,(溫州市人口普査辦公室編, 浙江省 溫州, 2011), 1485-86.

2. 원저우지역 교회 이해[77]

원저우지역의 기독교가 흥왕한 것은 역사적 현실이다.[78] 그러나 원저우지역은 비교적 늦게 복음이 전파된 지역이다. 로버트 모리슨(Robert Morrison: 중국명 馬禮遜)이 중국에 복음을 전파한 때로부터 무려 60년 정도 늦은 1867년에 복음이 원저우에 전래되었다. 원저우지역의 기독교 역사는 당시 선교사들이 소속되어 있는 선교회 중심 혹은 교파 중심으로 정착하고 발전하였다. 따라서 이 연구에서도 원저우의 기독교 역사를 중국이 공산화된 1949년 중심으로 두 시대로 구분하여, 선교회 혹은 교파 중심으로 살펴볼 것이며 아래와 같이 다섯 교파를 위주로 살펴보고자 한다.[79]

5개의 교파는 첫째로 선교사들에 의해 세워진 '내지회(內地會, Inland Mission)'와 '순도공회(循道公會: 감리회, United Methodist Churches)', 둘째로 중국인에 의해 세워진 '중국기독교자립회(中國基督敎自立會)'와 '중국예수자립회(中國耶穌自立會)' 그리고 '기독교집회처(基督敎集會處)' 등이다. 한편 1942년에는 '기독교집회처(基督敎集會處)'를 제외한 네 개의 단체는 연합하여 '원저우기독교 연합회(溫州基督敎聯合會)'를 결성하였다.

---

[77] 김종구, "저장성의 기독교-중국의 예루살렘인 원저우를 중심으로-",「선교타임즈」(2012년 2월호) (서울: KWMA, 선교타임즈 공동발행, 2012), 35-51.
[78] 龔纓晏,「浙江早期基督敎史」(浙江: 杭州:出版社, 2010), 3.
[79] 王治沈, 中國基督敎史講, (上海: 上海古赤 出版社, 2011), 168-9. 1842년 남경조약 이후 외국 선교사들이 입국과 국내 거주가 자유롭게 되면서 영국, 미국, 독일, 캐나다 등에서 많은 선교사가 다양한 선교회 혹은 교파를 배경으로 활동하였으며, 약 130여 개의 크고 작은 교파들이 형성되어 있었다.

a. 1867년부터 1949년 공산화 이전

1) 내지회(內地會):(Inland Mission)

1867년, 청나라동치(淸同治) 6년에 영국에서 온 "내지회" 소속 '조지 스툿(George Stoot, 曹雅植[80])'과 통역인 닝보(寧波)사람 주(朱)씨 성을 가진 사람이 배를 타고 원저우에 도착함으로 원저우에 복음이 전파되기 시작하였다.[81] 화위안항(花園巷)지역에 집을 구입하였고 그곳에 '원저우기독교내지회(溫州基督敎內地會)'를 건립하였다. 이곳이 근대 기독교의 원저우지역 전파에 거점이 되었다. 1876년 '중영 연대조약(中英煙台條約)[82]" 체결 후에 원저우항(溫州港)이 개방되었고, 1877년 화위안항(花園巷) 지역에 원저우지역 첫 예수교회당이 건축되면서 원저우지역에 기독교가 뿌리를 내리게 되었다.[83]

그러나 기독교가 전파되면서 강렬한 저항에 부딪혔다.[84] 백성들은 조

---

80 高建國, "基督敎最初轉入溫州 片斷", 溫州文史資料 第7集 343-348. George Stoot는 영어 발음을 따른다면 조치 스투어터(喬治 司托特)가 되겠지만 원저우 방언을 따라 차오야즈(曹雅植)으로 표기 하였다.
81 토니 램버트, 『중국의 교회 그 놀라운 성장』, 29.에는 스툿이 원저우 땅에 발을 디뎠을 때는 절(寺)과 우상으로 가득한 모습이었다고 기록하고 있다.
82 중영연태조약(中英煙台條約): 1876년 9월 13일 청나라와 영국이 연태에서 맺은 불평등 조약이다. 이 조약으로 영국은 중국 서남 변경을 침입할 수 있는 권리를 얻게 되었다. 1874년 영국은 약 200여명의 무장 사병이 호위하는 탐사대를 파견하여 육로교통을 조사하였다. 주 중국 영국 공사는 통역요원 레이먼드 마거리(Augustus Raymond Margary)를 보내어 탐사대를 맞게 하였다. 1875년 1월 마거리는 미얀마에 도착하여 탐사대에 합류한 후, 2월 21일 윈난(雲南)에서 탐사대와 현지 소수민족 사이에 충돌이 발생하여 통역요원 마거리와 수행인원이 피살되었다. 영국은 이 사건을 계기로 1875년 3월 영국 공사는 정식으로 청 정부를 향해 여섯 개의 요구 사항을 제출하였다. 1876년 8월 21일 이홍장(李鴻章)과 영국 공사 토머스 웨이드(Thomas Francis Wade)는 연태에서 정식 회담을 진행하여 9월 13일 '중영 연태조약'을 체결되었다.
83 莫법有, 『溫州基督敎史』(香港: 建道神學院 基督敎與中國文化硏究中心), 1998), 52-53.
84 토니 램버트, 『중국의 교회 그 놀라운 성장』, 29-30. 중국이 연안 항구 개방은 영국을 비롯한 8개국과의 불평등조약이 선교사들의 입국이나 거주 또는 교회당 부지 구입 등을 용이하게 했다.

제2부 중국의 원저우 도시가정교회의 이해 | 67

지 스툿을 제국주의(帝國主義)의 대표로 취급을 하였고, "사람의 마음을 훔치고, 사람의 피를 마시는 영국인(個挖人心喝人血的紅毛番)"이라고 하며 핍박하기에 이르렀다.⁸⁵ 조지 스툿은 사람들에게 욕을 먹고, 돌팔매질을 당하기도 하고, 분노한 주민들이 집에 난입하여 쳐들어와 위협당하는 일들이 많았다.

원저우에 복음이 전파되고 뿌리를 내리기에는 험난한 사건들이 계속 이어졌고, 이런 난국은 쉽게 해결되지 않았다. 그렇게 두 해가 갈 무렵 조지 스툿의 통역인 주(朱)씨가 구두수선공 엽종걸(葉鍾傑)에게 복음을 전하였고, 결국에는 복음을 들은 그가 세례를 받게 되면서, 원저우의 첫 성도가 탄생하게 되었다.⁸⁶

내지회의 주요사역은 첫째, 학교사역이다. 조지 스툿은 전도의 돌파구를 열기 위해 1869년 화위안 항에 '학습반'을 개설하여, 학비를 받지 않고 학생을 모집하였다. 이 학습반은 1872년에 서원(書院)⁸⁷으로 명명하였고, 이 서원의 사역을 통하여 세례 받는 사람도 생기게 되면서 선교의 길이 조금씩 열리게 되었다.⁸⁸

둘째, 여성사역이 있었다. 당시 부녀자는 사회적으로 낮은 지위였다. 또한, 남녀가 가까이 할 수 없는 전통이 있어서 여성을 접촉하는 것은 불가능하였다.⁸⁹ 이런 상황을 인식한 선교회 본부가 여성 사역자를 파송하여 여성사역에 집중했다. 그 결과 여성신자들은 점점 많아지게 되고, 세례를 받아 교회의 회원이 되는 여성 수가 점점 많아졌다. 1878년 여성을

---

85 支華欣, 『溫州基督敎』(浙江: 浙江省基督敎協會出版, 1999), 3.
86 莫法有, 『溫州基督敎史』, 53-54.
87 후에 숭진소학(崇眞小學)으로 정식 명칭을 갖게 됨
88 支華欣, 『溫州基督敎』, 3.
89 莫法有, 『溫州基督敎史』, 55.

위한 여자서원(女子書院)⁹⁰을 별도로 세웠다.

셋째, 의료사역이다. 1880년에 스툿은 한 채의 집을 임대하여 작은 의원(醫院)을 열었다. 영국인 의사인 탐(Tom)을 책임자로 하고 현지인 진일명(陳日銘)을 조수로 초빙하여 무료 진료를 실시하므로 의료선교를 통한 선교사역의 돌파구를 마련하였다. 의료사역은 많은 효과를 가져왔다. 웨칭(樂淸), 융자(永嘉), 루이안(瑞安), 핑양(平陽), 타이순(泰順) 등에 교회와 집회소 등이 생기게 되었고, 약 10여 개 지역에 약 2,000여 명의 신자들이 있었고, 교회의 역량은 계속하여 커져만 갔다.⁹¹

이같이 내지회가 주요사역에 집중하면서 선교는 점점 확장되었다. 스툿은 원저우지역에서의 어려운 국면을 타개한 후에 인근지역으로 범위를 넓혀갔다. 광서(光緖) 원년인 1875년에 영국인 선교사를 추저우(處州, 지금의 리수이[麗水])로 파송하여 그곳에서 전도하게 하였으나, 주민들은 '양교(洋敎)'라 하여 강력하게 저항하였다. 그러나 광서(光緖) 22년에 영국과 프랑스의 선교사들이 재차 복음을 전하면서 전도의 열매가 생기게 되었고, 기독교 교회당을 건축할 수 있게 되었다.

20세기가 되면서 내지회는 더욱 발전하였으나, 자립운동의 영향과 1925년 발생한 5.30 참안(五卅慘案)⁹²의 여파로 인해 원저우 성도들이 교권독립을 주장하기에 이르렀다. 그 결과로 1927년 '내지회'를 '중화기독교자치내지회(中華基督敎自治內地會)'로 개명하면서 중국인의 자치적인 교

---

90 후에 육덕여자학교(育德女子學校)로 정식 명칭을 갖게 됨
91 舍禾,『中國的耶路撒冷 溫州基督敎歷史, 上』, 132-142.
92 五卅慘案은 1925년 2월 상해 일본기업 '내외면주식회사(內外棉株式会社)' 제 8공장에서 흥부에 강한 충격을 받은 흔적이 있는 소년공 시체 한 구가 발견된 것을 기점으로 산동성 청도와 상해 등에서 일본, 영국인들이 노동자들에게 총을 발사하여 수십 명이 사망하게 되자 중국 정부 당국은 계엄을 선포하고 조계지 내의 대학은 모두 봉쇄했던 사건이다.

파로 탄생하게 되었다. 따라서 원저우도 '중화기독교자치내지회 원저우공회(中華基督敎自治內地會溫州公會)'로 개명하게 되었고,[93] 1949년 공산화가 되기 전까지 약 134개의 교회와 21,665명의 신자가 소속하게 되어, 원저우지역에서 가장 영향력 있는 교파로 성장하였다.[94]

2) 순도공회(循道公會: United Methodist Free Churches)[95]

1875년 청나라 광서(光緖) 원년에 영국의 순도공회(循道公會:United Methodist Free Churches)의 갤핀(F. Galpin)이 원저우를 방문하여 내지회가 설립된 것을 보고 돌아갔다. 그는 1877년에 선교사 익스레이(李華慶: I. Exley)를 원저우에 파송하여 선교활동을 하게 하였다. 그는 전도의 열매들을 맺으며 사역하는 중에 1878년에 원저우의 자후이리항(嘉會里巷)에 교회를 세우게 되었다.[96]

그 후 1882년 초, 영국 선교사 스투일(蘇威廉: W. E. Sootill)이 오직 개척에 대한 생각으로 원저우에 부임하였고, 원저우에 온지 6개월경부터 비교적 유창한 원저우 방언으로 설교하기 시작하기 시작하여 25년간을 사역하였다. 그뿐만 아니라 많은 저작[97]을 남기는 등 종교문화를 형성하는데 지대한 영향을 미쳤다. 그러나 1884년 '갑신교안(甲申敎案)'[98]이 폭발하

---

93 支華欣,『溫州基督敎』, 4. 莫法有,『溫州基督敎史』, 58-59. 莫法有은 "중화기독교자치내지회(中華基督敎自治內地會)" 대신에 "중국기독교자치내지회(中國基督敎自治內地會)"로 사용한다.
94 舍禾,『中國的耶路撒冷 溫州基督敎歷史, 上』, 258.
95 순도공회(United Methodist Free Churches)는 성도공회(聖道公會)로 불리었다가 1934년 순도공회(循道公會)로 개명하였다.
96 舍禾,『中國的耶路撒冷 溫州基督敎歷史, 上』, 246-47.
97 주요 저작으로는『一個傳道團在中國』(A Mission in China),『中國儒釋道三敎硏究』(The Three Religions of China),『溫州語拉丁化體系』,『溫州 方言拉丁楷音的〈新約聖經〉』(Sang la Sing Shi) 등이 있다.
98 1884년 갑신년에 원저우 시민은 프랑스군의 침략에 반대하며 발생하게 되었다. 1883년, 프랑스는 베트남을 '보호국'으로 정한 후, 그해 12월에 중국 군대를 향하여 진공하여 중국과 프랑스간의 전쟁이 발발하게 되었다. 광서 10년인 1884년 8월 16일 원저우 시민들이 야간에 성서기독교

였고, 그 영향으로 교회당은 시민들에 의해서 불태워졌다.

그러나 그는 굴하지 않고 계속 전도 활동을 하며 1898년 교회를 증축하기에 이르렀다.[99]

순도공회의 스투일은 원저우에서 25년간 교회를 섬기는 동안 10,000여 명의 성도와 9개 연합교구와 270개 분회, 그리고 본인이 직접 주도하여 스취청시탕(市區城西堂), 웨칭(樂淸)의 홍차오탕(虹橋堂), 융자(永嘉)의 펑린탕(楓林堂), 루이안야허우탕(瑞安衙后堂) 등 저명한 교회당을 건축하였다. 그뿐만 아니라 그는 원저우방언 연구 성과도 탁월하여 주목을 받았으며, 비단 전도 사업뿐 아니라 원저우의 교육이나 보건사업에도 많은 공헌을 하였다. 1893년 성도는 약 500여 명에 이르렀으며, 1891년 교회는 현지 전도자들을 목사와 교사로 세웠다.[100] 1893년 후 교구는 더 확장되어 19세기 말까지 9개의 연합교구와 100여 개의 처소 그리고 3,800여 명의 성도와 18명의 전도자를 선출하여 세웠다.

그러나 다른 지역이나 교파들과 마찬가지로 1900년 경자교안(庚子敎案)[101]의 문제로 교회는 좌절을 겪게 되었고, 원저우 사회에 반(反)교회의 높은 파고를 가져오는 데에 큰 영향을 미쳤고, 이때의 사상들이 후에 '3자' 운동 사상의 기초가 되었다. 그는 25년간의 사역을 마무리하고 1907년에 원저우를 떠났지만, 후임 선교사들과 현지인 목사들이 스투일의

당(城西基督敎堂), 화원항 예수당(花园巷耶穌堂), 주택사항 천주당(周宅祠巷天主堂) 등 6개 교회당을 불태웠다. 8월 17일에는 서안 강포천주교당(瑞安江浦天主敎堂) 역시 파손되었다.
99 莫法有, 『溫州基督敎史』, 59.
100 夏殿士, 戚品三(제 1기), 盛岩如, 吳保年(제 2기), 湯復三, 盧源生(제3기)를 목사로 세웠고, 현지성도 중에서 金國良, 周佩武, 戚臣昌 등 3인을 교사로 세웠다.
101 경자교안(庚子敎案)은 태원(太原) 사건, 태원(太原) 학살이라고 부른다. 의화단(义和团) 운동 기간인 1900년 7월 9일 산서성(山西省) 태원(太原)에서 발생한 기독교도와 선교사에 대한 학살한 사건이다.

사역을 잘 계승하였다.[102]

1925년 5월 상해에서 발생한 '우저우찬안(五州慘案)'의 영향으로 순도공회(循道公會)소속의 외국 선교사들은 떠났고, 현지인 성도들이 교회 이름을 '중화기독교성도공회분회 원저우교구(中華基督敎聖道公會溫州敎區)'로 변경하였다. 1933년 목사와 교사 30여 명을 세우고, 교회당을 200여 개로 분립하였으며, 신도들은 점점 증가하여 7개 교구에 16,000명에 이르렀고, 7개의 교회학교를 설립하였다

3) 중국예수교자립회(中國耶穌教自立會)

중국의 기독교 인사들과 신자들은, 1900년 의화단 사건과 8개국(일본을 제외한 서방 7개국)과의 불평등 조약 체결, 청나라 조정의 굴욕적 외교와 불평등조약 하에서 보호받는 기독교의 모습을 보면서, 외국 선교회를 탈퇴하여 스스로 교회를 세우게 되었다. 상해(上海)장로회의 유국정(俞國楨)목사가 교회자립운동을 추진하며, 1903년 '자립장로교회'를 창립하고 3년간 자립의 기초를 다졌다.

1912년 6-7월 유국정목사는 원저우에 자립교회 설립을 결정하고, 원저우의 양경산(梁景山), 이성수(李成修)등을 주축으로 중국예수교자립회 원저우분회(溫州分會)를 조직하였다. 1914년 7월 교회 건축 이후 '중국예수교자립회원저우교구(中國耶穌敎自立會溫州敎區)'를 설립하였다. 교회자립운동은 신속하게 발전되어 2년 후인 1916년 11월 목사 3인[103]과 강도사 2인과 장로 23인, 집사 15인을 세우고 198명에게 세례를 받는 일들이 진행되었다.

중국예수교자립회(中國耶穌敎自立會)는 1910년 원저우 핑양현에 분회를

---

102 莫法有, 『溫州基督敎史』, 60-61.
103 範志熹, 林湄川, 梁景山의 세 명이다.

설립하여 반세기의 역사를 지내는 동안 원저우교구는 신자 2,665명, 목사안수 3인, 교사 14명, 지회 38개로 확장되었고, 저민교구(浙閩敎區)는 목사안수 8인, 교사 78명, 교회 101개소, 신자 12,000명 등으로 두 교구를 합치면 신자 14,665명, 지회 139개소, 목사 11인, 교사 92인을 세우는 발전을 하였다. 교회는 계속 부흥하여 1938년 800석 규모의 교회 건축을 시작하여 1940년 완공하였다. 1945년 성경학교를 세우는 등 계속 성장하였다. 그러나 중국 공산당 정부는 1958년 교회를 통합시키면서 '중국예수교자립회(中國耶穌敎自立會)'라는 원래 교파의 이름이 사라지게 되었다.[104]

4) 중화기독교자립회(溫州中華基督敎自立會)[105]

우저우찬안(五卅慘案) 사태 이후 원저우에서는 교직자와 신자 대표 20명을 소집하여 영국선교사 해화덕(海和德)을 방문하여 세 가지를 요구하였지만[106] 모두 거절되자 순도공회를 탈퇴하고, '원저우중화기독교자립회(溫州中華基督敎自立會)'를 설립하고 7월 16일 설립대회를 개최하였다. 이 일이 기폭제가 되어 시내 여러 곳에서 자립을 선언하기에 이르렀다. 자립이후 26년간 피나는 사역을 통하여 120개의 교회를 세우고, 7개 구역으로 나누었으며, 목사와 전도사 등 123명을 세우고, 신자 11,491명(시내 7,592명)의 발전을 하였다.[107]

5) 기독도집회처(基督徒聚會處)

1929년, 핑양현의 왕위팅(王雨亭), 장우성(張悟生), 쑤칭펑(蘇淸風) 등은 교회를 지방단위로 세우되 종파를 갖지 않는 것을 원칙으로 하였다. 그

---

104 支華欣, 『溫州基督敎』, 10.
105 위의 책 14.
106 첫째는 영사는 이 문제를 신속히 해결 할 것, 둘째는 영국인 폭행을 반대하는 발표를 할 것, 셋째는 교회자립을 허가하고 중국인이 스스로 교회를 세우도록 할 것 등이다.
107 支華欣, 『溫州基督敎』, 14.

들은 핑양현에 교회를 세우며 "기독도집회처(基督徒聚會處)"라고 명명하였다. 1930년 원저우시의 판훠링(潘活靈), 장가오라이(章高來), 장팅샹(張廷祥) 등이 시내에서 30여 명이 참가한 가운데 기독도집회처(基督徒聚會處)를 세웠다. 교회는 계속하여 발전하여 1943년 새로운 교회당을 건축하였고, 공산화 초기에 원저우시에 19,750명의 신자가 있었다.[108]

이상과 같이 기독교가 전파된 1867년부터 1949년 중국이 공산화되기 전까지의 원저우지역의 기독교 전파와 발전의 과정들을 살펴보았다. 원저우지역에 기독교가 뿌리를 내리게 되는 일에, 중요한 역할을 한 당시의 '내지회'와 '순도공회'는 타문화권의 열악한 선교환경에도 불구하고 헌신적인 복음전파 사역을 하였음을 알 수 있다. 이들은 복음을 전파하기 위해 다양한 방법들을 강구하였다. 때로는 적극적으로 전파하고, 때로는 긴 시간을 기다리며 선교사역을 지속하였다. 문화적 차이와 개인적인 반대, 집단적인 반대로 인해 오는 핍박과 위협, 전국적으로 번지는 자립운동의 영향 등에도 굴하지 않고 신실하게 사역한 결과, 원저우지역이 큰 부흥을 경험했고, 기독교 발전의 든든한 터전이 마련되었다.

선교사들은 복음전파를 가장 우선순위에 두고, 최대의 사명으로 알고 원저우지역에 와서 선교사명을 감당하였다. 이 사역의 효과적 확산을 위하여 언어에 관한 연구와 문서사역, 그리고 학교나 병원을 건립하고, 당시의 시대적 상황과 원저우지역의 필요를 따라 자선사업 등을 다양하게 실시하였다. 학교나 병원 그리고 여러 자선사업들은 복음전파의 간접적인 사역이지만, 좋은 접촉점이고 교량의 역할을 감당하는 전략적 관점의 사역이 되었다.

---

[108] 위의 책, 15.

b. 1949년 공산화 이후

중국이 공산화되면서 중국 공산당 정부는 기독교를 통제하는 한 기구로 1951년부터 '기독교삼자혁신운동(基督敎三自革新運動)'을 시작하였으나 성공하지 못하였고, 1954년 8월 4일과 5일 '중국기독교삼자애국운동위원회(中國基督敎三自愛國運動委員會)[109]' 관련법을 통과시키고 '삼자회장정(三自會章程)'을 제정하였다. 모든 교회는 정부의 통제에 들어오도록 강력하게 요구했다. 이같이 정부의 강한 통제와 압박 때문에 중국 전역의 교회들은 큰 시험에 들고, 정부의 요구에 응하는 지도자들과 교회 그리고 정부의 요구에 불응하는 지도자와 교회들로 양분되기 시작했다.

삼자회(三自會)에 가입하지 않는 왕밍다오(王明道), 니튀성(倪柝声) 등이 체포되어 구금당하였고,[110] 교회들은 폐쇄의 압력에 시달렸고, 외국 선교사들은 중국을 떠나게 되었다.[111] 이것은 원저우지역도 예외는 아니었다. 1951년 1월 11-13일에 '원저우기독교삼자혁신위원회(溫州基督敎三自革新委員會)'를 구성하고 14,110명이 서명하고 '삼자선언(三自宣言)'을 하였다.

원저우지역에 삼자선언이 있을 당시인 1951년 원저우지역의 기독교는 많은 발전을 이루었다. 중국 공산당 정부가 적극적으로 종교를 통제하기 전 각 교파별로 왕성한 활동을 하여 817개의 교회당과 9만 명이 넘는 성도들이 있었다. (표 참조)

---

109 자세한 내용은 趙天恩, 莊婉芳, 『當代中國基督敎發展史(1949-1997)』(台北: 中華福音會出版部, 1997), 16-56, 78-80.과 본 필자가 「동로인」(서울: BM선교회)에 2011년부터 계속하여 이 내용을 번역하여 연제하는 것을 참고할 수 있다.
110 趙天恩, 莊婉芳, 『當代中國基督敎發展史(1949-1997)』, 81-89.
111 舍禾, 『中國的耶路撒冷 溫州基督敎歷史 下冊』, 454., 468-71.

〈표 II-1〉 1951년의 원저우시의 각 교파별 신자의 수[112]

교파명칭	교회당(개)(집회처)	신자수(명)	구 분	
			남(명)	여(명)
自治內地會 (자치내지회)	134	21,665	9,749	11,916
循道公會 (순도공회)	244	24,299	11,923	12,376
中國耶穌自立會 (중국예수자립회)	139	14,665	6,999	7,666
中華基督敎自立會 (중화기독교자립회)	121	11,491	5,118	6,373
基督徒聚會處 (기독도집회처)	111	19,750	9,537	10,213
安息日會 (안식일회)	68	3,440	1,240	2,200
합계	817	95,310	44,566	50,744

한편, 원저우지역에서도 1956년 6월 27-28일 기독교 대표자 회의를 열어 '원저우시 기독교삼자애국운동위원회(溫州市基督敎三自愛國運動委員會)'를 성립하게 되면서 원저우에도 '삼자애국운동위원회'의 활동이 강력하게 진행되었다.[113] 공산당 정부는 '대약진운동(大躍進運動)'과 '무종교구운동(無宗敎區運動)'과 '교회합병운동' 등을 실시하며 기독교 말살계획을 진행하였다. 1959년 원저우지역이 종교 소멸운동 표본도시가 되어 전국의 유일의 "무기독교도시(無基督敎城市)"로 불리었다.[114]

그러나 "1960년, 원저우교회는 환란과 핍박 가운데 하나님의 은혜와 긍휼이 여기심을 바라는 중에, 원저우지역 첫 번째 가정교회(家庭敎會)가 탄생하였다."[115] 이어서 1961년 3곳, 1962년 모두 14곳의 가정교회가 세워졌다.[116]

---

112 支華欣, 『溫州基督敎』, 20.
113 舍禾, 『中國的耶路撒冷 溫州基督敎歷史 下冊』, 458.
114 위의 책, 493.
115 위의 책, 483.
116 위의 책, 496.

이제 공산화 이후의 원저우지역의 가정교회의 정착과 발전과정을 몇 단계로 나누어 살펴보고자 한다.

첫째, 1976년부터 1976년까지의 기간이다. 이 기간은 '문화대혁명(文化大革命)'기간으로 모든 종교, 특별히 기독교는 소멸되었을 것이라고 생각하던 시기이다. 그만큼 혹독하고 철저하게 종교를 말살하려 했기 때문이다. 그러나 하나님의 교회는 소멸되지 않았다. 하나님의 교회를 하나님이 지키셨다. 자오티엔언(趙天恩)은 이렇게 기술하고 있다.

> 1960년대 말경부터 하나님의 감동 하에 일부 전도인과 평신도들이 전도여행 방식으로 가는 곳마다 복음을 전하고, 집회처소를 세우고 그 모임을 '기도회'로 칭하였다. 주로 농촌이나 시 외곽을 중심으로, 먼저 3~5명이 조(組)를 이루며 시작하였으나, 후에 20~30명으로 증가하였다. '기도회'의 주요 내용은 전도인이 부족한 관계로 주로 기도와 간증과 찬양이었으며, 종종 복음전도자가 여행 중에 방문하게 되면 설교를 하기도 하였다.[117]

원저우지역에서도 이러한 일들이 발생했다. 공산당원이 신자가 되고, 청년들이 신자가 되고, 기도회를 통하여 복음의 불길이 타오르고, 성령의 역사가 현저하게 일어나고, 신자들은 하나님의 말씀을 사모하여 필사본(筆寫本)성경을 만들어 돌려가며 읽고, 성경학습반이 생기고, '복음촌(福音村)'이 생기고, 힘을 다해 복음을 전하는 일들이 문화대혁명 기간, 특별히 후반부에 원저우지역에서도 일어났다.[118]

둘째, 1976년 10월 6일 문화대혁명이 끝날 때까지 10년간 원저우의

---

[117] 趙天恩, 莊婉芳, 『當代中國基督敎發展史(1949–1997)』, 233.
[118] 舍禾, 『中國的耶路撒冷 溫州基督敎歷史 下冊』, 515–22.

교회는 많은 핍박을 받았으나 소멸되지 않았고 오히려 발전한 것을 알 수 있다. 주위징(朱宇晶)은 그의 박사학위 논문에서 정부 내부 문건(1981년)을 인용하여 이렇게 원저우의 기독교 발전상황을 설명하고 있다.

> 완전한 통계는 아니지만, 원저우 전 지역의 해방초기 천주교와 기독교는 14만이었으나, 현재는 33만여 명 정도이며, 해방초기에 비해 두 배가 증가했다. 핑양(평양), 루이안(서안) 두 현(縣)은 '문화대혁명' 전에 비해 4배가 증가했고, 원저우시는 20배 증가하였다.[119]

문화대혁명 기간에 전국적으로 교회들이 폐쇄당하고, 주의 종들과 성도들이 큰 환란을 당한 것은 부인할 수 없는 역사적 사건이며 사실이다. 그러나 위에서 기술한 것과 같이 성도들이 증가하고 교회가 세워진 것 또한 사실이다.

셋째, 1977년부터 1982년은 원저우 가정교회의 황금시기이다. 1976년은 원저우교회가 행정과 교리적으로 하나 되었고, 복음과 교회를 세우는 일에 하나 되었고, 핍박을 받으며 기도하는 일에 하나 되었던 시기이다. 문화대혁명이 끝나고 1977년부터 원저우교회는 많은 신앙의 자유를 얻게 되었다. 각 교회는 성령의 역사를 경험하며, 천여 명이 참가하는 대형집회도 열기도 하였다.[120]

1979년 중국 공산당 정부는 사회주의 현대화를 제창하며 개혁개방을 시작하였다. 그해 9월 공산당 정부는 교회당과 사찰을 다시 개방하기 시작했고, 감옥에 있던 인사들을 석방하며 국내외 종교계 인사들에게 호

---

119 朱宇晶, "國家統治, 地方政治與溫州的基督教" 香港中文大學博士學位論文, 2011, 103.
120 舍禾, 「中國的耶路撒冷 溫州基督教歷史 下冊」, 524-29.

감을 얻고자 했다.[121] 1979년 12월 12일부터 14일까지 원저우시 통일전선부(統戰部)는 '문화대혁명' 기간에 폐쇄되었던 교회당을 개방했고, 공개적인 집회와 활동을 회복하게 되면서 원저우교회는 부흥의 국면에 접어들었다.[122]

저장성은 허난성과 함께 가정교회 밀도가 가장 높은 성이며, 저장성 가운데 원저우는 가정교회 밀도가 가장 높은 지역이 되었다. 그러나 1982년 '문화대혁명' 시기에 활동을 멈추었던 '삼자회'가 다시 등장을 하면서 원저우지역의 가정교회는 새로운 위기를 맞이했다. 이들은 교회지도자들이 회의를 거쳐 '삼자회'에 대한 분명한 태도를 다음과 같이 공개적으로 밝혔다.

> 첫째, 교회는 내외부의 종파세력을 의지하지 않으며, 정권의 통제를 받지 않는다. 둘째, 예수 그리스도와 십자가만을 높이며 영생의 길을 갈 것이다. 셋째, 교회는 세속적인 삼자(三自)의 길을 가지 않을 것이며, 어떤 세속적인 조직에도 참가하지 않을 것이다. 넷째, 삼자가 파견을 받아들이지 않을 것이고, 삼자의 조직과 교류하지 않을 것이다. 다섯째, 예수그리스도는 영원히 원저우교회의 머리이시며, 모든 일에 그는 머리이시다. 여섯째, 원저우교회는 세속적인 조직과 구별할 것이며, 정교분리(政敎分離)의 원칙을 견지할 것이다.[123]

원저우교회가 결정하여 공포한 이 내용은 2007년 4월 18일 원저우교회가 발표한 '원저우교회신앙고백'과 함께 오늘날 원저우교회를 이해하는데 중요한 신학적 입장과 신앙고백이다.

---

121 趙天恩, 莊婉芳, 『當代中國基督教發展史(1949-1997)』, 1997), 253.
122 舍禾, 『中國的耶路撒冷 溫州基督教歷史 下冊』, 529.
123 위의 책, 540.

2009년 원저우지역 가정교회는 새로운 국면을 맞이한다. 그것은 한 축으로 되어 있던 행정노선이 세 노선으로 새롭게 구축된 것이다.

첫째, 1970년에 설립된 '원저우시회(溫州市會)로 원저우지역의 11개 대교구를 관할하였고, 2007년 4월 18일 '원저우교회신앙고백(溫州市家庭教會信仰告白)'을 선언하여 교회들이 신앙의 핵심을 공유하도록 하였다.[124]

둘째, 1971년 설립된 '원저우구회(溫州區會)'이다. 회의는 원래의 5개현과 한 개의 시(五縣一市) 외에 8개 교회를 추가하는 조직으로 다른 성(省)과 해외 유럽지구도 포함한다.[125]

셋째는 2009년 정식으로 설립된 '기독교화신연회(基督教華信聯會)'이다. 이 회는 주로 원저우를 넘어 주변의 여러 지역을 포함하고 있다. 이 조직은 분산형 조직이지만, 선교와 신학교육에 있어서 연합하고 있다.[126]

원저우의 대부분의 교회들은 이 세 개의 기구 중 하나에 소속하여 연합체로서 활동하고 있다. 원저우교회가 신학교 운영이나 국내선교, 해외 선교에 힘을 발휘 할 수 있는 이유도 이들의 연합체 활동 때문이다. 본 필자도 원저우교회가 연합하여 사역하는 신학교나 선교단체에서 강의하거나 회의를 한 경험이 많이 있다. 이러한 연합체가 향후 세계선교에 관한 인식을 갖고 선교비전을 공유한다면 '선교중국'의 시대가 더욱 빨라질 것이다.

---

124 위의 책, 549.
125 위의 책, 550.
126 위의 책, 550-551.

c. 원저우 가정교회의 신앙고백과 장정(章程)

원저우교회는 지속적으로 그들의 신앙고백과 교회의 장정(章程,규정)을 제정하는 일에 노력을 기울였다. 그리하여 교회의 관리가 법적인 근거를 갖고, 사역자들의 사역이 구속력을 갖도록 하였다. 원저우교회를 이해하거나 이들과 동역하여 사역하고자 한다면 이들의 신앙고백을 통한 신학적 입장과 장정(규정)을 통한 교회의 입장에 대해 인지하는 것이 필요하다.

원저우의 많은 교회가 신앙고백을 제시하던 중에 2006년 7월「마이중(麥種)」[127]의 창간호에 공개적으로 표명한 바 있으며, 2006년 '원저우구회(溫州區會)'는 『원저우구교회사(溫州區敎會史)』를 발간하며 신앙고백을 공포하였다. 그러나 2007년 '원저우교회신앙고백(溫州市家庭敎會信仰告白)'이 정식으로 표면화하였고, 교회의 통과를 거쳐 소책자로 인쇄되어 배포하고, 「마이중(麥種)」에 전문을 게재하였다. 동시에 영문으로 번역하여 원저우교회의 대외적 입장을 밝히는 정식문건으로 삼았다.[128]

신앙고백은 총 7개 조로 구성되었다. 제 1조는 '성부'에 관하여, 제 2조는 '성자'에 관하여, 제 3조는 '성령'에 관하여, 제 4조는 '성경'에 관하여, 제 5조는 '구속'에 관하여, 제 6조는 '교회'에 관하여, 제 7조는 '인간'에 관하여 기술하고 있다.

또한, 원저우교회는 2010년 12월 '원저우교회의 진리에 대한 입장(溫州敎會眞理的立場)'을 발표하고 교회의 제도를 견고하게 하였다. 그 내용은 아래와 같다.

---

[127] 원저우 가정교회가 2006년 발간하기 시작한 기독교 신앙 잡지이다.
[128] 舍禾, 『中國的耶路撒冷 溫州基督敎歷史, 下冊』, 593.

ㄱ. 원저우 가정교회의 신앙고백

제1조 성부(聖父)에 관해

우리는 성부 성자 성령의 삼위일체 하나님 즉 성부와 성자와 성령은 동일한 신성과 동일한 영광, 동일한 영원성과 동일한 전능하신 존엄을 가지신 참 하나님으로 믿는다. 우리는 유일하신 참 하나님은 스스로 계시고, 시작과 끝이 없으시고, 지혜와 선하심이 완전하시고, 지극히 거룩하고 존엄하시며, 어제나 오늘이나 영원히 계신 분임을 믿는다. 우리는 하나님이 자신의 말씀으로 천지만물을 창조하시고 그의 권세 있는 명령으로 만물이 있게 하셨음을 믿는다. 우리는 하나님은 공의로우시며 자비하시어 인류를 위한 영원한 구원계획을 예비하셨음을 믿는다.

제2조 성자(聖子)에 관해

우리는 예수 그리스도는 제 2위격의 삼위일체 하나님이며, 하나님의 독생자이심을 믿는다. 그는 신성과 인성을 가지셨다. 그는 태초의 참 말씀이셨고, 그는 만물보다 먼저시며, 만물이 그를 통하여 창조되었고, 그는 하나님과 함께 계시며 그는 곧 하나님이시다. 우리는 예수 그리스도가 전 인류의 죄를 위하여 강림하셨으며, 말씀이 육신이 되셨으며(道成肉身), 성령으로 잉태되어, 동정녀 마리아에게서 나셨고, 본디오 빌라도에게 고난 받으시고, 십자가에 못 박혀 피 흘려 죽으셨으며, 무덤에 묻히셨고, 제삼일 후에 죽은 자 가운데서 부활하시고 승천하여 하나님 우편에 앉아 계시며, 우리의 유일한 구주와 원수(元首)와 중보자가 되심을 믿는다.

우리는 예수 그리스도의 언약에 신실하심에 따라 반드시 재림하시어 우리를 영접하여 천국에 이르게 할 것을 믿는다. 그리스도 안에서 잠자는 자들은 반드시 먼저 부활 할 것이며, 그리스도 안에서 살아있는 자들은 반드시 그 형상이 변하여 함께 공중으로 들림을 받아 주를 만날 것이고 영원히 주와 함께할 것을 믿는다.

우리는 예수 그리스도께서 반드시 다시 오실 것과 하나님의 공의로 살아있는 자와 죽은 자를 심판하실 것을 믿는다.

제 3 조 성령(聖靈)에 관해

우리는 성령은 제 3위격의 삼위일체 하나님이심을 믿는다. 성령은 성부 성자와 본질과 영광이 동등하며, 성부와 성자와 더불어 창조하였으며, 공동으로 구원사역을 하신다.

우리는 보혜사 성령은 성부와 주 예수 그리스도에게서 보냄을 받아 오셨으며, 영광과 그리스도를 증언하고, 세상 사람의 죄를 위해, 의를 위해, 심판을 위해 오셨음을 믿는다. 성령은 진리의 영이며, 우리를 일체의 진리로 인도하고, 아울러서 우리에게 복음을 전하고, 교회를 세울 능력을 주신다.

우리는 하나님께서 성령을 통해 중생의 씻음과 생명의 갱신하심을 믿는다. 우리는 성령을 의지하여 살고, 성령을 의지하여 사역한다.

제 4 조 성경(聖經)에 관해

우리는 모든 성경 즉 신·구약 66권이 다 하나님의 감동으로 된 것을 믿는다.

우리는 성경은 절대 무오하며, 가감할 수 없고, 절대의 권위를 가지며, 이 권위는 사람이나 교회의 증거에 의한 것이 아니고, 성경 자체가 하나님의 말씀임을 믿는다.

우리는 성경이 신앙생활의 유일한 법칙이며, 성도의 일체의 영적체험을 검증하는 표준이며, 교회의 진리를 검증할 유일한 표준임을 믿는다.

제 5 조 구속(救贖)에 관해

우리는 전능하신 삼위일체 참 하나님이 창세전에 예수그리스도 안에서 우리를 선택하셨으며, 예수 그리스도를 통한 구원을 예정하셨고, 아울러 사랑하는 아들의 보혈로 죄 사함을 얻게 하고, 예수 그리스도를 믿음으로 하나님의 후사가 되게 하심을 믿는다. 우리는 한사람이라도 침륜에 빠지기를 원치 않으시며, 모든 사람이 회개하기를 원하시며, 하나님의 의가 예수 그리스도를 믿는 모든 이에게 주어질 것을 믿는다. 하나님의 의는 복음에 분명하게 드러나며, 의는 본래 믿음이고, 믿음으로 말미암은 것이기 때문이다.

우리는 예수 그리스도의 구원은 우리의 영혼과 육체를 구원 얻게 하는 것임을 믿는다. 우리는 하나님의 신실하심을 믿으며, 반드시 우리를 끝까지 지키실 것을 믿는다.

우리는 하나님은 거룩한 공의이시며, 그는 죄 있는 자를 죄 없다하시지 않음을 믿는다. 우리는 당연히 자기를 지켜 늘 하나님의 사랑 안에 거하고, 경성하여 주의 재림을 기다려야 한다.

제 6 조 교회(敎會)에 관해

우리는 교회는 그리스도의 몸이며, 그리스도는 교회의 머리요, 교회는 그리스도의 값으로 사신바 되었고, 교회는 영원히 그리스도에게 속하였음을 믿는다.

우리는 교회의 대사명은 하나님의 복음을 충성스럽게 전하는 것이고, 주의 이름을 위하여 증거 하는 것임을 믿는다. 나아가서 교회는 하나님의 말씀으로 성도를 목양하며, 일체의 이단사교들을 억제하고, 진리의 순전함을 지켜야 한다.

우리는 세례와 성찬은 교회의 두 가지 성례이며, 교회는 진리에 의거하여 실시해야 함을 믿는다. 우리는 교회는 절대로 정치와 연합 할 수 없고, 교회는 어떤 세속조직에 참여하는 것을 거절해야 함을 믿는다.

우리는 교회가 성령의 기름 부으심과 성령의 충만을 필요로 함을 믿는다. 그러나 극단적인 은사주의(靈恩派)의 노선을 반대한다.

제 7 조 인간(人間)에 관해

우리는 인간이 하나님의 형상을 따라 창조되었으며, 하나님의 자기의 형상대로 남자와 여자를 창조하셨음을 믿는다. 하나님의 형상을 가진 인간은 본래 하나님이 주신 생명과 영광과 권위가 있으며, 땅을 다스리고 하나님의 이름에 영광을 돌려야 한다.

우리는 인간은 모두 죄가 있음을 믿는다. 인류의 시조인 아담이 패역하여 하나님의 말씀에 불순종하여 선악과를 먹어 범죄하고 타락하여 죄 중에 사망에 이르게 되었고, 에덴동산에서 추방당하였다. 이로 인해 한 사람으로 말미암아 죄가 세상에 들어오고, 죽음 또한 죄로 말미암고, 결국 사망이 모든 사람에게 임하였다. 모든 사람이 죄를 지었기 때문이다.

우리는 하나님은 긍휼하심으로 인류의 구원을 예비하셨고, 그의 사랑하는 독생자 예수그리스도를 십자가에 내어주셔서 구원을 성취하게 하신 것과 성령을 보내시어 구원을 적용토록 하심을 믿는다. 우리는 주 예수 그리스도를 믿음으로 멸망하지 않고, 영생을 얻게 됨을 믿는다.

ㄴ. 원저우교회 모델(模式) 구축에 대한 입장:

1. 원저우교회는 의회제(議會制)를 모델로 구축하고, 대교구(大片)를 그 단위로 하여 대내적으로 행정의 연락의 주체로 삼는다. 대외적으로 원저우시의사회(溫州敎會議事會)를 핵심주체로 한다.
2. 교회 안에서 개인적으로 다른 교회를 세울 수 없으며, 모든 사역자(同工)는 대교구 의사회의 각종 결정사항에 순종해야 하며, 교회를 혼란

하게 해서는 안 된다. 교회는 그 지역명을 교회이름으로 해야 하고, 대교구의 이름으로 설립해야 하고, 단체는 교회를 대표할 수 없고 다만 주 예수를 몸으로 하는 지체이다.

ㄷ. 원저우교회의 신앙과 진리에 대한 입장:

1. 피를 먹는 것, 성찬, 혼인, 구원, 은사주의 등에 관련하여, 우리는 원저우교회의 신앙고백과 진리 편에서 집행할 것이며, 일체의 성경진리에 부합되지 않는 것과 단절한다.

2. 원저우교회는 예수 그리스도와 연합되어 있으며, 정교(政敎)분리에 대해 견지(堅持)하는 입장이며, 세속조직인 삼자노선(三自路線)을 가지 않고, 삼자조직(三自組織)의 사역, 파견, 헌금, 연락 등에 참가하지 않으며, 삼자법이 틀린 것을 말할 것이다. 현재, 복잡한 해외교파로부터 교회를 보호하며, 이단으로부터 교회를 지키고, 서구화의 물결이 원저우교회에 침투하는 것에 대해 주의해야 하며, 참된 진리를 위해 싸워 영생을 지킨다.

3. 주 예수가 십자가에서 세상의 죄인들을 위해 목숨을 버리고 피 흘리신 것은 하나님의 크신 사랑이고 구속(救贖)사역이다. 주의 보혈은 붉은색이므로 십자가는 붉은색으로 표지(標誌)하며, 사역자들은 주를 경외하기를 소망한다.

4. 오늘 이후 사역자들이 외부의 각종 회의에 참가하고자 할 때, 본 대교구의 책임자에게 허락을 받아야 하며, 자칭 온주교회를 대표한다고 해서는 안 되며, 개인적으로 해외교파의 모델을 취할 수 없고, 어떤 교파의 조직에 속할 수 없다.[129]

---

[129] 舍禾, 「中國的耶路撒冷 溫州基督敎歷史 下冊」, 593-94.

이 장정은 교회론적인 측면에서 구분하여 입장을 밝히는 것이다. 실제로 원저우교회들은 교회마다 소속되어 있는 기구의 교회 장정을 교회에 공고하고 성도들도 숙지하도록 하는 것을 볼 수 있다.

3. 원저우 도시가정교회 이해

a. 교회의 부흥현황

원저우교회는 전국적으로도 큰 영향력을 갖고 있다. 중국의 중소도시 이상의 대부분 도시에 원저우 사람들이 주도적으로 세운 교회가 있기 때문이다. 원저우교회는 많은 강점을 가지고 있어,[130] 중국 기독교 발전에 큰 공헌을 하고 있다. 앞으로 세계선교 측면에서도 많은 역할을 감당할 것이다. 원저우에 2011년 현재 2,179개의 교회가 있는 것으로 집계되고 있다.[131]

원저우는 튼튼한 상업을 기반으로 한 경제적 부요를 누리는 도시이다. 원저우의 교회들 역시 타지역 교회들에 비하여 교회 재정구조가 안정적이다. 교회 지도자들이 지역의 유력한 자들이며, 또한 규모 있는 기업을 경영하는 사업가들이 많기 때문이다. 이들이 복음을 받아들이고 주님을 만난 이후에 주님께 헌신하며 많은 헌금을 드리고, 교회는 더욱 복음사역에 힘을 쓸 수 있게 되었다. 원저우교회는 비교적 자유롭고 경

---

[130] 張忠誠, "從溫州教會的牧區現狀間教會的牧羊管理" 『金陵神學誌 2011年 4期』(浙江省基督教三自愛國運動委員會, 南京, 2011), 4.
[131] 위의 책, 4. 양회(兩會)와 관련된 삼자교회 혹은 관계된 교회가 1,391개, 양회와 관계없는 교회 즉 가정교회가 약 788개 있다. 중국 특별히 저장성 원저우지역은 전통적인 삼자교회와 가정교회 외에 등기교회(登記敎會) 라는 형태의 교회가 있는데, 이것은 정부의 강력한 압박에 따른 절충형태의 교회로서 교회를 보호하기 위하여 삼자아래에 등기를 하였지만, 전통적인 삼자교회같이 철저한 관리와 감독과 통제는 받지 않으며, 형태로는 교회의 운영방식이나 신앙 활동, 집회 등은 가정교회와 비슷하다.

제적 어려움 없이 신앙생활을 하고 있다.

본 필자가 선교사역차 이 지역을 방문할 때마다 왕성한 활동력이 있는 지역사회와 교회의 모습을 볼 수 있었다. 대부분 교회는 그 규모가 결코 작지 않으며, 열정을 가진 성도들을 볼 수 있다. 대형 예배당과 4-5층의 교육관 건물이 있고, 각 부서마다 예배와 분반공부를 위한 공간과 넓은 식당 등이 있다. 외부 강사와 지방 사역자들을 위한 게스트하우스도 있으며, 평일이든 주일이든 교회 안에서 젊은 청년층 지식인들을 많이 만날 수 있었다. 저녁 시간에는 성경 공부반, 찬양집회, 청년모임 등의 모임이 있는 것을 볼 수 있었다.

b. 원저우교회의 현황

오늘의 원저우지역 성도의 수는 계속 증가하고 있다. 원저우시 '평양현 기독교 보고서(溫州市平陽縣基督教新教研究報告)'[132]에 의하면 1949년과 1990년의 기독교 인구 변화는 〈표 II-2〉와 같으며, 중국기독교 통계를 발표하는 '아시아 하비스트(Asia Harvest)'에 의하면 2011년 원저우의 기독교 인구는 표와 같다. 〈표 II-2〉 '아시아 하비스트' 자료에는 삼자교회와 가정교회의 합계이며, 천주교 인구는 제외 하였다. 이 자료에 근거하면 2011년 원저우 인구가 8,289,220 명으로 원저우 기독교 인구 비율은 20.9% 가 된다. 이 자료는 또한 용자현[133]의 기독교 인구 비율을 52.45%

---

[132] 이 보고서는 저장성 원저우시 평양현에 위치한 4개의 교회를 중심으로 시장경제체제의 충격 하에 있는 평양현의 교회들의 변화를 조사 연구한 것이며, 총 743명의 신자들이 참여했으며, 설문은 크게 5개의 범주로 a. 신자들의 직업의 변화는 신자들의 사회경제적 지위를 상승시키는 기초, b. 교회 재산의 증가 c. 새로운 신자 그룹 형성, d. 신자의 신앙생활의 세속화 추세 e. 최근 10년간의 사회 변천에 대한 신자들의 반응을 범주로 한 총 26개 문항의 설문 자료이다.

[133] Ren ZhiJie, "The Formation and the Effect of Christianity belief of the College Students in WenZhou Area"(Master's Thesis, Central China Normal University, 2012), 7. 이 논문은 원저

로 발표하며 용자현의 기독교 발전의 상황을 보여준다.

<표 II-2> 원저우시 각 현(시, 구) 기독교 인구분포[134]

합 계	1949년 83,308 명	1990년 381,167 명	2011년 1,735,396 명
루청(鹿城)	5,084 명	22,666	378,679
롱완(龍灣)	1,131	8,175	
오하이(甌海)	12,044	61,707	
용자(永嘉)	13,559	76,764	375,178
웨칭(乐清)	8,721	47,210	260,778
동토우(洞头)	903	8,210	19,064
루이안(瑞安)	10,528	61,249	216,827
핑양(平阳)	14,171	25,615	146,377
창난(苍南)	14,624	61,086	230,817
원청(文成)	546	1,603	52,363
타이순(泰顺)	2,601	7,075	55,313

<표 II-2>의 통계에서 1949년 숫자는 당시 등록한 신자수이다. 표에 의하면 공산화되기 전의 기독교인구와 대비하여 1990년 신자의 수는 세례교인은 149%의 성장이고, 교회 출석인 전체로 하면 약 4.6배의 증가를 보여주고 있다. 2011년 기독교 인구는 1949년 대비 약 21배의 증가를, 1990년 대비 약 4.6배의 증가를 보이고 있다. 이러한 결과로 볼 때, 원저우의 기독교는 계속하여 외적성장을 거듭하고 있음을 알 수 있다.

원저우 기독교가 발전한 이유는 원저우교회가 주력했던 사역들이 주

우 기독교인 수는 원저우 총 인구의 10%를 상회하고 있으며, 경제가 발달한 지역일수록 복음화율도 높다. 시내 평지 지구에는 매 향(鄕), 진(鎭) 마다 2-3개의 교회가 있으며, 성도가 일반적으로 2km 이내에의 교회에서 예배를 드릴 수 있다. 시내 주요 거리마다 고정된 집회처가 있어서 성도들은 구태여 교통수단을 이용할 필요가 없이 모임장소에 갈 수 있다. 원저우 지구 중에 가장 많은 교회당 있는 용자현 지구에만 약 400개의 교회당이 있는 것으로 밝히고 있다.

134 陳村富, 『轉型期的中國基督敎-浙江基督敎個案研究』, 35.

요 이유이다. 첫째로 원저우교회는 주일학교 사역에 온 힘을 기울였다. 주일학교 사역의 중요성을 깨달은 교회들이 적극 참여 하였고, 주일학교 교사 전문 훈련 시스템을 갖추고 전국적으로 확산시키고, 주일학교 찬송을 만드는 등 활발한 주일학교 사역을 하였다.[135]

둘째로 원저우교회는 기도운동에 힘을 쏟았다. 1989년에 원저우에서 처음으로 둥펑산(東風山)에 기도원을 건립했고, 그 후 10여 개의 기도원을 건립하면서 기도의 불길이 타올랐고 이것이 원저우교회의 부흥의 원동력이 되었다.[136]

셋째로 원저우교회는 성경기도운동과 아울러 성경학습반을 시작했다. 원저우 전역에서 20여 개의 성경학습반을 운영하였고, 이것은 후에 원저우 특색의 신학교로 발전하게 되었다.[137] 교회 지도자와 설교자가 결핍한 상태에 있던 상황에서 훈련된 일꾼들이 배출되어 원저우교회의 발전에 큰 공헌을 하였다.

위에서 살펴본바와 같이 주일학교 사역, 기도운동 그리고 성경학습반은 원저우교회의 부흥에 중요한 핵심적 요소이다.

또한, 원저우교회는 원저우지역과 원저우지역 밖에서 복음전파 사역을 하였다. 첫째, 원저우 외곽지역에 복음을 전하여 교회를 세우며 전도 집회를 열어 영혼구원 사역에 집중하였다. 또한 '민공교회(民工敎會)'를 세워 외지인들에게 복음을 전하고 민공을 위한 전도 집회를 열고, '민공예술단(民工藝術團)'을 조직하였으며, '타향(他鄕)'이라는 신앙잡지를 발간

---

135 舍禾, 『中國的耶路撒冷 溫州基督敎歷史, 下冊』, 578-79..
136 위의 책 579-80.
137 위의 책, 580-82.

하는 등의 사역을 통해 민공 전도에 힘을 기울였다. 둘째, 원저우교회는 원저우 출신 사업가와 학생들을 통하여 국외를 포함한 원저우 외 지역으로 사역을 확산하였다. 아울러서 선교에 관심을 갖고 교회 안에 선교부(宣敎部) 혹은 선교조(宣敎組) 또는 선교센타(宣敎中心)를 세우며 대사명에 근거한 세계선교의 사명을 감당하기 시작했다.[138]

c. 경제발전

중국을 경제적인 측면에서 본다면 1980년 개혁개방 이후 시작된 변화가 역사 이래 가장 큰 변화이다. 즉 전통적으로 폐쇄적인 농촌경제에서 현대의 개방된 상품경제 체제로의 전향인 것이다.[139] 이와 같은 사회의 변화는 교회에도 많은 영향을 주었다. 교회의 변화에 대해 아래 다섯 가지 면에서 살펴볼 수 있다.

> 첫째, 신자들의 직업에 변화를 가져왔고 이것은 신자들의 경제적 지위와 사회신분 변화의 기초가 되었다. 둘째, 시장경제 체제가 되면서 교회의 자산도 대폭적으로 증가하고, 넓은 면적의 교회 건물도 갖게 되었다. 셋째, 시장경제 체제가 되면서 새로운 형태의 기독교인 그룹이 중국교회를 세워가고 있다. 소위 '사장(老板)신자' 그룹과[140] '지식인(知識精英)' 즉 엘리트(elite)들 위주의 그룹이다.[141] 넷째, 세속화와 현대화가 신자들의 신

---

[138] 위의 책 570-578.
[139] 陳村富,『轉型期的中國基督敎-浙江基督敎個案硏究』, 46.
[140] "老板"이란 옛날 나무에 글을 새겨서 만든 서적을 일컫는 말로서 여기서는 주인 또는 기업주 등의 의미로 편의상 "사장"이라는 말로 사용한다. 현재 상점의 주인, 지배인, 또는 사유 상공업의 재산 소유자, 기업주, 또는 경극(京劇) 배우나 극단의 우두머리에 대한 경칭으로 불려지고 있다.
[141] 陳村富,『轉型期的中國基督敎-浙江基督敎個案硏究』, 51-54. 예를 들어 원저우시 핑양현(平陽縣)의 4개 교회당(永平堂, 上埠堂, 永源堂, 池馬堂)의 경우 1980-1985년과 2002년을 비교하면, 1) 경영자는 91명에서 215명으로, 2) 사기업의 사장, 이사 고위 관리자 등은 7명에서 55명으로, 개인기업 또는 고용주는 33명에서 155명으로 17년 사이에 매우 빠르게 변화한 것을

앙생활에 영향을 주고 있다. 다섯째, 신자들의 수준이 높아짐과 동시에 세속사회의 변화에 적응하기 위해 사회 관념들이 변하고 있다.[142]

원저우의 가정교회와 기독교인들은 중국의 유대인이라는 칭호에 걸맞게 중국 전역에서 교회를 개척 설립하며, 경제발전과 함께 도시가정교회로서 부흥하고 있다.

4. 원저우 도시가정교회의 특징

중국교회 전체로 볼 때 중국교회는 전통적으로 3다(多) 현상이 뚜렷하다. 그러나 원저우지역 도시가정교회에는 4다(多) 현상이 있으며, 그 내용은 다음과 같다.

첫째, 원저우교회에는 신자수가 많다. 원저우의 기독교 인구 밀도는 전국 1위이다. '복음촌(福音村)'이라 불리는 동네가 있다.[143] 둘째, 집회의 모임, 즉 예배 등 집회 횟수가 많고, 다양한 집회들이 있다. 사역자들이나 의공(義工)[144]을 위한 모임과 성도들을 위한 다양한 집회가 많다. 셋째, 집회 방식이 다양하다. 원저우교회는 이와 같은 풍부한 활동으로 여러 계층의 성도들의 요구를 만족시키고 신앙 성장을 가져올 뿐만 아니라, 신앙 관심자나 새신자들이 참여하기에 좋은 내용도 풍부하다. 넷째, 강력한

볼 수 있다.
142 위의 책, 46-55.
143 張忠誠, "從溫州敎會的牧區現狀間敎會的牧羊管理", 5. 예를 들어 창난현(昌南縣)과 용자현(永嘉縣), 베이전(北鎭)의 마을들이다. 이런 지역은 95% 이상의 복음화가 되어있다. 특히 롱완푸(龍灣浦) 지역은 주민의 2/3가 교회의 성도들이다. 모 지역의 우체국 직원 중 1/2이상이 신자인 것으로 알려져 있다.
144 의공(義工)은 문화대혁명 시기와 80년대에 일어나기 시작했고, 그들은 성경을 열심히 연구하고, 진리를 사모하며, 특별히 설교의 은사를 추구하며, 설교의 깊은 내용과 좋은 설교방법을 위해 노력하여 그들의 설교는 사람들에게 흡인력 있는 설교로 원저우교회에 풍성한 설교를 제공하고 있다.

평신도 사역자들인 의공이 많다.[145]

중국이 공산화된 후, 1958년 교회들은 강제로 연합예배를 드리게 되었고, 교회당은 강제 폐쇄를 당했지만, 교회활동이 아주 멈춘 것은 아니었다. 비밀 집회형태로 전향하게 되었다.[146] 의공(義工)은 이러한 시대, 특별히 문화대혁명 시기에 비밀리에 모이는 교회활동으로 목회자들이 활동할 수 없는 상황에서 사역하던 '시대의 사역자(時代的工人)'들이다. 의공들은 그 당시 교회의 설교를 담당했다.

의공들은 교회에서 사역하지만, 교회로부터 사례나 월급을 받지 않는다. 이들의 사역 범위는 교회 행정과 교회 일반적인 사역들을 다 감당하였다. 또한, 사회에서 직업을 가지고 있었다. 이들은 중국의 정치적 상황 하에서 교회가 스스로 강구한 자구책의 일환으로 생긴 이름이고, 특수한 시대의 산물이다. 원저우교회는 의공들을 세우므로 혼란스러운 시대를 돌파하였고, 원저우교회 역사에 끼친 영향은 매우 크다. 의공제도는 특수한 시대적 산물이지만, 사회 환경이 변한 이후에도 사라지지 않았고 오히려 더 성장하게 되었다. 왜냐면 이들이 현지 사회에서 활동하고 있으며, 현지의 사회문화 네트워크에 적응하고 있기 때문이다. 또한, 그 지방에서 적응력이나 지방 발전에 기여하고 있기 때문에 원저우지방의 기독교 전파에 발전을 가져왔다.[147]

---

145 Ren ZhiJie, *"The Fomation and the Effect of Christianity belief of the College Students in WenZhou Area"*, 7.

146 원저우교회는 근본주의(基要主義)의 영적전통을 계승했다. 왜냐하면 20세기 5,60년대의 정치성 운동 중에, 많은 사람들이 신앙을 견지할 수 있었다. 비록 대약진 운동이나 문화대혁명 중에도 시내 지역이든 농촌지역이든, 많은 신자들은 많은 어려움 중에도 집회를 중단하지 않았다. 주일예배, 성찬식, 성도 간의 교제모임, 수련회, 학생모임, 사역자 모임 등이 중단 없이 지속되었다. 朱秀蓮, 邢福增, "中国耶路撒冷: 温州教会的现状与分析", 基督教消息.: http://www.hkchurch.org/GenericStylies/Content.asp?

147 위의 책, 280.

당시에 전도인 선발은 까다롭지 않았고, 교회가 목회자가 없는 상황에서 신자 중에 글자를 알고 성경을 읽을 수 있으면, 선발하여 최단기간에 성경을 읽고 성경을 강해하여 성도들에게 들려주도록 하였다.[148] 중국의 종교정책 회복 이후 목사들과 장로들이 교회로 돌아왔지만, 교회의 지도력이 여전히 '의공'에게 있는 상황에서 원저우 및 주변 지역에서 일종 의공 관리와 교회목양 표준양식이 발전하게 되었고 교회의 조직과 제도화를 촉진하게 되었다.[149]

원저우 도시가정교회는 교육중심의 목양사역에 중점을 두고 있으며, 나름대로의 행정관리 체제를 갖추어 가고 있고, 교회를 통한 사회에 대한 봉사활동도 진행하고 있다. 그러나 복음전도 사역이 원저우교회의 가장 두드러진 특징이라 할 수 있다.

> 원저우지역의 복음전도 사역은 1994년이 최절정이었다. 원저우교회 복음전도 사역 팀은 원저우 및 전국에 복음의 씨앗을 뿌리고, 교회를 세우고, 훈련과정을 개척하였다. 교회는 주일 저녁에 외부 전도인들을 초청하여 집회를 하며, 부흥집회를 하여 복음 전도사역 팀의 사명감을 견고하게 해준다. 전도 팀은 매우 활발하게 활동하는데, 아직 믿지 않는 주변의 사람들과 가정 중에서 불신자들에게 열심히 권면하고, 아이들과 청소년들에게도 복음을 전하고, 도시의 각계각층의 지도자들에게도 복음을 전하고 있다.[150]

원저우교회는 각자가 겸손하며, 남을 나보다 낫게 여기고, 서로 용납

---

148 陳豊盛, "文革影響下的現時溫州教會", 未刊行, 7. 吳榜明 외 3인, 『邊際的共融-全地球化視覺下的中國城市基督教研究-』, (上海: 上海人民出版社, 출판년도 없음), 256.에서 재인용
149 위의 책, 280.
150 腓立, "當代溫州教會的危機與挑戰", 當代溫州教會的危機與挑戰溫州基督教文庫彙編, 2011년 5월5일. http://wzbxcc.blogspot.kr/2011/05/blog-post_429.html.

하고, 서로 존중하며, 서로 격려함으로 하나 됨을 위해 기도와 행동과 대화중에도 노력하고 있다. 서로 협력하여 천국복음 사업에 다 같이 참여하고 있는 교회이다.

제4장 요약

제2부는 중국 원저우 도시가정교회에 대한 이해로, 중국교회에 대한 이해와 중국 도시 가정교회에 대한 이해 그리고 저장성 원저우 도시가정교회에 대한 이해의 세 부분으로 나누어 살펴보았다.

첫 번째 부분은 원저우교회의 배경이 되는 중국교회의 현황에 대한 것으로, 1949년 중국의 공산화와 1954년 '기독교삼자애국운동회'를 설립하면서 구분되기 시작한 '삼자교회'와 '가정교회'의 형성과정을 대략적으로 살펴보았다. 또한, 근래에 들어 형성되기 시작한 도시가정교회도 삼자교회나 가정교회와 구별되는 교회로 중국교회의 한 부류이다. 삼자교회는 원칙적으로 공인과 공개를 원칙으로 하고, 가정교회는 비공인과 비공개를 원칙으로 존재하고 있다. 따라서 정부의 공식적인 중국교회의 현황은 '삼자교회'에 국한하고 있으며, '가정교회'에 대한 현황은 해외의 선교전문가들이나 단체의 통계에 의존하고 있다. 본 연구에서는 이 두 가지 통계들을 참고하여 추론한 중국 기독교인은 약 8,000만 명으로 보는 것을 가장 보편적인 통계로 하여, 중국교회가 강력한 부흥을 경험하고 있으며, 세계선교에 관한 역량을 구비해 가고 있는 것으로 본다. 이어서 중국교회가 안고 있는 문제들을 역사적 관점, 교회적 관점, 신학적 관점 그리고 선교적 관점으로 살펴보았다. 중국교회의 문제는 역사적 관점으로 보았을 때, 삼자정책에 의하여 해외교회와 신학들과의 단절, 삼자교회와 가정교회의 대립구도라고 할 수 있다. 교회적 관점에서는 목양이 되지 못하고 있으며, 목회자들이 양적·질적으로 부족한 것과 가정교회들 간에 교류가 없는 것이다. 또한 성도의 구성비가 절대적으로 농촌인구와 부녀자와 노인이 많은 것이 문제점이다. 신학적 관점에서의 문제점은 삼자교회는 정부의 엄격한 통제와 감독으로 인해 신학도 정부의 정책의 틀 안에서 형성될 수 밖에 없다는 것이다. 이에 비해 가정교회는 뚜렷한 지도자나 체계를 갖추지 못하여 신학의 기반이 약하고 혼란스러울 수 밖에 없다. 끝으로 선교적 관점에서는 200년이 넘는 기독교 역사를 가졌지만 선교에 관한 의식이 부족하고, 선교 기도회 같은 기반이 보편화 되지 않아서 중국교회 안에서 선교가 활성화되지 못하고 있는 문제를 안고 있다.

두 번째 부분에서는 중국의 도시가정교회에 대한 이해에 대한 것으로, 중국의 도시화, 중국 도시가정교회 그리고 도시가정교회의 정체성 및 도전의 세 부분으로 나누어 살펴보았다. 도시화는 피할 수 없는 세계적인 현상이며 중국의 도시화율도 이미 50%에 이른 것으로 예측하고 있다. 도시화가 동반하는 변화들로는 관념이나 의식의 충돌과 변화, 직업군의 급격한 변화, 인간관계의 변화, 삶의 환경변화 등이다. 이러한 변화들은 필연적으로 교회에도 많은 변화를 가져올 것을 예측할 수 있다.

전통적인 삼자교회나 가정교회의 형태가 아닌 도시가정교회는 기존의 교회들과는 다른 구성원이나 규모와 성격이 확연하게 다르다. 도시가정교회는 여러 정의가 있을 수 있으나, 본 연구에서는 우선 지역적으로 기존도시든 신흥도시든 간에 도시지역에 위치하고 있으며, 주요 구성원들은 보편적인 도시인구들이 주축이 된 형태의 교회를 '도시가정교회'로 채택하였다.

도시가정교회의 출현은 기독교가 중국의 주류 문화에 진입하고 있음을 의미하며, 사회 전반에 걸쳐 복음전파가 될 수 있음을 시사하는 중요한 의미를 갖는다. 비록 법적인 인가를 받지는 않았지만 사회에 대한 참여의식과 책임감을 가져야 하는 위치에 놓이게 된 것이다. 도시가정교회의 구성원인 '신흥신자그룹'은 대도시나 중소 도시에서 사업이나 직장생활을 하는 현지인 혹은 외지인들을 의미한다. 이것은 기존의 중국교회가 갖는 전통 보수적인 신앙에 반해 현대화 되고, 세속화 된 사고와 신앙의 형태를 갖는 것을 의미하는 것으로, 신앙과 종교생활이 포함되는 사회학적인 연구의 필요성을 갖는다.

세 번째 부분에서는 저장성 원저우 도시가정교회 대한 이해로, 원저우지역 개황, 원저우지역 교회 이해, 원저우 도시가정교회 이해 그리고 원저우 도시 가정교회 특징 등 네 부분으로 나누어 살펴보았다. 본 연구의 집중 지역인 원저우는 저장성 동남부 연해지구와 푸지엔성(福建省)과 접하고 있는 지역으로 3개 구(區)와 2개 시(市)와 6개 현(縣)으로 구성된 도시이다. 원저우 사람인들은 '온주상인'과 '중국의 유태인'이라는 칭호에 맞게 특별한 '원저우정신'을 갖고 있는 사람들이다. 창의적인 생각과 행동, 뛰어난 정신으로 중국뿐만 아니라 세계 어디를 가도 생존하고 번성하는 사람들로 원저우교회의 부흥과 무관하지 않은 것을 알게 되었다.

원저우지역의 교회는 1867년 '내지회' 소속 선교사 조지 스툿이 원저우지역에 복음을 전파함으로 시작되었다. 본 연구에서는 당시의 주요 교파인 내지회, 순도공회, 중국기독교자립회, 중국예수자립회, 기독교집회처를 중심으로 원저우기독교 역사를 살펴보았다. 중국의 예루살렘이라는 별명답게 원저우교회는 부흥하여, 1951년에 817개 교회와 95,310명의 기독교인이 있었다. 중국이 공산화가 되면서 원저우교회도 많은 우여곡절을 겪었지만, 여전히 원저우교회는 부흥하고 있다. 성도 수가 많고, 집회가 많고, 의공이 많으며, 집회 처소가 많고, 집회 형태가 다양한 특징을 가지고 있으며, 세계선교를 감당할 수 있는 역량을 구비해 가고 있는 것을 살펴보았다.

이 연구에서 원저우 도시가정교회를 연구하는 목적은 이들 교회로 하여금 세계선교를 하도록 하는데 있다. 원저우 도시가정교회는 선교를 위한 환경들이 잘 조성되어가고 있으며, 이미 조성되어진 것들이 있다.

다음 제3부에서 원저우지역에 있는 도시가정교회 지도자들의 선교의식을 살펴본다. 개인적으로 선교사에 헌신하기 위하여 필요한 과정과 변수들, 교회적으로 선교사를 파송하기 위해 필요한 과정과 변수들을 살펴보고, 교회 내·외적으로 중국교회의 세계선교에 관한 강점과 약점 그리고 장애물을 살펴보고자 한다. 그리고 제4부에서는 제3부의 결과를 근거로 중국교회가 선교운동을 할 수 있도록 하기 위한 선교 활성화 방안을 연구한다.

제3부

원저우지역 도시가정교회 지도자들의 선교의식에 관한 실증분석

제3부
원저우지역 도시가정교회 지도자들의 선교의식에 관한 실증분석

제1장 선교의식 조사를 위한 연구의 설계

1. 연구 목적

이 조사의 목적은 개혁개방 이후 부흥하고 있는 중국의 도시가정교회 지도자들의 선교의식을 파악하여 중국교회의 선교 활성화에 필요한 정책과 전략을 도출하기 위함이다. 이를 위하여 본 연구에서는 원저우(溫州)지역 도시가정교회의 지도자급 또는 준(準)지도자급에 속하는 이들을 조사대상으로 하였다. 교회 지도자들이 선교하고자 하는 의식은 어느 정도 형성되어 있으며, 어떤 요인들이 선교의식의 형성에 영향을 주고 있는지를 알아보기 위하여 기본적인 의식, 참여도, 선교의지 그리고 선교지식을 질문하였다.

지역교회에서 리더십들의 선교의식이 교회의 선교의지나 성향에 지대한 영향을 주는 것은 부인할 수 없는 현실이다. 이것이 이번 조사에서 응답자를 현직 지도자와 신학교 재학생으로 한정한 이유이다. 선교는 지역교회의 참여와 지지 없이 불가능하다. 선교의 자원인 인적 자원과 재정적 자원 즉, 선교사 동원과 파송과 후원을 대부분 교회가 감당하기 때문이다. 따라서 지역교회 지도자들의 선교에 관한 의식의 연구는 필수적이다. 이번 조사의 응답 자료들은 중국교회의 선교 전략을 세우는 일에 중요한 기초자료가 될 것이다.

2. 연구의 설계와 설문의 내용

a. 연구의 설계

본 연구는 중국의 신흥도시인 원저우 도시가정교회 지도자들의 선교의식을 조사하기 위하여 종속변수를 '선교의식'으로 하였고, 종속변수에 영향을 주는 요인을 독립변수로 하여 실증분석을 실시하였다. 먼저 지도자 개인에 있어 종속변수인 선교의지를 4단계로 구성을 하였다. 첫째는 "선교에 관한 관심이나 부담감(관심)", 둘째는 "세계선교를 위한 헌신(헌신)", 셋째는 "부르심에 대한 응답의 당위성(선교사)", 그리고 넷째로 "하나님이 선교사로 부르심에 대한 개인적 응답(순종)" 등이다.

본 연구의 설계는 〈연구모형1〉과 〈연구모형2〉로 요약된다. 〈연구모형1〉에서 종속변수에 영향을 줄 것으로 기대되는 독립변수들은 '선교의 당위성', '해외여행 경험', '선교 경험', '선교를 위한 기도', '세계선교를 위한 헌금', '세계선교에 관한 설교', 와 '선교 참여', 그리고 '선교지식'등이다.

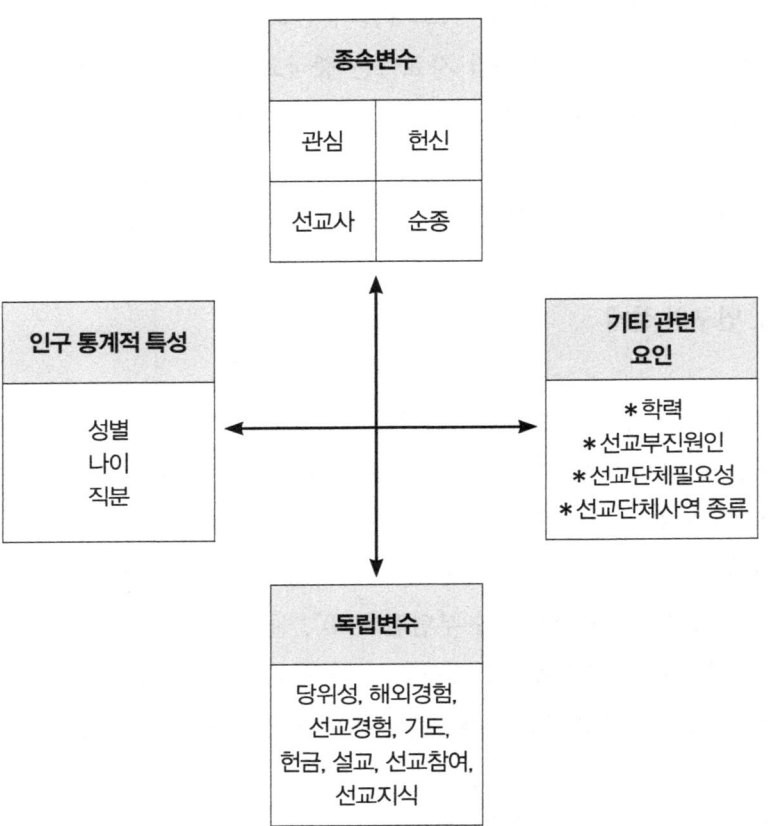

〈그림 III-1〉 연구모형 1

〈연구 모형2〉에서는 종속변수를 '선교사 파송계획'으로 하였고, 종속변수에, 영향을 주는 독립변수는 '세계선교를 위한 기도회', '세계선교에 관한 당위성', '교회의 선교참여' 등이다. 통계적 특성으로는 교회의 규모나 역사 등은 설계되지 않았으며, 다만 지역적으로 원저우지역에 속한 교회와 관련되어 있는 특성이 있다. 교회적 특성으로는 '세계선교의 장애물', '선교에 있어 강점과 약점' 등을 들 수 있다.

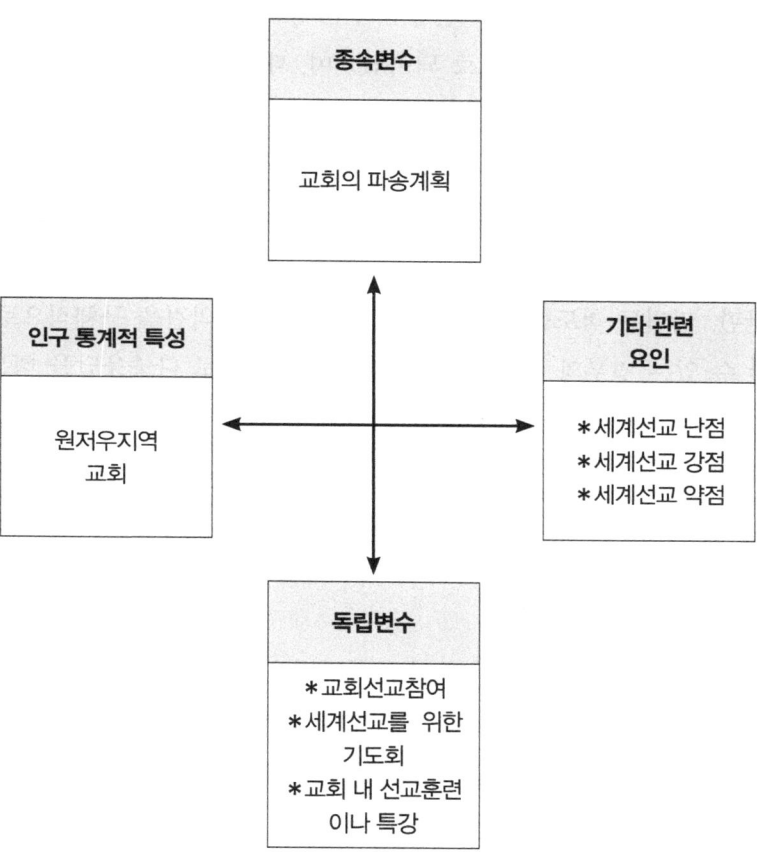

<그림 III-2> 연구모형 2

b. 설문의 구성 및 내용

본 연구의 설문은 위와 같은 기본 설계를 근간으로 하였으며, 다음과 같은 영역으로 구성하였다. 첫째는 중국교회 지도자 개인들의 선교에 관한 인식과 여기에 영향을 주는 요소들에 대한 질문들, 둘째는 중국교회 자체의 선교의지와 여기에 영향을 주는 요소들에 대한 질문들, 셋째는 응답자가 보는 중국교회의 세계선교에 관한 평가와 관련된 질문들,

넷째는 선교의 기본구도인 교회-선교사-교회의 구조에 관련된 질문들, 그리고 다섯째는 선교지식에 관련된 부분 등으로 구성되어 있다.

설문은 모두 37개 항목으로 되어있으며, 태도에 대한 평가는 여러 방법이나 기법들[1]이 있으나 본 논문에서는 기본적으로 리커트 척도 (Likert-type sacle)[2]을 사용하여 5점 척도로 응답하도록 각 문항마다 5 단계로 세분화된 예문을 제시해 주었다.

한편, 리커트 척도를 사용하지 않고 응답자의 의견을 구체적으로 조사할 수 있는 경우와 복수 선택이 가능한 질문으로 다중응답을 하도록 한 경우, 선교일반에 관한 지식에 관한 질문은 응답자가 스스로 기술하도록 한 부분도 있다.

3. 연구의 방법

이 설문을 활용한 일차적인 연구의 방법은 각 설문의 항목에 나타난 응답자의 선교의식을 빈도분석을 통해 분석하는 것이다. 이차적인 연구방법은 응답자의 선교의식을 종속변수로 보고, 종속변수인 선교의식에 영향을 미치는 독립변수들은 어떤 것들이 있는지를 분석하는 것이다.

본 연구에서의 개인적 모형에 있어서는 선교관심, 선교헌신, 선교사,

---

[1] 채서일, 『사회과학 조사 방법론』, (서울: 도서출판 학현사, 1997), 216-231. 설문방법에 있어 양적 판단 법으로는 직접 판단법, 비율분할법, 고정 총합 척도법, 서스톤 등간 척도법 등이 있고, 자료 분석 측면에서는 서스톤 V척도 모델과 어의차이 척도법이 있다. 또한, 응답자를 분석하는 방법으로 리커트 합산 척도법과 Q소오트 기법이 있다.

[2] 원태연, 『SPSS 서베이 리서치』, (서울: 홍릉과학, 2009), 23-26. 응답자가 설문을 보고 거기에 대한 태도 즉, 강한 긍정과 긍정 그리고 부정과 강한 부정으로 자신의 태도나 동의 여부를 표현할 수 있도록 되어 있고, 중간에 무관심 내지는 내용에 대해 잘 알지 못하는 것을 표현하도록 하는 항목도 두었다. 그러나 원태연은 그의 글에서 이 방법은 응답자가 극단적 선택을 거부하는 경향이 있거나, 현재 보다는 가능성, 희망 그리고 소속기관이 긍정적으로 좋게 보이도록 하려는 경향 때문에 왜곡의 가능성에 대해 주의할 필요도 있다고 한다.

선교사로서의 순종 등의 4단계가 종속변수이며, 교회적 모형에서의 영역에서는 교회의 선교사 파송계획이 종속변수로 되어있다. 이러한 종속변수에 영향을 주는 독립변수들을 조사하기 위해서 희귀분석을 이용하여 종속변수에 미치는 독립변수들의 영향력을 분석할 것이다.

4. 연구의 대상과 응답자

본 연구는 양적 조사와 질적 조사를 동시에 진행하였다. 먼저, 양적 조사의 대상과 응답자들은 첫째, 원저우지역을 중심으로 한 교회지도자들과 신학생들 280명을 조사 대상으로 설문을 실시하여 설문지 270부를 회수하였으며, 이 중 응답이 미비한 설문 18부를 제외한 252부를 최종 분석에 활용하였다. 지도자 그룹으로는 목사, 장로, 전도사, 의공, 교회학교 교사, 동공(同工), 신학교 교수들을 중심으로 한 129명, 신학생 그룹은 원저우지역 교회 연합회에서 주관하여 운영하거나 원저우지역에 위치하고 있는 성경학교 1곳과 학사반, 석사반, 목회자반이 있는 신학교 4곳의 학생들 153명이다.[3] 이들에 대한 인구 통계적 정보는 성별과 나이 직분 등이다. 설문 분석에서는 편의상 지도자 그룹을 '1 그룹'으로, 신학생 그룹을 '2 그룹'으로 하였다.

본 연구는 또한, 질적 조사를 병행하였는데 그 대상과 응답자는 원저우에 있는 선교단체의 사역자들로서 조사를 위하여 두 번을 방문하였다. 그들은 현장 인터뷰 한 WH선교단체 부주임과, 이사장을 포함한 이

---

3 BC는 지역교회와 신학생, CBS는 교사들과 학생들, HX은 지역교회 지도자들과 교수들과 학생들, ZP와 LC는 지역교회 지도자들, CP는 원저우지역 대학생 선교단체 지도자들, CBW은 지역교회와 신학교 교수들과 학생들, YQ은 지역교회 지도자들과 교수들과 학생들, WZT는 원저우지역 교회들을 중심으로 구성되어 한국 모 교회가 주관하는 V 대회에 참석하여 교육을 받은 한 지도자들이다. 참고로 학생들 중에는 이미 목회나 교회 사역에 종사하고 있는 사람들이 있다.

사 그룹들과의 소그룹 형태의 회의에 참석하여 경청하고 의견을 나누었던 사람들, 그리고 현재 중국 원저우지역 신학교 사역을 같이 하는 동역자 등이다.

한편 인터뷰와 병행하여 선교단체가 발간한 책자들과 선교집회 자료들을 정리 분석하는 등의 질적 조사를 실시하였다. 질적 조사 자료는 본 연구의 제4부의 선교활성화 부분에서 기술하였으며, 부록에 영어논문으로 첨부하였다.

제2장 선교의식 조사에 대한 연구의 결과 및 해석

1. 응답자의 인구 통계적 정보

기초자료는 단순한 인적사항만을 조사하였다가 첫째로 남녀 성별을 물었으며, 둘째로 현재의 직분을 1) 목사 2) 장로 3) 전도사 4) 의공 5) 전도인 6) 교사 7) 신학생 8) 기타로 구분하였다. 그러나 설문을 분석함에는 크게 신학생 그룹과 지도자 그룹으로만 분류하였는데, 1)항부터 6)항과 8)항을 교회 지도자 그룹으로 하였다. 셋째로 연령을 6단계로 구분하여 답하도록 하였다.

전체 응답자들의 남녀의 비율은 각각 61.5%와 38.5%로 남자가 훨씬 많으며〈표 III-1〉, 응답자들의 신분은 〈표 III-2〉에서 보는 것처럼 지도자 그룹 109명과 신학생 그룹 143명이었다. 연령 분포는 20대가 가장 많고, 이어서 30대와 40대 나이의 순서로 구성되어 있다.

〈표 III-1〉 성별

		빈도	퍼센트
성별	남자	155	61.5
	여자	97	38.5
	합계	252	100.0

〈표 III-2〉 직분

직분		빈도	퍼센트
직분	지도자(1)	109	43.3
	신학생(2)	143	56.7
	합계	252	100.0

〈표 III-3〉 연령

연령		빈도	퍼센트
연령	19 이하	14	5.6
	20-29	144	57.1
	30-39	52	20.6
	40-49	35	13.9
	50-59	5	2.0
	60이상	2	.8
	합계	252	100.0

2. 응답자의 선교의식 분석

a. 개인의 선교 인식

응답자들의 선교에 관한 관심과 부담감(Q1), 선교를 위한 헌신(Q7), 선교사로의 부르심에 대한 당위성(Q10), 그리고 개인적으로 선교사로의 순종(Q37)에 대한 반응은 다음과 같다. 이 네 가지 질문(Q1, Q7, Q10, Q37)은 응답자들의 점층적으로 발전되는 선교의식을 분석하고자 한 것이다.

〈표 Ⅲ-4〉 관심(Q1)-헌신(Q7)-선교사(Q10)-선교사로 순종(Q37)

	단위	관심(Q1)	헌신(Q7)	선교사(Q10)	순종(Q37)
1-2	명	190	140	217	204
	%	85.4	56.0	86.1	84.3
3	명	52	54	32	23
	%	20.6	21.6	12.7	9.5
4-5	명	10	56	3	15
	%	4	22.4	1.2	6.2
계	명	252	252	252	252
	%	100.0	100.0	100.0	100.0

1-2: 매우 그렇다, 그렇다. 3: 잘 모르겠다. 4-5: 그렇지 않다, 전혀 그렇지 않다.

첫 번째로, 응답자가 개인적으로 "선교에 관한 관심과 부담감을 가지고 있는가?"의 항목(Q1)에서 85.4%가 '그렇다'라고 응답하여 기본적으로 선교에 관한 관심이 있음을 알 수 있다. 반대로 4%에 해당하는 10명은 '그렇지 않다'라고 대답하였는데, 그중 신학생 그룹에서 8명인 것은 주목해야 할 사항이다.

두 번째로 "세계선교를 위해 헌신할 생각이 있는가?"의 항목(Q7)에서 56%가 '그렇다'라고 응답하여 Q1, Q10, Q37의 유사한 내용의 점층적 질문에 대한 답과는 현저하게 차이가 나고 있으며, '모르겠다'에 21.6%,

'그렇지 않다'에 22.4%가 응답하고 있어 예상외의 결과를 보여준다.

세 번째로 "하나님이 부르신다면 선교사가 되는 것은 당연한가?"에 대한 항목(Q10)에서 86.1%가 긍정적 반응을 하였다. 이것은 하나님의 부르심에 대한 인식이 있으며, 선교사가 되는 일에 부르심을 중요하게 여기는 것으로 분석된다.

네 번째로 "하나님이 당신을 선교사로 부르신다면 순종하겠는가"라는 항목(Q37)에 대해 84.3%가 '그렇다'에 응답하고 있어 중국교회 지도자들의 선교 소명과 선교 잠재력이 높은 것으로 판단된다.

이상의 응답들을 종합하여 볼 때 중국 지도자들 개인의 선교의식은 적극적이고 긍정적인 것을 알 수 있다. 이것은 선교중국(Mission China)의 가능성을 보여주는 지표로서의 의미가 있다.

이어서 개인의 선교의식에 영향을 줄 수 있는 요소들을 종합적으로 살펴보고자 한다. 먼저 "성도는 선교에 참여해야 하는가?" 하는 당위성을 묻는 질문(Q3)에 98.8%가 "매우 그렇다 혹은 그렇다"로 응답함으로 중국교회 지도자들은 선교의 당위성을 당연히 받아들이는 입장이었고, 둘째로 "세계선교를 위하여 기도하는가?"(Q8)에 대해 90.0%가 '매우 그렇다' 혹은 '그렇다'라고 응답하고 있다. 한편 "기도나 헌금으로 세계선교에 참여하고 있는가?"라는 항목(Q15)에서는 87.3%가 '매우 그렇다' 혹은 '그렇다'로 응답하고 있다. 그러나 "세계선교를 위하여 헌금하는가?"라는 항목(Q9)에서는 58.3%만이 '매우 그렇다' 혹은 '그렇다'라고 응답하였고, 29.4%는 '하지 않는다' 혹은 '전혀 하지 않는다'라고 답하고 있어서, 당위성이나 기도와는 상당히 대조적인 면을 보여준다. 이어서 "교회에서 선교에 관해 설교나 강의 혹은 교육 등을 하는가?"라는 항목(Q12)

에서는 56%만이 '매우 그렇다' 혹은 '그렇다'로, 응답했고, 35.3%는 '그렇지 않다' 혹은 '전혀 그렇지 않다'라고 응답하였고, 응답자 자신이 기술할 수 있도록 주관식으로 제시된 간단한 선교지식을 묻는 질문[4](Q31-35)에서는 60점 이상이 46.4% 불과하였고, 42.9%는 40점 미만인 것으로 평가되었다.

이상과 같이 개인의 선교의식에 영향을 미치는 항목에 대하여 종합적으로 살펴보았으며, 각 항목마다 자세한 결과는 〈표 Ⅲ-5〉에서 살펴볼 수 있다.

〈표 Ⅲ-5〉 개인의 선교의식에 영향을 주는 요소들

		당위성 (Q3)	해외경험 (Q5)	선교경험 (Q6)	기도 (Q8)	헌금 (Q9)	설교 (Q12)	나의참여 (Q15)	선교지식 (Q31-35)
1-2	명	249	54	96	229	147	141	220	117
	%	98.8	21.4	38.1	90.0	58.3	56.0	87.3	46.4
3	명	3	0	0	3	31	22	10	32
	%	1.2	0	0	1.2	12.3	8.7	4.0	12.7
4-5	명	0	198	156	20	74	89	22	103
	%	0	78.6	61.9	7.9	29.4	35.3	8.8	42.9
합계	명	252	252	252	252	252	252	252	252
	%	100.0	100.0	100.0	100.0	100.0	100.0	100.0	100.0

1: 매우 그렇다. 2:그렇다. 3: 잘 모르겠다. 4: 그렇지 않다. 5:전혀 그렇지 않다.

---

[4] 서술형 설문은 모두 네 개의 항목으로 총 100점 만점에 각 항목마다 25점을 배정하여 계량화 하였다. 1-2는 100~60 점, 3은 40-59점, 4-5는 39~0점 그룹이다.

b. 교회의 선교의식에 영향을 주는 요소들

교회의 선교의식은 결국은 선교사 파송과 관련된다. 응답자들이 지도자들이기 때문에 이들이 가진 선교사 파송에 대한 생각은 자연스럽게 지역 교회의 선교의식과 연결된다.. 이들 중 34.2%는 '매우 그렇다'와 '그렇다'로 긍정적 대답을 하였고, 37.7 %는 '그렇지 않다'와 '매우 그렇지 않다'로 부정적인 대답을 하였다. 이 비율은 개인적인 선교의식의 비율과 매우 큰 차이를 보인다. 즉 응답자들이 비록 지도자 그룹에 속하지만, 지도자 개인의 헌신이나 순종과 교회 차원에서의 파송은 상당히 거리가 있는 것으로 분석할 수 있다.

〈표 III-6〉 파송계획
그룹* 파송계획 교차표

			Q18: 당신이 섬기는 교회는 선교사를 파송할 계획이 있습니까?					전체
			1	2	3	4	5	
그룹	1	빈도	8	41	23	34	3	109
		그룹중%	7.3	37.6	21.1	31.2	2.8	100.0
	2	빈도	6	31	48	49	9	143
		그룹중%	4.2	21.7	33.6	34.3	6.3	100.0
전체		빈도	14	72	71	83	12	252
		그룹중%	5.6	28.6	28.2	32.9	4.8	100.0

1: 매우 그렇다. 2: 그렇다. 3: 잘 모르겠다. 4: 그렇지 않다. 5: 전혀 그렇지 않다.

이어서 교회의 선교의식에 영향을 줄 수 있는 요소들을 종합적으로 살펴보고자 한다. 종속변수인 교회의 선교사 파송계획에 영향을 주는 독립변수들로는 선교를 위한 기도회(Q13), 선교를 주제로 하는 특강이나 선교훈련(Q14), 교회의 선교 참여(Q16)들이 있다. '교회에서의 선교를 위한 기도회나 선교참여'는 '매우 그렇다'와 '그렇다'의 응답률이 80% 전후로 높은 수치를 나타내고 있는 반면 "교회에서의 선교특강이나 세미나가 있는가?"는 44.9%로 아직은 중국교회 안에서 선교관련 훈련이나 특강 등이 시행되는 경우가 흔치 않음을 나타내고 있다.

〈표 III-7〉 교회의 선교의식에 영향을 주는 요소들

		기도회(Q13)	선교특강(Q14)	선교참여(Q16)
1-2	명	210	113	196
	%	83.3	44.9	77.8
3	명	26	30	42
	%	10.3	11.9	16.7
4-5	명	16	109	14
	%	6.4	43.3	5.6
합계	명	252	252	252
	%	100.0	100.0	100.0

1: 매우 그렇다. 2:그렇다. 3: 잘 모르겠다. 4: 그렇지 않다. 5:전혀 그렇지 않다.

이상과 같이 교회의 선교의식에 영향을 미치는 항목에 대하여 종합적으로 살펴보았으며, 각 항목마다 자세한 결과는 해당 순서에서 살펴볼 수 있다.

c. 각 항목별 분석

1) Q1) 응답자가 개인적으로 "선교에 관한 관심과 부담감을 가지고 있는가?"의 항목에서 〈표 Ⅲ-8〉에서 보듯이 85.4%가 '매우 그렇다'와 '그렇다'고 응답하여 기본적으로 선교에 관한 관심이 있음을 알 수 있다. 반대로 4%에 해당하는 10명은 '그렇지 않다'와 '전혀 그렇지 않다.'라고 대답하였는데, 그중 신학생 그룹에서 8명인 것은 주목할 사항이다.

〈표 Ⅲ-8〉 선교에 관한 관심과 부담감

그룹별 관심 교차표			Q1. 당신은 개인적으로 선교에 관한 관심과 부담감을 가지고 있습니까?						전체
			1	2	3	4	5	
그룹	1	빈도	22	66	20	1	0	109
		그룹중%	20.2	60.6	18.3	0.9	0.0	100.0
	2	빈도	28	74	32	8	1	143
		그룹중%	19.6	51.7	22.4	5.6	0.7	100.0
전체		빈도	50	140	52	9	1	252
		그룹중%	19.8	55.6	20.6	3.6	0.4	100.0

1: 매우 그렇다. 2: 그렇다. 3: 잘 모르겠다. 4: 그렇지 않다. 5: 전혀 그렇지 않다.

2) Q2) "주님의 교회는 당연히 선교해야 하는가?"의 당위성을 묻는 항목에서 98.8%가 적극적인 답을 하는 반면 선교 당위성을 부정하는 '그렇지 않다' 혹은 '전혀 그렇지 않다'라고 응답한 사람은 0%이다. 중국 교회의 선교의식을 가름할 수 있는 응답으로 여겨진다.

〈표 III-9〉 당위성

			그룹* 당위성 교차표					
			Q2. 당신은 교회가 당연히 선교해야 한다고 생각하십니까?					전체
			1	2	3	4	5	
그룹	1	빈도	75	34	0	0	0	109
		그룹중%	68.8	31.2	0.0	0.0	0.0	100.0
	2	빈도	106	34	3	0	0	143
		그룹중%	74.1	23.8	2.1	0.0	0.0	100.0
전체		빈도	181	68	3	0	0	252
		그룹중%	71.8	27.0	1.2	0.0	0.0	100.0

1: 매우 그렇다. 2:그렇다. 3: 잘 모르겠다. 4: 그렇지 않다. 5: 전혀 그렇지 않다.

항목 Q1)과 비교하여 보면 긍정적인 답변이 22% 이상 높게 나온 것으로 볼 때, 선교는 개인보다는 교회의 일이라고 생각하고 있음을 알 수 있다. 한편 강한 부정을 표현하는 '전혀 그렇지 않다'에 지도자 1명이 응답한 것은 특이한 일이라 할 수 있다.

3) Q3) "성도는 어떤 형태로든 선교에 참여해야 하는가?"라는 항목은 1)항의 관심이나 부담감보다 구체적이고 행동을 촉구하는 형태의 질문인데, 80.6%가 선교에 참여하는 일에 동의하여 Q1)과 비슷한 양상을 보여줌으로 관심이나 부담이 결국은 행동을 유발하는 것이라 파악된다. 그러나 동의하지 않는 응답자가 9%에 해당하는 23명으로 9.1% 정도가 되는데, 그중 20명의 응답자가 신학생 그룹이어서 향후 신학교 사역 시에 선교를 더욱 강조해야 할 것으로 보인다.

<표 III-10> 성도참여

그룹* 성도 선교참여 교차표							
			Q3. 예수를 믿는 성도는 어떤 형태로든 선교에 참여해야 한다고 생각하십니까?					전체
			1	2	3	4	5	
그룹	1	빈도	54	44	8	3	0	109
		그룹중%	49.5	40.4	7.3	2.8	0.0	100.0
	2	빈도	45	60	18	19	1	143
		그룹중%	31.5	42.0	12.6	13.3	0.7	100.0
전체		빈도	99	104	26	22	1	252
		그룹중%	39.3	41.3	10.3	8.7	0.4	100.0

1: 매우 그렇다. 2: 그렇다. 3: 잘 모르겠다. 4: 그렇지 않다. 5: 전혀 그렇지 않다.

4) 응답자가 생각하는 선교의 개념 중에서 지역적인 의미에서의 "선교의 범위"에 대한 항목에서 '지역을 불문하고 복음만 전하면 된다'는 응답자가 71.4%에 이르는 것으로 보아 선교에 관한 개념이 타문화 지역이라고 생각하기보다는 전도의 개념에 더 가까운 것을 볼 수 있다. 순수하게 타문화권 선교 개념으로 '중국 외에 다른 나라'라고 응답한 사람은 17명으로 6.7%에 그치고 있으며, '중국 내 소수민족을 포함한 다른 국가'라고 응답한 사람이 14.7%였다. 이것은 단일민족인 한국과는 달리 자국 내 55개 소수민족을 가진 중국의 특별한 상황 때문일 것이다.

〈표 III-11〉 선교 범위

그룹* 선교 범위 교차표			Q4. 당신이 생각하는 선교의 범위는 어떻습니까?					전체
			1	2	3	4	5	
그룹	1	빈도	8	8	0	14	79	109
		그룹중%	7.3	7.3	0.0	12.8	72.5	100.0
	2	빈도	9	9	1	23	101	143
		그룹중%	6.3	6.3	0.7	16.1	70.6	100.0
전체		빈도	17	17	1	37	180	252
		그룹중%	6.7	6.7	0.4	14.7	71.4	100.0

1: 중국 내 소수민족 2: 중국 외 국가 3: 모르겠음 4: 소수민족+다른 국가 5: 지역 무관

5) Q5)와 Q6)에서는 선교 경험에 대한 기초적인 질문으로 국경을 넘어본 경험과 아울러 단기선교 경험 여부를 알고자 하는 것으로, 5)항에서는 중국 외에 다른 국가를 경험해 보았는지를 물었다. 국경을 넘어본 경험을 한 응답자는 생각보다 훨씬 적은 21.4%에 그치고 있는 것은 의외이다. 응답자들은 중국 전체의 평균 수준보다는 상위 그룹에 속하는 그룹인데도 불구하고 낮은 수치를 보여준다.

중국은 2008년 하계 올림픽을 개최하였고, 국가 경제 규모가 이미 일본과 미국을 추월했지만, 국민에게 끼친 영향은 아직은 미미한 것을 볼 수 있다. 한국은 1988년 하계 올림픽을 치룬 후 해외여행 자유화와 경제력이 뒷받침되면서, 한국교회의 세계선교가 급한 상승곡선을 그리며 발전하였는데 이제 중국교회도 올림픽과 경제력 상승효과가 빠른 시일 안에 선교의 행보로 나타나기를 기대해본다.

〈표 Ⅲ-12〉 해외여행 경험

			그룹* 해외경험 교차표		
			Q5. 외국 여행을 해 본 경험이 있습니까?		전체
			1	2	
그룹	1	빈도	41	68	109
		그룹중%	37.6	62.4	100.0
	2	빈도	13	130	143
		그룹중%	9.1	90.9	100.0
전체		빈도	54	198	252
		그룹중%	21.4	78.6	100.0

1: 있다. 2: 없다.

6) Q6)에서는 "단기선교나 선교사 경험 등 선교 경험 여부"를 물었다. Q5)의 응답과 비슷한 양상을 보이지만, 선교 경험이 있는 응답자가 해외여행을 해본 응답자보다 많은 것으로 보아 중국 내 소수민족 지역 등에서 단기선교나 선교사역을 경험한 것으로 판단된다.

〈표 III-13〉 선교경험

그룹* 선교경험 교차표

			Q6. 당신은 선교경험(단기선교, 선교사)이 있습니까?		전체
			1	2	
그룹	1	빈도	52	57	109
		그룹중%	47.7	52.3	100.0
	2	빈도	44	99	143
		그룹중%	30.8	69.2	100.0
전체		빈도	96	156	252
		그룹중%	38.1	61.9	100.0

1: 있다 2: 없다

7) Q7)에서 Q11)까지는 현재 선교에 대해 참여하고 있는 상황과 선교의 장애물에 대하여 조사하는 내용으로, 중국교회지도자 그룹들의 선교 참여도를 알 수 있는 중요한 요소이다. 먼저 Q7)에서는 응답자 자신이 세계선교에 헌신할 것인지를 물었다. 긍정적인 태도를 보인 응답자가 56.0%이고, 반대로 부정적인 태도를 보인 응답자는 22.4%이며, 분명한 태도를 보이지 않는 응답자도 21.6%가 있는 것으로 나타났다.

〈표 III-14〉 헌신

그룹* 헌신 교차표								
			Q7. 당신은 세계선교를 위하여 헌신할 생각이 있습니까?					전체
			1	2	3	4	5	
그룹	1	빈도	21	49	22	16	1	109
		그룹중%	19.3	45.0	20.2	14.7	0.9	100.0
	2	빈도	28	42	32	38	1	141
		그룹중%	19.9	29.8	22.7	27.0	0.7	100.0
전체		빈도	49	91	54	54	2	250
		그룹중%	19.6	36.4	21.6	21.6	0.8	100.0

1. 매우 그렇다. 2. 그렇다. 3. 잘 모르겠다. 4. 그렇지 않다. 5. 전혀 그렇지 않다.

8) Q8)에서 "세계선교를 위해 기도하는지의 여부"를 묻는 항목에서는 응답자 90.9%가 세계선교를 위하여 기도하고 있음을 보여주고 있다. 이 대답은 Q1)에서 세계선교에 관심과 부담감을 가지고 있다는 대답보다 높은 수치를 보인다. 이는 본인에게 부담감이나 관심이 없을지라도 교회적으로나 다른 기회에 기도하는 것으로 판단할 수 있다. Q7)에서 강한 부정으로 응답한 숫자와 동일하게 Q8)에서도 같은 양상을 보이고 있다.

〈표 III-15〉 기도

			그룹* 기도 교차표					
			Q8. 당신은 세계선교를 위해 기도하고 있습니까?					전체
			1	2	3	4	5	
그룹	1	빈도	12	84	1	11	1	109
		그룹중%	11.0	77.1	0.9	10.1	0.9	100.0
	2	빈도	16	117	2	7	1	143
		그룹중%	11.2	81.8	1.4	4.9	0.7	100.0
전체		빈도	28	201	3	18	2	252
		그룹중%	11.1	79.8	1.2	7.1	0.8	100.0

1. 매우 그렇다. 2. 그렇다. 3. 잘 모르겠다. 4. 그렇지 않다. 5. 전혀 그렇지 않다.

9) Q9)에서는 "세계선교를 위한 헌금 여부"를 물었다. 이것은 Q8)보다 더 진일보한 구체적인 질문으로 자신이 소유한 물질을 선교를 위해 사용하는가 하는 것이다. 응답자 58.3%가 정기적, 혹은 부정기적으로 '세계선교에 헌금'으로 동참하는 것으로 나타났다. 중국교회의 세계선교가 더욱 밝다는 것을 예측할 수 있다. 부정적인 답변이 29.4% 이나, 전반적으로 긍정적 답변이 높은 평균 임은 고무적이다. 중국교회가 세계선교를 시작하는 첫걸음이 '관심'과 '기도'이고, 실천의 한 방편으로 선교를 위한 헌금을 드리는 것으로 볼 수 있다. 특이한 것은 신학생 그룹 중에서 37.8%가 헌금하지 않고 있으며, 그중에서 '전혀 헌금해 본 적이 없다'라고 강한 부정으로 응답한 신학생이 31명이었다. 이것은 신학생들의 선교의식을 제고(提高)해야 하며, 선교관련 교육의 필요성이 강조되어야 함을 보이는 수치이다.

〈표 Ⅲ-16〉 헌금

			Q9. 당신은 세계선교를 위하여 헌금하고 있습니까?					전체
			1	2	3	4	5	
그룹	1	빈도	9	67	13	14	6	109
		그룹중%	8.3	61.5	11.9	12.8	5.5	100.0
	2	빈도	7	64	18	23	31	143
		그룹중%	4.9	44.8	12.6	16.1	21.7	100.0
전체		빈도	16	131	31	37	37	252
		그룹중%	6.3	52.0	12.3	14.7	14.7	100.0

1. 매우 그렇다. 2. 그렇다. 3. 잘 모르겠다. 4. 그렇지 않다. 5. 전혀 그렇지 않다.

10) Q10)에서는 "하나님의 부르심이 있다면 선교사로 가는 것은 당연하다"하는 질문으로 Q7)에서의 질문보다는 구체적인 내용이다. 응답자의 86.1%가 긍정적이며, 그중 41.3%에 해당하는 104명은 강한 긍정의 태도를 보여주고 있다. 그들은 이미 부르심(calling)에 순종하여 교회를 섬기고 있다. 또한 신학을 공부하며 준비하는 사람으로 선교에 대하여 하나님의 부르심을 중요하게 생각하고 있으며, 순종하겠다는 강한 의지를 가지고 있다고 볼 수 있다.

〈표 Ⅲ-17〉 선교사

그룹* 선교사 교차표								
			Q10. 하나님이 부르신다면 선교사로 가는 것이 당연합니까?					전체
			1	2	3	4	5	
그룹	1	빈도	41	52	16	0	0	109
		그룹중%	37.6	47.7	14.7	0.0	0.0	100.0
	2	빈도	63	61	16	3	0	143
		그룹중%	44.1	42.7	11.2	2.1	0.0	100.0
전체		빈도	104	113	32	3	0	252
		그룹중%	41.3	44.8	12.7	1.2	0.0	100.0

1.매우 그렇다. 2. 그렇다. 3.잘 모르겠다. 4. 그렇지 않다. 5.전혀 그렇지 않다.

11) Q11)에서는 "개인적으로 선교사로 나가는 일에 가장 큰 어려움은 무엇이라고 생각하는가?"에 대하여 '현지 적응의 문제'(23.3%)가 가장 많았고, 그다음으로 '재정문제(17.6%) 그리고 '가족의 반대(14.7%)' 등으로 나타났다.

〈표 Ⅲ-18〉 어려움

그룹* 장애물 교차표									
			Q11. 선교사로 나가는 일에 가장 어려운 일은 무엇이라고 생각하십니까?						전체
			1	2	3	4	5	6	
그룹	1	빈도	18	19	14	28	8	18	105
		그룹중%	17.1	18.1	13.3	26.7	7.6	17.1	100.0
	2	빈도	25	15	12	29	28	31	140
		그룹중%	17.9	10.7	8.6	20.7	20.0	22.1	100.0
전체		빈도	43	34	26	57	36	49	245
		그룹중%	17.6	13.9	10.6	23.3	14.7	20.0	100.0

1. 재정 2. 건강 3. 자녀 4. 현지 적응 5. 가족 반대 6. 기타

Q12)~Q17)까지는 교회 혹은 소속된 공동체에서 직접 행해지고 있는 선교 관련 사역과 교회의 선교 참여에 관하여 살펴보는 항목들이다. 목회자 그룹뿐만 아니라 신학생들도 대부분 주일에는 교회나 단체에서 사역을 감당하기 때문에, 강의나 설교, 특강 등의 기회들이 있을 수 있다. 먼저 Q12)에서는 선교 관련 설교나 강의를 하는지를 물었다. 56.0% 만이 긍정적인 답을 하였다. 선교 관련 설교 혹은 특강은 중국교회의 신흥 선교운동이 전교회적으로 활성화되기 위해서 반드시 우선 되어야 하는 일이다. 지도자들이 이 문제를 심각하게 생각하여 향후 교회나 공동체 안에서 선교에 관해 설교하고 강의하는 일들이 더 많아지도록 해야 할 것이다.

〈표 III-19〉 설교 및 강의

그룹* 설교 교차표							
		Q12. 교회에서 선교에 관하여 설교, 강의 등을 한 적 있습니까?					전체
		1	2	3	4	5	
그룹	1	빈도	10	70	11	10	8	109
		그룹중%	9.2	64.2	10.1	9.2	7.3	100.0
	2	빈도	1	60	11	10	61	143
		그룹중%	0.7	42.0	7.7	7.0	42.7	100.0
전체		빈도	11	130	22	20	69	252
		그룹중%	4.4	51.6	8.7	7.9	27.4	100.0

1. 매우 그렇다. 2. 그렇다. 3. 잘 모르겠다. 4. 그렇지 않다. 5. 전혀 그렇지 않다.

12) Q13)에서는 교회(신학교)에서 세계선교를 위해 기도하는지를 물었다. Q8)의 질문이 개인 질문이라면 여기서는 공동체적으로 기도하는 것을 질문하였다. 83.3%가 기도한다고 응답하여 중국교회가 세계선교를 위한 관심뿐만 아니라 기도하고 있는 것을 알 수 있다.

〈표 Ⅲ-20〉 선교를 위한 기도회

그룹* 기도회 교차표			Q13. 당신의 교회(학교)에서 선교를 위한 기도회가 있습니까?					전체
			1	2	3	4	5	
그룹	1	빈도	25	70	9	5	0	109
		그룹중%	22.9	64.2	8.3	4.6	0.0	100.0
	2	빈도	29	86	17	6	5	143
		그룹중%	20.3	60.1	11.9	4.2	3.5	100.0
전체		빈도	54	156	26	11	5	252
		그룹중%	21.4	61.9	10.3	4.4	2.0	100.0

1. 매우 그렇다. 2. 그렇다. 3. 잘 모르겠다. 4. 그렇지 않다. 5. 전혀 그렇지 않다.

Q14)는 Q12)보다 구체적인 내용으로, 섬기는 교회에서 직접 선교훈련, 선교특강 등의 기회가 있는지를 물었다. 응답자 44.9%가 '매우 그렇다' 혹은 '그렇다'라고 긍정적인 대답을 하였는데 이것은 Q12)에서 보여주었던 긍정적 답변(56.0%)보다 10% 정도 낮은 것으로 아직까지는 선교에 대해 구체적이지 않은 것으로 추측할 수 있다.

<표 III-21> 특강

			그룹* 선교훈련, 특강 교차표					
			Q14.당신이 섬기는 교회에서 선교훈련, 선교특강 등의 기회가 있습니까?					전체
			1	2	3	4	5	
그룹	1	빈도	8	53	8	30	10	109
		그룹중%	7.3	48.6	7.3	27.5	9.2	100.0
	2	빈도	7	45	22	45	24	143
		그룹중%	4.9	31.5	15.4	31.5	16.8	100.0
전체		빈도	15	98	30	75	34	252
		그룹중%	6.0	38.9	11.9	29.8	13.5	100.0

1. 매우 그렇다. 2. 그렇다. 3. 잘 모르겠다. 4. 그렇지 않다. 5. 전혀 그렇지 않다.

Q15)에서는 응답자 개인적으로 어떤 분야로 선교에 참여하고 있는지 물었다. 87.3%가 적극적인 참여를 하고 있다고 응답하였다.

<표 III-22> 나의 참여

			그룹* 나의 참여 교차표					
			Q15. 당신은 어떤 형태로 선교에 참여하고 있습니까?					전체
			1	2	3	4	5	
그룹	1	빈도	49	51	5	3	1	109
		그룹중%	45.0	46.8	4.6	2.8	0.9	100.0
	2	빈도	43	77	5	7	11	143
		그룹중%	30.1	53.8	3.5	4.9	7.7	100.0
전체		빈도	92	128	10	10	12	252
		그룹중%	36.5	50.8	4.0	4.0	4.8	100.0

1. 매우 그렇다. 2. 그렇다. 3. 잘 모르겠다. 4. 그렇지 않다. 5. 전혀 그렇지 않다.

Q16)에서는 교회가 어떤 분야로 선교에 참여 즉, 교회 공동체로서 참여하고 있는 것인데, 긍정적 답변이 76%로 상당히 높은 것을 알 수 있다. 특별히 기도뿐만 아니라 헌금으로 참여하는 교회가 50%라는 것은 놀라운 일이다.

〈표 III-23〉 교회참여

그룹* 교회참여교차표								
			Q16.당신이 사역하는 교회는 어떤 형태로 선교에 참여하고 있습니까?					전체
			1	2	3	4	5	
그룹	1	빈도	68	27	10	1	3	109
		그룹중%	62.4	24.8	9.2	0.9	2.8	100.0
	2	빈도	61	40	32	4	6	143
		그룹중%	42.7	28.0	22.4	2.8	4.2	100.0
전체		빈도	129	67	42	5	9	252
		그룹중%	51.2	26.6	16.7	2.0	3.6	100.0

1. 매우 그렇다. 2. 그렇다. 3. 잘 모르겠다. 4. 그렇지 않다. 5. 전혀 그렇지 않다.

Q17)에서는 "당신의 교회가 선교하는 일에 가장 큰 어려움은 무엇인가?"를 물었다. 응답자들은 '성도들이 선교의식이 없음(34.8)'을 우선적으로 들었고, 그다음으로 '인력문제(32.0%)' 그리고 '지도자 무관심(22.1%)'을 들었다.

<표 III-24> 난점

그룹*난점 교차표			Q17.당신의 교회가 선교하는 일에 가장 큰 어려움은 무엇입니까?					전체
			1	2	3	4	5	
그룹	1	빈도	5	42	5	23	32	107
		그룹중%	4.7	39.3	4.7	21.5	29.9	100.0
	2	빈도	11	36	6	31	53	137
		그룹중%	8.0	26.3	4.4	22.6	38.7	100.0
전체		빈도	16	78	11	54	85	244
		그룹중%	6.6	32.0	4.5	22.1	34.8	100.0

1. 재정 2. 인력 3. 교회 무관심 4. 지도자 무관심 5. 선교의식 없음

13) Q18)에서는 세계선교의 모판이고 기지가 되는 교회가 선교사를 파송할 생각이 있는지를 물었다.

<표 III-25> 파송계획

그룹* 파송계획 교차표			Q18. 당신이 목회(섬기는) 교회는 선교사를 파송할 계획이 있습니까?					전체
			1	2	3	4	5	
그룹	1	빈도	8	41	23	34	3	109
		그룹중%	7.3	37.6	21.1	31.2	2.8	100.0
	2	빈도	6	31	48	49	9	143
		그룹중%	4.2	21.7	33.6	34.3	6.3	100.0
전체		빈도	14	72	71	83	12	252
		그룹중%	5.6	28.6	28.2	32.9	4.8	100.0

1. 매우 그렇다. 2. 그렇다. 3. 잘 모르겠다. 4. 그렇지 않다. 5. 전혀 그렇지 않다.

Q15)에서 기도와 헌금으로 참여한다는 교회가 50%였고 선교사 파송에 대해서도 35%가 긍정적인 응답을 하여서 선교 중국의 시대를 열어가는 것 같은 생각이 든다.

14) Q17)에서는 한 지역교회보다는 중국교회 전체적인 의미에서 중국교회가 선교에 참여하고 있다고 생각하는지를 물었다. 51%는 참여한다고 생각하고 있다. 반면 그렇지 않다고 하는 응답자가 8%인 것은 막상 중국교회가 현재 선교하지 않는다고 생각하는 사람은 적다는 것을 드러낸다. 그러나 모르겠다는 39%의 응답자가 있는 것으로 보아 중국교회의 세계선교는 아직은 범 교회적으로 진행되는 것은 아니다.

〈표 III-26〉 세계선교 참여

			그룹* 세계선교 참여 교차표					
			Q19. 중국교회가 선교에 어느 정도 참여하고 있다고 생각합니까?					전체
			1	2	3	4	5	
그룹	1	빈도	8	50	43	8	0	109
		그룹중%	7.3	45.9	39.4	7.3	0.0	100.0
	2	빈도	6	60	63	11	2	142
		그룹중%	4.2	42.3	44.4	7.7	1.4	100.0
전체		빈도	14	110	106	19	2	251
		그룹중%	5.6	43.8	42.2	7.6	0.8	100.0

1. 매우 그렇다. 2. 그렇다. 3. 잘 모르겠다. 4. 그렇지 않다. 5. 전혀 그렇지 않다.

15) Q20)에서는 중국교회가 세계선교를 함에 있어서 가장 큰 어려움은 무엇이라고 생각하는지를 물었다.

〈표 III-27〉 세계선교 장애

			그룹* 세계선교 장애 교차표					
			Q20. 중국교회의 세계선교에 있어 현실적으로 가장 큰 어려움은 무엇이라고 생각하십니까?					전체
			1	2	3	4	5	
그룹	1	빈도	27	7	18	34	21	107
		그룹중%	25.2	6.5	16.8	31.8	19.6	100.0
	2	빈도	53	8	21	37	20	139
		그룹중%	38.1	5.8	15.1	26.6	14.4	100.0
전체		빈도	80	15	39	71	41	246
		그룹중%	32.5	6.1	15.9	28.9	16.7	100.0

1. 정치적 원인 2. 경제적 원인 3. 잘 모르겠다 4. 선교정보 부족 5. 선교사 없음

16) Q21)과 Q22)는 중국교회의 선교 사명과 선교 가능성에 대한 질문이다. 사명에 대하여 응답자의 78.4%가 긍정적 응답을 하고 있다는 것은 교회가 갖는 선교적 본질에 대한 이해가 있다고 판단할 수 있다. 그러나 교회의 선교 사명 자체를 부인하는 13명(5.2%)과 '모르겠다'로 응답한 41명(16.3%)의 중국교회 지도자들이 시사하는 바가 무엇인지는 연구해야 할 과제이다. 〈표 III-29〉에서 중국교회가 세계선교를 감당할 만한 능력이 있다고 생각하는 응답자가 61.6%인 것은 중국교회의 세계선교 가능성을 가늠할 수 있는 수치이다.

〈표 III-28〉 세계선교 동의

그룹* 세계선교 동의 교차표							
			Q21. "중국교회가 세계선교를 감당해야 할 사명"이 있다는 말에 동의합니까?				전체
				3	4		
그룹	1	빈도	45	42	16	6	109
		그룹중%	41.3	38.5	14.7	5.5	100.0
	2	빈도	51	59	25	7	142
		그룹중%	35.9	41.5	17.6	4.9	100.0
전체		빈도	96	101	41	13	251
		그룹중%	38.2	40.2	16.3	5.2	100.0

1. 매우 그렇다. 2. 그렇다. 3. 잘 모르겠다. 4. 그렇지 않다. 5. 전혀 그렇지 않다.

〈표 III-29〉 세계선교 능력

그룹* 세계선교 능력 교차표								
			Q22. 중국교회는 세계선교를 감당할 만한 능력이 있다고 생각합니까?					전체
			1	2	3	4	5	
그룹	1	빈도	21	58	22	7	1	109
		그룹중%	19.3	53.2	20.2	6.4	0.9	100.0
	2	빈도	19	69	40	15	0	143
		그룹중%	13.3	48.3	28.0	10.5	0.0	100.0
전체		빈도	40	127	62	22	1	252
		그룹중%	15.9	50.4	24.6	8.7	0.4	100.0

1. 매우 그렇다. 2. 그렇다. 3. 잘 모르겠다. 4. 그렇지 않다. 5. 전혀 그렇지 않다.

17) Q23)은 현재 중국교회가 선교를 잘 감당하고 있는지를 물었다. 우선 가부(可否)를 물었고, 그렇지 않다고 응답한 사람들을 상대로 다시 그 이유를 5개 항목으로 예문을 제시하였다. 이 질문은 중국교회의 선교사명과 능력에 대한 것에 이어서 현재 상황에 대한 질문이다. 응답자 15.8% 만이 그렇다고 대답하였는데, 응답자들은 현재 중국교회의 세계선교에 많은 부족함을 느끼고 있는 것 같다.

〈표 III-30-1〉 세계선교 감당

그룹* 세계선교 감당 교차표			Q23. 현재 중국교회는 선교를 잘 감당하고 있다고 생각합니까?		전체
			1	2	
그룹	1	빈도	16	91	107
		그룹중%	15.0	85.0	100.0
	2	빈도	21	106	127
		그룹중%	16.5	83.5	100.0
전체		빈도	37	197	234
		그룹중%	15.8	84.2	100.0

1. 그렇다 2. 그렇지 않다

'아니다'라고 대답한 이유를 순서대로 보면 교회의 무관심, 교회의 역량 부족과 국가의 반대 때문이다. 이것은 교회가 계속하여 선교를 위한 기도회, 설교나 강의 그리고 선교학교 등을 통하여 선교에 관한 관심도를 높이며, 교회의 선교적 역량을 키우는 일에 집중해야 할 것을 보여준다.

<표 III-30-2> 이유

그룹* 이유 교차표								
			Q23-2. 왜 아니라고 생각합니까?					전체
			1	2	3	4	5	
그룹	1	빈도	6	39	38	4	0	87
		그룹중%	6.9	44.8	43.7	4.6	0	100.0
	2	빈도	9	30	45	6	0	90
		그룹중%	10.0	33.3	50.0	6.7	0	100.0
전체		빈도	15	69	83	10	0	177
		그룹중%	8.5	39.0	46.9	5.6	0	100.0

1. 국가반대 2. 교회역량 부족 3. 무관심 4. 아직 때가 아님 5. 선교는 서방국가 선교의 일임

18) Q24)와 Q25)에서는 세계선교를 위한 중국교회의 강점과 약점을 물었다. 강점으로 선택한 첫 번째는 성도가 많은 것이고, 두 번째는 전 세계에 분산되어 있는 화교들이 많은 것, 그리고 이어서 교회 부흥과 핍박을 경험한 것[5]과 경제 발전 등이 비슷한 비율로 나타났다. 제시된 5개의 항목들은 중국교회가 타문화권 선교를 감당하는데 필요한 것들로 이미 구비되어 있는 것들인데, 중국대륙(본토)의 사람들이 화교를 선교의 인프라[6]로 생각하고 있음도 알게 되었다.

반면에 중국교회가 세계선교를 감당하고자 할 때의 약점을 물었다. 답변들을 정리하면 우선 인재가 없고, 다음으로 타문화 적응 능력 부족,

---

[5] Howard Brant, "Seven Essentials of Majority World Emerging Mission Movements", 2009년 11월 3-5일 KWMA 초청 강연 강의안 참고. 선교적 교회가 되는 요소 중에 가장 강한 선교 운동은 교회가 핍박을 겪었고, 사람들이 아직 물질주의에 사로잡히지 않은 나라에서 일어났다고 한다.
[6] 제4부에서 전략적인 측면에서의 전 세계 화교 현황을 제시하였다.

그리고 선교경험이 없는 것과 민족 우월감[7] 등의 순서로 나타난다. 특이한 것은 Q24)에서 사람이 많은 것(38.2%)을 강점으로 들었는데, 이번 항목에서는 인재가 없는 것(43.0%)이 가장 큰 약점으로 나타났다는 것이다. 이는 인구 개념의 사람은 많으나, 선교에 준비된 인재가 없다는 뜻으로 해석할 수 있다. 또한, 중국인들이 타문화에 적응하는 것에 대해서 두려움을 가지고 있다는 공통점을 가지고 있음을 알 수 있다.

〈표 III-31〉 선교 최대강점

그룹* 선교 최대강점 교차표								
			Q24. 중국교회가 세계선교를 하는데 있어서 가장 강점은 무엇이라고 생각하십니까?					전체
			1	2	3	4	5	
그룹	1	빈도	30	18	10	10	33	101
		그룹중%	29.7	17.8	9.9	9.9	32.7	100.0
	2	빈도	59	15	15	11	32	132
		그룹중%	44.7	11.4	11.4	8.3	24.2	100.0
전체		빈도	89	33	25	21	65	233
		그룹중%	38.2	14.2	10.7	9.0	27.9	100.0

1. 성도 많음 2. 교회부흥 3. 핍박경험 4. 경제발전 5. 화교 많음

---

[7] 중국인의 이해를 위해서는 역사적으로 중국인들이 갖고 있는 천자사상(天子思想)과 중화사상(中華思想)을 이해해야 한다.

〈표 III-32〉 세계선교 약점

그룹* 세계선교 약점 교차표								
			Q25. 중국교회가 세계선교를 하는데 있어서 가장 약점은 무엇이라고 생각하십니까?					전체
			1	2	3	4	5	
그룹	1	빈도	49	13	1	4	35	102
		그룹중%	48.0	12.7	1.0	3.9	34.3	100.0
	2	빈도	46	12	5	16	40	119
		그룹중%	38.7	10.1	4.2	13.4	33.6	100.0
전체		빈도	95	25	6	20	75	221
		그룹중%	43.0	11.3	2.7	9.0	33.9	100.0

1. 인재 없음. 2. 선교 경험 없음. 3. 경제문제. 4. 민족우월감. 5. 타문화 적응능력

19) Q26)~Q30)은 효과적 선교를 위한 선교의 거룩한 삼각구조(Holy Triangle)를 염두에 두고 설계한 항목이다. Q26)~Q27)은 '선교사', Q28)은 '교회', Q29)~Q30)은 '선교단체'에 관련된 것이다.

먼저 선교사로 파송될 때 중요한 선교사의 자질에 관하여 두 가지를 선택할 수 있도록 하였다. 응답자들이 중요하게 생각하는 것을 순서대로 보면 우선 하나님의 부르심이라고 답하였다. 다음으로 탁월한 영성이다. 이 두 가지 자질은 절대적으로 높은 빈도를 보인다. 이는 이들이 중요하게 생각하는 것이 분명히 표출된 것으로 파악된다.

위의 항목인 '선교사의 자질'에서 학력은 2.8% 만이 중요하다고 하였고, Q27)에서는 선교사로 헌신하는 일에 있어서 요구되는 학력에 관하여 물었을 때, '대졸 이상과 석사 이상'은 18.4%에 그쳤다. 반면 응답자의 77.22%가 '학력과 별 무관하다'라고 응답하여 중국교회 지도자들은

선교사와 학력은 큰 연관성이 없는 것으로 생각하는 것 같다.

〈표 III-33〉 선교사 자질

	Q26:당신은 선교사에게 중요한 것이 무엇이라고 생각하십니까? (2개 선택)							
	1	2	3	4	5	6	7	8
빈도	241	163	7	8	21	3	8	19
비율(%)	47.8	32.3	1.4	1.6	4.2	0.6	1.6	3.8
계	504	504	504	504	504	504	504	504
순위	1	2	7	5	3	8	5	4

1. 소명 2. 탁월한 영성 3. 학력 4. 경제적 능력 5. 건강 6. 인간성 7. 영어실력 8. 경험

〈표 III-34〉 선교사 학력

그룹* 선교사 학력 교차표								
			Q27 선교사에 필요한 학력은 어느 정도라고 생각하십니까?					전체
			1	2	3	4	5	
그룹	1	빈도	12	14	15	48	20	109
		그룹중%	11.0	12.8	13.8	44.0	18.3	100.0
	2	빈도	4	16	21	83	17	141
		그룹중%	2.8	11.3	14.9	58.9	12.1	100.0
전체		빈도	16	30	36	131	37	250
		그룹중%	6.4	12.0	14.4	52.4	14.8	100.0

1. 석사 2. 대졸 3. 고졸 4. 학력 무관 5. 누구라도 괜찮다

Q28)에서는 세계선교를 위하여 교회가 마땅히 해야 할 일은 무엇인가를 물었다. 응답자들은 세계선교를 위하여 우선하여 해야 할 일로 선교교육과 세계선교를 위한 기도와 선교훈련을 들었다.

<표 III-35> 교회의 의무

그룹* 교회의 의무 교차표								
			Q28. 당신은 세계선교를 위해 교회가 당연히 해야 하는 일이 무엇이라고 생각하십니까?						전체
			1	2	3	4	5	6	
그룹	1	빈도	29	35	1	0	15	0	80
		그룹중%	36.2	43.8	1.2	0.0	18.8	0.0	100.0
	2	빈도	29	39	4	4	15	2	93
		그룹중%	31.2	41.9	4.3	4.3	16.1	2.2	100.0
전체		빈도	58	74	5	4	30	2	173
		그룹중%	33.5	42.8	2.9	2.3	17.3	1.2	100.0

1. 선교기도 2. 선교교육 3. 선교헌금 4. 선교사 간증 5. 선교훈련 6. 잘 모름

Q29)~Q30)에서는 세계선교를 할 때, 선교단체의 필요성과 사역에 관하여 질문하였다.

〈표 III-36〉 선교단체 필요

그룹* 선교단체 필요 교차표								
			Q29. 해외 선교를 함에 있어서 선교단체가 필요하다고 생각하십니까?					전체
			1	2	3	4	5	
그룹	1	빈도	67	41	1	0	0	109
		그룹중%	61.5	37.6	0.9	0.0	0.0	100.0
	2	빈도	91	49	2	1	0	143
		그룹중%	63.6	34.3	1.4	0.7	0.0	100.0
전체		빈도	158	90	3	1	0	252
		그룹중%	62.7	35.7	1.2	0.4	0.0	100.0

1. 매우 그렇다. 2. 그렇다. 3. 잘 모르겠다. 4. 그렇지 않다. 5. 전혀 그렇지 않다.

〈표 III-36〉에서 응답자의 98.4%가 '선교단체의 필요성'에 대해 '매우 그렇다'와 '그렇다'로 대답하여서 선교단체의 필요성을 충분히 인식하고 있는 것으로 나타났다.

또한, 〈표 III-37〉에서는 '선교단체의 사역'에 대하여 '선교사 훈련, 파송, 후원'으로 응답한 사람이 86.5%로서 선교단체의 사역도 충분히 인식하고 있는 것으로 나타났다.

〈표 III-37〉 선교단체 사역

그룹* 선교단체 사역 교차표								
			Q30.해외 선교를 함에 있어서 선교단체는 무슨 일을 해야 한다고 생각하십니까?					전체
			1	2	3	4	5	
그룹	1	빈도	91	5	6	2	5	109
		그룹중%	83.5	4.6	5.5	1.8	4.6	100.0
	2	빈도	127	4	6	2	4	143
		그룹중%	88.8	2.8	4.2	1.4	2.8	100.0
전체		빈도	218	9	12	4	9	252
		그룹중%	86.5	3.6	4.8	1.6	3.6	100.0

1. 선교사 훈련, 파송, 후원 2. 선교사 파송 3. 선교사 훈련 4. 선교사를 위한 기도 5. 잘 모름

20) Q34)는 중국교회 지도자들이 생각하는 "선교가 가장 필요한 지역은 어디인가?"에 대한 질문이다.

이들은 이슬람권을 최우선 순위로 응답했고, 이어서 공산권, 불교권을 들으므로, 중국교회 지도자들도 21세기에 이슬람 지역을 중요선교지역으로 여기는 것을 알 수 있다. 중국은 국내에도 이슬람교를 믿는 10개의 소수민족이[8] 있으며, 중국과 육로로 국경을 접하는 국가 중에 강력한 이슬람 국가도 있다.

〈표 III-38〉 선교 필요지역

그룹* 선교 필요지역 교차표								
			Q34. 선교가 가장 필요한 지역은 어디입니까?					전체
			1	2	3	4	5	
그룹	1	빈도	53	9	7	27	7	103
		그룹중%	51.5	8.7	6.8	26.2	6.8	100.0
	2	빈도	50	15	7	39	13	124
		그룹중%	40.3	12.1	5.6	31.5	10.5	100.0
전체		빈도	103	24	14	66	20	227
		그룹중%	45.4	10.6	6.2	29.1	8.8	100.0

1. 이슬람권 2. 불교권 3. 힌두권 4. 공산권 5. 잘 모름

---

8 회족을 중심으로 한 9개 소수민족과 위구르족 등이 있다.

21) Q36)에서는 대내외적으로 중국교회의 선교운동으로 여기고 있기도 하며, 많은 논란이 일고 있는 "백투예루살렘운동(BTJ운동)"에 관한 중국 지도자들의 입장에 대하여 질문하였다. 응답자의 36.7%는 '잘 모르겠다'고 응답하였고, '하나님이 중국교회에 주신 선교운동이기 때문에 중국교회가 참여해야 한다.'라는 적극적 입장이 28.3%이고, 적극적 참여는 아니지만 '중국교회의 선교운동'이라고 응답한 사람도 16.5%였다.

BTJ운동은 중국 내에서뿐만 아니라 한국 등에서도 성경적이지 않다는 논란이 있기도 한데 중국교회 지도자들은 6.3%만이 성경적이지 않다고 대답하여서 BTJ운동이 중국 내에서는 논란이 그리 심한 것은 아니라고 보인다. 그럼에도 불구하고 일부 가정교회 단체에서는 강력하게 반대하고 있는 것도 사실이다.

〈표 III-39〉 BTJ운동

그룹* BTJ운동 교차표								
			Q36.백투예루살렘에 대한 생각은 어떠하십니까?					전체
			1	2	3	4	5	
그룹	1	빈도	34	14	38	14	9	109
		그룹중%	31.2	12.8	34.9	12.8	8.3	100.0
	2	빈도	33	25	49	15	6	128
		그룹중%	25.8	19.5	38.3	11.7	4.7	100.0
전체		빈도	67	39	87	29	15	237
		그룹중%	28.3	16.5	36.7	12.2	6.3	100.0

1. 주님이 중국교회에 주신 비전이므로 참여해야 한다. 2. 중국교회의 선교운동이다. 3. 잘 모름
4. 그저 하나의 선교운동이다. 5. 성경적이지 않다.

22) Q37)에서는 이 논문의 궁극적인 목표와 관련된 질문이다. "하나님이 부르시면 당신은 선교사로 가겠는가?"에 응답자의 84.3%가 '매우 그렇다'와 '그렇다'로 응답하고 있어 하나님의 부르심에 대한 중국교회 지도자들의 '순종'의 태도는 매우 적극적으로 보인다.

〈표 Ⅲ-40〉 선교사로 순종

그룹* 선교사로 순종 교차표								
			Q37. 하나님이 당신을 선교사로 부르시면 순종하시겠습니까?					전체
			1	2	3	4	5	
그룹	1	빈도	41	50	11	7	0	109
		그룹중%	37.6	45.9	10.1	6.4	0.0	100.0
	2	빈도	53	60	12	8	0	133
		그룹중%	39.8	45.1	9.0	6.0	0.0	100.0
전체		빈도	94	110	23	15	0	242
		그룹중%	38.8	45.5	9.5	6.2	0.0	100.0

1. 매우 그렇다. 2. 그렇다. 3. 잘 모르겠다. 4. 그렇지 않다. 5. 전혀 그렇지 않다.

d. 선교지식에 관한 분석

이 조사에서는 중국교회 지도자들의 기초적인 선교지식을 직접 주관식 형태의 질문을 통하여 지도자들의 선교지식을 조사하여 보았다. Q31)과 Q32)는 중국의 선교역사에 관한 것이고, 두 번째로는 지리적 조건, 즉 중국이 천연적으로 가지고 있는 좋은 선교적 여건인 육로로 국경을 접하고 있는 국가들의 수와 국가에 관한 것이고, 세 번째로는 비교적 어려운 질문이라 생각되는 미전도 종족에 관한 것이다.

〈표 III-41〉 선교지식

그룹* 선교지식 교차표												
			Q 원저우교회 지도자들의 선교지식									전체
			0-10	11-20	21-30	31-40	41-50	51-60	61-70	71-80	81-90	91-100	
그룹	목회자	빈도	18	5	6	14	2	10	9	10	23	12	109
		그룹중%	16.5	4.6	5.5	12.9	1.8	9.2	8.2	9.2	21.1	11.1	100.0
	신학생	빈도	24	10	9	17	13	6	14	20	25	5	143
		그룹중%	16.8	7.0	6.3	11.9	9.1	4.2	9.8	14.0	17.5	3.5	100.0
전체		빈도	42	15	15	31	15	16	23	30	48	17	252
		그룹중%	16.7	6.0	6.0	12.3	6.0	6.4	9.1	11.9	19.1	6.8	100.0

기초 선교에 대하여 주관식으로 묻는 이 문항들은 각 문항마다 25점을 배정하고 점수화하여 아래의 표와 같이 분석하였다.

〈표 III-41〉에서 볼 수 있듯이 80점 이상이 25.9%이며, 41.0% 가 40점 미만이다. 신학생이 포함된 지도자들의 선교지식은 생각보다 많이 낮은 것으로 나타났다.

3. 회귀분석을 통한 원저우지역 도시가정교회 지도자들의 선교의식 분석

a. 회귀분석의 이해[9]

회귀분석은 자연현상이나 사회현상을 설명하는 데 있어서 관련된 변수들 간의 상호 관련성을 규명하고자 하는 분석이다. 이 분석에서는 다른 변수의 영향을 받는 변수를 종속변수라 하고 종속변수에 영향을 주는 변수를 독립변수라고 한다.

이러한 회귀분석에 있어서 종속변수의 총 변동 중에서 회귀방정식에 의하여 설명되는 변동의 비율을 결정계수 R^2로 표현한다. 결정계수는 독립변수가 추가되면 항상 증가하게 된다. 따라서 많은 독립변수 중에서 일부의 독립변수를 선택하고 싶은 경우에 R^2로 판단하기 어려운 때가 있다. 이런 경우 R^2를 자유도로 수정시킨 수정결정계수(adjusted R^2)는 설명력이 거의 없는 독립변수가 추가되면 감소하게 되므로 변수선택의 기준으로 이용된다.

종속변수에 대하여 회귀모형에 포함될 독립변수의 수가 많을 때는 이 중에서 중요한 변수만을 선택하거나 설명력이 없는 변수를 제거하여 회귀모형에 적합하게 해야 하는 사항에 염두를 두어야 한다. 이때 많은 독

---

[9] 박성현 · 조신섭 · 김성수, 『SPSS(PASW) 17.0 이해와 활용』, (서울: 한나래출판사, 2011), 261–279.

립변수 중에서 중요한 변수만을 선택하는 것을 '변수선택'이라고 하는데 본 연구에서는 일반적으로 가장 많이 사용되는 '단계별 회귀'(stepwise regression)를 사용한다.

'단계별 회귀'는 새로이 변수를 선택하여 추가시킬 때 이미 모형에 포함된 변수 각각에 대하여 유의성을 검증하여 유의성이 없으면 모형에서 제거하는 방법이다. 이러한 회귀모형에서는 오차들은 서로 독립이며 정규분포를 따르며 분산이 같다고 가정한다. 오차의 정규분포에 대한 가정은 SPSS에서 제공하는 정규확률 그림을 보고 점들이 거의 일직선상에 위치하면 정규분포의 가정이 옳다고 볼 수 있다. 오차항 간에 독립성이 있는가를 검증하는 통계량으로 더빈-왓슨(Durbin-Watson) 통계량을 사용한다. DW 값이 2에 가까우면 오차항 간에 독립성이 있는 것이고, 이 값이 0에 가까우면 인접 오차항 간에 양의 상관관계가 존재하고, 이 값이 4에 가까우면 인접 오차항 간에 음의 상관관계가 존재한다고 본다.

회귀진단은 이상점(outlier)이 있는지, 추정된 회귀방정식에 영향을 크게 주는 측정치가 있는지 진단하는 것을 말한다. 이상점을 찾는 측도로서는 '표준화잔차'가 보통 사용된다. 영향을 크게 주는 측정치로 판정되는 케이스는 다른 케이스에 비해 회귀분석 결과에 큰 영향을 주고 있는 것이므로 각별히 이 케이스에 유념할 필요가 있다.

1) 개인적 모형에서의 종속변수와 독립변수

본 연구에서 개인모형에서의 종속변수는 첫째 개인의 '선교의식'이며, 단계별로 '관심', '헌신', '선교사', '순종'이며 독립변수는 개인 부분으로는 당위성, 해외경험, 선교경험, 세계선교를 위한 기도, 선교를 위한 헌금, 선교에 관한 설교, 선교에 관한 나의 참여, 선교지식 등이다.

본 연구의 개인모형에서 종속변수와 독립변수에 대한 조사 대상자들의 반응은 아래의 표와 같았다.

〈표 Ⅲ-42〉 개인모형의 종속변수에 대한 반응

	관심	헌신	선교사	순종
1-2	190(75.4%)	140(56.0)	217(84.3)	204(84.3)
3	52(20.6%)	54(21.4)	32(12.7)	23(9.1)
4-5	10(4.0%)	56(20.2)	3(1.2)	15(6.0)
결측	0	2(0.8)	0	10(4.0)
계	252(100)	252(100)	252(100)	252(100)

1. 매우 그렇다. 2. 그렇다. 3. 잘 모르겠다. 4. 그렇지 않다. 5. 전혀 그렇지 않다.

〈표 Ⅲ-43〉 개인모형에서의 독립변수에 대한 반응

		당위성	해외 경험	선교 경험	기도	헌금	설교	나의 참여	선교 지식
1~2	명	249	54	96	229	147	141	220	117
	%	98.8	21.4	38.1	90.0	58.3	56.0	87.3	46.4
3	명	3	0	0	3	31	22	10	32
	%	1.2	0	0	1.2	12.3	8.7	4.0	12.7
4~5	명	0	198	156	20	74	89	22	03
	%	0	78.6	61.9	7.9	29.4	35.3	8.8	42.9
계	명	252	252	252	252	252	252	252	252
	%	100	100	100	100	100	100	100	100

1. 매우 그렇다. 2. 그렇다. 3. 잘 모르겠다. 4. 그렇지 않다. 5. 전혀 그렇지 않다.

2) 교회적 모형에서의 종속변수와 독립변수

또한, 교회모형에서의 종속변수는 '선교사 파송계획'이고 독립변수는 교회참여, 기도회, 선교훈련이나 특강 등인데, 종속변수와 독립변수에 대한 종사 대상자들의 반응은 다음과 같았다.

〈표 III-44〉 교회적 모형에서의 종속변수에 대한 반응

	파송계획
1-2	86(34.2%)
3	71(28.2%)
4-5	95(37.7%)
계	252(100)

1. 매우 그렇다. 2. 그렇다. 3. 잘 모르겠다. 4. 그렇지 않다. 5. 전혀 그렇지 않다.

〈표 III-45〉 교회적 모형에서의 독립변수에 대한 반응

		기도회	선교훈련, 특강	선교참여
1-2	명	210	113	196
	%	83.3	44.9	77.8
3	명	26	30	42
	%	10.3	11.9	16.7
4-5	명	16	109	14
	%	6.4	43.3	5.6
계	명	252	252	252
	%	100	100	100

1. 매우 그렇다. 2. 그렇다. 3. 잘 모르겠다. 4. 그렇지 않다. 5. 전혀 그렇지 않다.

b. 원저우지역 도시가정교회 지도자들의 선교의식: '관심'에 미치는 변수

1) 회귀모형과 분산분석표

이 회귀분석 모형은 응답자들의 선교에 관한 관심을 종속변수로 하고 나머지 당위성, 해외경험, 선교경험, 세계선교를 위한 기도, 선교를 위한 헌금, 선교에 관한 설교, 선교에 관한 나의 참여, 선교지식 등을 독립변수로 하였을 때, 여러 가지 독립변수들이 종속변수에 어느 정도 영향을 미치는가 하는 것이다. 회귀분석에 의한 회귀모형과 분석표의 결과는 다음과 같다.

아래의 표는 회귀모형에 대한 결정계수가 0.164이고, 수정된 결정계수는 0.137이므로 회귀모형이 매우 적합하다는 것을 보여준다. 즉 회귀직선이 유의(有意)하지 않다는 귀무가설에 대한 F 검정통계량이 5.974이고, 이에 대한 유의확률 값이 0.000으로 귀무가설을 기각하게 된다. 이것은 회귀식이 매우 유의하다는 것을 의미한다.

〈표 III-46〉 관심-1: 종속변수 관심과 독립변수

모형	독립변수	종속변수	방법
1	선교지식, 해외경험, 당위성, 선교경험, 기도, 헌금, 나의 참여, 설교	관심	일반 회귀분석

〈표 III-47〉 관심-2: 모형요약

모형	R	R 제곱	수정된R 제곱	추정값의 표준오차
1	0.405	0.164	0.137	0.706

2) 회귀계수

<표 Ⅲ-48> 관심-3: 분산분석

모형		제곱합	자유도	평균제곱	F	유의확률
1	회귀모형	23.815	8	2.977	5.974	0.000
	잔차	121.086	243	0.498		
	합계	144.901	251			

<표 Ⅲ-49> 관심-4: 계수

모형		비표준화계수		표준화계수	t	유의확률	B에대한95.0% 신뢰구간		상관계수		
		B	표준오차	베타			하한값	상한값	0차	편상관	부분상관
1	(상수)	.944	.263		3.586	.000	.425	1.463			
	당위성	.420	.096	.266	4.391	.000	.232	.608	.318	.271	.257
	해외경험	-.066	.092	-.044	-.722	.471	-.247	.115	.014	-.046	-.042
	선교경험	.064	.098	.041	.655	.513	-.129	.257	.116	.042	.038
	기도	.037	.068	.034	.543	.588	-.098	.172	.148	.035	.032
	헌금	.060	.042	.096	1.434	.153	-.022	.143	.219	.092	.084
	설교	.064	.038	.115	1.666	.097	-.012	.139	.239	.106	.098
	나의참여	.012	.051	.015	.229	.819	-.089	.112	.166	.015	.013
	선교지식	.055	.031	.111	1.800	.073	-.005	.116	.175	.115	.106

회귀모형식의 계수는 다음의 표에서 비표준화계수를 이용한다.
위의 표에서 비표준화계수를 이용한 회귀모형식은 다음과 같이 표현된다.

$$\text{선교에 관한 관심} = 0.944 + 0.420\text{당위성} - 0.066\text{해외경험} + 0.064\text{ 선교경험}$$
$$+ 0.037\text{ 기도} + 0.060\text{ 헌금} + 0.064\text{ 설교}$$
$$+ 0.012\text{ 나의 참여} + 0.055\text{ 선교지식이다.}$$

회귀계수에 대한 유의확률을 살펴볼 때, 유의확률이 유의수준 0.05보다 작은 것은 당위성으로 종속변수에 유의미한 영향을 미친다. 또 유의확률 가운데 유의수준 0.05보다 큰 값이 존재한다는 것은 단계별 선택방법과 같은 변수 선택 방법을 이용하는 것이 모형에 적합에 하다는 것을 나타낸다.

3) 케이스별 진단[10]

개체 252 케이스에 대한 표준화잔차와 반응변수, 예측 값 및 잔차를 나타내는 표(표생략)에서는 표준화 잔차의 절대값 2[11]가 넘는 것이 모두 13개였다. 따라서 절대값 2가 넘는 13개 데이터를 제외하고 분석하여 결과치를 비교하였으나 별다른 차이가 없으므로 본 연구에서는 포함하여 분석하였다.

4) 오차항에 대한 가정 검증

SPSS에서 정규확률 그림은 오차가 정규성을 따르는지를 살펴보기 위

---

10 케이스별 진단과 오차항에 대한 가정 검증은 모든 분석에 동일하게 적용되므로 다음 항목의 분석부터는 생략한다.
11 "표준화 잔차 절대값" 2는 보통 이상점의 유무를 결정하는 값으로 2보다 작으면 이상점이 없는 것이다.

한 그림이다. 본 연구에서의 분석에서 보여주는 점들은 직선상에 가깝게 위치하고 있으므로 정규분포의 가정이 옳다고 할 수 있다.(그림 생략) 또한, 잔차의 산점도를 살펴볼 때, X축을 중심으로 직선 형태를 띠고 있으므로 주어진 모형이 오차항의 가정을 잘 만족하고 있다는 것을 말해준다.(그림 생략)

5) 단계별 회귀분석

동일한 자료로서 단계별 회귀방법에 의한 출력결과는 다음의 〈표 Ⅲ-50: 관심-5〉와 같다. 변수 선택 결과에서 처음에는 당위성이, 다음으로는 설교가 그 다음으로는 선교지식이 모형에 선택되었음을 알 수 있다. 아래의 표〈표 Ⅲ-51: 관심-6〉에서 모형 1은 수정된 결정계수가 0.098로 모형의 적합도를 보여주며 당위성이 독립변수로 종속변수에 유의미한 영향을 준다는 것을 보여준다. 모형2는 수정결정계수가 0.128로서 당위성과 설교가 독립변수에 포함됨을 보여준다. 모형3은 수정결정계수가 0.141로 당위성, 설교, 선교지식이 독립변수에 포함됨을 보여준다. 〈표 Ⅲ-52:관심-7〉에서는 세 모형이 모두 유의수준 0.01에서 F값 28.180와 19.475와 14.691로 유의하다는 것을 보여준다.

〈표 Ⅲ-50〉 관심-5: 단계적으로 진입된 독립변수

모형	진입된 변수	제거된 변수	방법
1	당위성	.	단계선택(기준: 입력할F의 확률〈= .050, 제거할F의확률〉= .100).
2	설교	.	단계선택(기준: 입력할F의 확률〈= .050, 제거할F의확률〉= .100).
3	선교지식	.	단계선택(기준: 입력할F의 확률〈= .050, 제거할F의확률〉= .100).

종속변수: 관심

〈표 Ⅲ-51〉 관심-6: 모형요약

모형	R	R 제곱	수정된R 제곱	추정값의 표준오차
1	0.318a	0.101	0.098	0.722
2	0.368b	0.135	0.128	0.709
3	0.388c	0.151	0.141	0.704

'관심'을 종속변수로 한 모형1의 예측값: (상수), 당위성
'관심'을 종속변수로 한 모형2의 예측값: (상수), 당위성, 설교
'관심'을 종속변수로 한 모형3의 예측값: (상수), 당위성, 설교, 선교지식

〈표 Ⅲ-52〉 관심-7: 분산분석

모형		제곱합	자유도	평균제곱	F	유의확률
1	회귀모형	14.679	1	14.679	28.180	0.000b
	잔차	130.222	250	0.521		
	합계	144.901	251			
2	회귀모형	19.600	2	9.800	19.475	0.000c
	잔차	125.301	249	0.503		
	합계	144.901	251			
3	회귀모형	21.865	3	7.288	14.691	0.000d
	잔차	123.036	248	0.496		
	합계	144.901	251			

'관심'을 종속변수로 한 모형1의 예측값: (상수), 당위성
'관심'을 종속변수로 한 모형2의 예측값: (상수), 당위성, 설교
'관심'을 종속변수로 한 모형3의 예측값: (상수), 당위성, 설교, 선교지식

<표 III-53> 관심-8: 계수

모형		비표준화 계수		표준화 계수	t	유의 확률	B에 대한95.0% 신뢰구간		상관계수		
		B	표준오차	베타			하한값	상한값	0차	편상관	부분상관
1	(상수)	1.442	.130		11.051	.000	1.185	1.699			
	당위성	.502	.095	.318	5.309	.000	.316	.688	.318	.318	.318
2	(상수)	1.197	.150		7.966	.000	.901	1.493			
	당위성	.448	.095	.284	4.738	.000	.262	.634	.318	.288	.279
	설교	.104	.033	.187	3.127	.002	.039	.170	.239	.194	.184
3	(상수)	1.059	.163		6.508	.000	.738	1.379			
	당위성	.442	.094	.280	4.708	.000	.257	.627	.318	.286	.275
	설교	.091	.034	.164	2.718	.007	.025	.157	.239	.170	.159
	선교지식	.063	.030	.127	2.137	.034	.005	.122	.175	.134	.125

종속변수: 관심

6) 선교의식: '관심'에 미치는 변수에 대한 결과의 해석

개인 모형에서 선교에 관한 관심을 종속변수로 하고 이에 영향을 미치는 변수들을 독립변수로 한 회귀모형은 매우 적합한 것으로 보인다. 심층적인 분석을 위해 단계별 회귀분석을 시도한 결과는 다음과 같다.

첫째, 선교에 관한 관심에 가장 큰 영향을 주는 것은 선교에 관한 당위성이다. 둘째, 선교에 관한 관심에 두 번째로 큰 영향을 주는 것은 교회에서 선교에 관하여 설교나 교육을 하는 것이다. 셋째, 선교에 관한 관심에 세 번째로 영향을 주는 것은 선교에 관한 지식이다.

이것을 통해 알 수 있는 것은 선교에 관한 관심이나 부담에 관련된 변수에 영향을 주는 것은 선교 당위성과 설교나 교육 그리고 선교에 관한 지식 등이라는 것이다. 이러한 결과로 보았을 때 중국교회에서 선교에 관한 가장 기본적인 인식단계인 관심을 촉구하기 위해서는 선교에 관한 성경적 근거를 지속적으로 설교하거나 강의해야 함을 알 수 있다. 이를 통해 선교의 당위성을 제고하고 선교에 관한 지식을 높이는 것이 필요하다는 것을 의미한다고 볼 수 있다.

c. 원저우지역 도시가정교회 지도자들의 선교의식: '헌신'에 미치는 변수

1) 회귀모형과 분산분석표

본 연구에서의 회귀분석 모형은 응답자들의 선교의식을 종속변수로 하고 나머지 선교역량들을 독립변수로 하였을 때, 여러 가지 독립변수들이 종속변수에 어느 정도 영향을 미치는가 하는 것이다. 원저우지역 도시가정교회 지도자들의 선교에 관한 헌신을 종속변수로 한 회귀모형과 분석표의 결과는 다음과 같다. 아래의 〈표 Ⅲ-55〉는 회귀모형에 대한 결정계수가 0.215이고 수정된 결정계수는 0.188로써 회귀모형이 매우 적합하다는 것을 보여준다. 즉 회귀직선이 유의하지 않다는 귀무가설에 대한 F 검정통계량이 8.227이고, 이에 대한 유의확률 값이 0.000으로 귀무가설을 기각하게 된다. 이것은 회귀식이 매우 유의하다는 것을 의미한다. 〈표 Ⅲ-56: 헌신-3〉

<표 III-54> 헌신-1: 단계적으로 진입된 독립변수

모형	독립변수	종속변수	방법
1	선교지식, 해외경험, 당위성, 선교경험, 기도, 헌금, 나의참여, 설교	헌신	일반 회귀분석

<표 III-55> 헌신-2: 모형요약

모형	R	R 제곱	수정된R 제곱	추정값의 표준오차
1	.463a	.215	.188	.956

<표 III-56> 헌신-3: 분산분석

모형		제곱합	자유도	평균제곱	F	유의확률
1	회귀모형	60.138	8	7.517	8.227	0.000b
	잔차	220.218	241	0.914		
	합계	280.356	249			

2) 회귀계수

회귀모형식의 계수는 다음의 표에서 비표준화계수를 이용한다.

〈표 III-57〉 헌신-4: 계수

모형		비표준화계수		표준화계수	t	유의확률	B에 대한 95.0% 신뢰구간		상관계수		
		B	표준오차	베타			하한값	상한값	0차	편상관	부분상관
1	(상수)	.882	.357		2.475	.014	.180	1.585			
	당위성	.366	.130	.167	2.823	.005	.111	.621	.249	.179	.161
	해외경험	-.122	.124	-.058	-.983	.327	-.367	.123	-.001	-.063	-.056
	선교경험	-.078	.133	-.036	-.583	.560	-.340	.184	.068	-.038	-.033
	기도	.169	.093	.110	1.821	.070	-.014	.351	.234	.117	.104
	헌금	.216	.057	.248	3.804	.000	.104	.328	.361	.238	.217
	설교	.119	.052	.153	2.286	.023	.016	.221	.313	.146	.130
	나의참여	.021	.069	.020	.307	.759	-.115	.158	.196	.020	.017
	선교지식	.038	.042	.055	.917	.360	-.044	.120	.154	.059	.052

위의 표에서 비표준화계수를 이용한 회귀모형식은 다음과 같이 표현된다. 선교 사역에 대한 헌신은 0.882, 당위성+0.366, 해외경험 - 0.122, 선교경험-0.078, 기도+0.169, 헌금+0.216, 설교+0.119, 나의 참여 +0.021, 선교지식+0.038이다. 회귀계수에 대한 유의확률을 살펴볼 때, 유의수준 0.05이하인 것은 당위성, 헌금, 설교이며, 유의수준 0.05보다 큰 값이 존재한다는 것을 알 수 있다. 이것은 단계별 선택방법과 같은 변수 선택 방법을 이용하는 것이 모형적합에 바람직하다는 것을 나타낸다.

3) 단계별 회귀분석

동일한 자료로서 단계별 회귀방법에 의한 출력결과는 다음의 〈표 III-58: 헌금-5〉과 같다. 변수 선택 결과에서 처음에는 헌금이, 다음으로는 당위성이, 그 다음으로는 설교와 기도가 단계적으로 채택되었음을 보여준다.

아래의 〈표 III-59: 헌금-6〉에서 모형1은 수정된 결정계수가 0.126으로 모형의 적합도를 보여주며, 헌금이 독립변수로 종속변수에 유의미한 영향을 준다는 것을 보여준다. 모형2는 수정결정계수가 0.162로서 헌금과 당위성이 독립변수에 포함됨을 보여준다. 모형3은 수정결정계수가 0.182로서 헌금과, 당위성, 설교가 독립변수에 포함됨을 보여준다. 모형4는 수정결정계수가 0.193으로서 헌금과, 당위성, 설교 그리고 기도가 독립변수에 포함됨을 보여준다. 네 모형은 모두 유의수준 0.01에서 F값 37.049, 25.108, 19.419 그리고 15.918로 유의하다.

〈표 III-58〉 헌금-1 : 단계적으로 진입된 독립변수

모형	진입된 변수	제거된 변수	방법
1	헌금	.	단계선택 (기준: 입력할 F의 확률〈= 0.050, 제거할 F의 확률〉= 0.100).
2	당위성	.	단계선택 (기준: 입력할 F의 확률〈= 0.050, 제거할 F의 확률〉= 0.100).
3	설교	.	단계선택 (기준: 입력할 F의 확률〈= 0.050, 제거할 F의 확률〉= 0.100).
4	기도	.	단계선택 (기준: 입력할 F의 확률〈= 0.050, 제거할 F의 확률〉= 0.100).

〈표 Ⅲ-59〉 헌금-2: 모형요약

모형	R	R 제곱	수정된R 제곱	추정값의 표준오차
1	0.361a	0.130	0.126	0.992
2	0.411b	0.169	0.162	0.971
3	0.438c	0.191	0.182	0.960
4	0.454d	0.206	0.193	0.953

모형1: '헌신'을 종속변수로 한 예측값: (상수), 헌금
모형2: '헌신'을 종속변수로 한 예측값: (상수), 헌금, 당위성
모형2: '헌신'을 종속변수로 한 예측값: (상수), 헌금, 당위성, 설교
모형4: '헌신'을 종속변수로 한 예측값: (상수), 헌금, 당위성, 설교, 기도

〈표 Ⅲ-60〉 헌금-3: 분산분석

모형		제곱합	자유도	평균제곱	F	유의확률
1	회귀모형	36.439	1	36.439	37.049	0.000b
	잔차	243.917	248	0.984		
	합계	280.356	249			
2	회귀모형	47.368	2	23.684	25.108	0.000c
	잔차	232.988	247	0.943		
	합계	280.356	249			
3	회귀모형	53.681	3	17.894	19.419	0.000d
	잔차	226.675	246	0.921		
	합계	280.356	249			
4	회귀모형	57.832	4	14.458	15.918	0.000e
	잔차	222.524	245	0.908		
	합계	280.356	249			

4) 선교의식: '헌신'에 미치는 변수에 대한 결과의 분석

개인 모형에서 세계선교에 관한 헌신을 종속변수로 하고 이에 영향을 미치는 변수들을 독립변수로 한 희귀모형은 매우 적합하다. 심층적인 분석을 위해 단계별 희귀분석을 시도한 결과는 다음과 같다.

<표 III-61> 헌금-4: 계수

모형		비표준화계수		표준화계수	t	유의확률	B에대한 95.0% 신뢰구간		상관계수		
		B	표준오차	베타			하한값	상한값	0차	편상관	부분상관
1	(상수)	1.595	.158		10.110	.000	1.284	1.906			
	헌금	.315	.052	.361	6.087	.000	.213	.416	.361	.361	.361
2	(상수)	1.099	.212		5.177	.000	.681	1.517			
	헌금	.289	.051	.331	5.638	.000	.188	.390	.361	.338	.327
	당위성	.439	.129	.200	3.404	.001	.185	.692	.249	.212	.197
3	(상수)	.931	.219		4.244	.000	.499	1.363			
	헌금	.228	.056	.262	4.104	.000	.119	.338	.361	.253	.235
	당위성	.395	.128	.180	3.076	.002	.142	.648	.249	.192	.176
	설교	.130	.050	.168	2.617	.009	.032	.227	.313	.165	.150
4	(상수)	.656	.253		2.591	.010	.157	1.154			
	헌금	.217	.055	.248	3.904	.000	.107	.326	.361	.242	.222
	당위성	.357	.129	.162	2.770	.006	.103	.610	.249	.174	.158
	설교	.116	.050	.150	2.332	.021	.018	.214	.313	.147	.133
	기도	.194	.091	.127	2.138	.034	.015	.372	.234	.135	.122

첫째, 선교에 관한 헌신에 가장 큰 영향을 주는 것은 선교를 위한 헌금이다. 둘째, 선교에 관한 헌신에 두 번째로 큰 영향을 주는 것은 선교

에 대한 당위성 이다. 셋째, 선교에 관한 헌신에 세 번째로 영향을 주는 것은 선교에 관한 설교이다. 넷째, 선교에 관한 헌신에 네 번째로 영향을 주는 것은 선교를 위한 기도이다.

이것을 통해 알 수 있는 것은 선교에 관한 헌신에 관련된 변수에 영향을 주는 것은 선교를 위한 헌금과 당위성과 선교에 관한 설교 그리고 선교를 위한 기도라는 것이다. 이것은 중국교회 안에서 세계선교의 활성화를 위하여 헌금에 대해 교육하고 실제로 헌금하는 일들은 선교적 관심에서 선교적 헌신으로 나아가는 데 매우 중요한 것임을 알 수 있다. 즉 선교에 관한 관심단계에서 선교의 당위성이 강조되었다면, 한걸음 나아간 헌신 부분에서는 구체적인 세계선교 참여의 행동으로 헌금이 강조되어야 할 것으로 보인다.

d. 원저우지역교회의 선교의식: '선교사'에 미치는 변수

1) 회귀모형과 분산분석표

본 연구에서의 회귀분석 모형은 응답자들의 선교사에 대한 부르심을 종속변수로 하고 나머지 변수들을 독립변수로 하였을 때, 여러 가지 독립변수들이 종속변수에 어느 정도 영향을 미치는가 하는 것이다. 회귀분석에 의한 회귀모형과 분석표의 결과는 다음과 같다.

아래의 표는 회귀모형에 대한 결정계수가 0.118이고 수정된 결정계수는 0.089로서 회귀모형이 매우 적합하다는 것을 보여준다. 즉 회귀직선이 유의하지 않다는 귀무가설에 대한 F 검정통계량이 4.051이고, 이에 대한 유의확률 값이 0.000으로 귀무가설을 기각하게 된다. 이것은 회귀식이 매우 유의하다는 것을 의미한다.

〈표 III-62〉 선교사 1: 독립변수에 진입되는 변수

모형	독립변수	종속변수	방법
1	선교지식, 해외경험, 당위성, 선교경험, 기도, 헌금, 나의참여, 설교b	선교사.	일반회귀분석

〈표 III-63〉 선교사 2: 요약

모형	R	R 제곱	수정된R 제곱	추정값의 표준오차
1	0.343a	0.118	0.089	0.689

〈표 III-64〉 선교사 3: 분산분석

모형		제곱합	자유도	평균제곱	F	유의확률
1	회귀모형	15.381	8	1.923	4.051	0.000b
	잔차	115.333	243	0.475		
	합계	130.714	251			

2) 회귀계수

회귀모형식의 계수는 다음의 표에서 비표준화계수를 이용한다.

〈표 III-65〉 선교사 4: 계수

모형		비표준화 계수		표준화 계수	t	유의 확률	B에 대한 95.0% 신뢰구간		상관계수		
		B	표준오차	베타			하한값	상한값	0차	편상관	부분상관
1	(상수)	.987	.257		3.842	.000	.481	1.493			
	당위성	.150	.093	.100	1.602	.110	-.034	.333	.165	.102	.097
	해외경험	-.119	.090	-.083	-1.333	.184	-.296	.057	-.061	-.085	-.080
	선교경험	-.019	.095	-.013	-.197	.844	-.207	.169	.032	-.013	-.012
	기도	.218	.067	.209	3.266	.001	.086	.349	.275	.205	.197
	헌금	.048	.041	.080	1.168	.244	-.033	.128	.175	.075	.070
	설교	.030	.037	.057	.808	.420	-.043	.104	.168	.052	.049
	나의참여	.056	.050	.078	1.136	.257	-.041	.154	.179	.073	.068
	선교지식	.007	.030	.016	.248	.804	-.052	.066	.099	.016	.015

위의 표에서 비표준화계수를 이용한 회귀모형식은 다음과 같이 표현된다. 선교사로 부르심에 대한 응답은 0.987+, 당위성-0.150, 해외경험-0.119, 선교경험-.019, 기도+0.218, 헌금+0.048, 설교+0.030, 나의 참여+0.056, 선교지식+0.007이다. 회귀계수에 대한 유의확률을 살펴볼 때, 유의수준 0.05이하는 기도이며, 이것은 기도가 종속변수와 유의미한 관계를 가진다는 것을 보여준다. 또 유의수준 0.05보다 큰 값이 존재한다는 것은 단계별 선택방법과 같은 변수선택 방법을 이용하는 것이 모형 적합에 바람직하다는 것을 나타낸다.

3) 단계별 회귀분석

동일한 자료로서 단계별 회귀방법에 의한 출력결과는 다음의 〈표 III-66: 선교사5〉와 같다. 변수 선택 결과에서 처음에는 간증경험이, 다음으로는 선교행사이다.

참여가 모형에 선택되었음을 알 수 있다. 아래의 〈표 III-67: 선교사-6〉에서 모형 1은 수정된 결정계수가 0.072로 모형의 적합도를 보여주며 기도가 독립변수로 종속변수에 유의미한 영향을 준다는 것을 보여준다. 모형2는 수정결정계수가 0.084로서 헌금이 독립변수에 포함됨을 보여준다. 두 모형은 모두 유의수준 0.01에서 F값 20.494와 12.531로 유의하다〈표 III-68: 선교사-7〉.

〈표 III-66〉 선교사 5: 독립변수에 진입되는 변수

모형	진입된 변수	제거된 변수	방법
1	기도	.	단계선택 (기준: 입력할F의확률〈= .050, 제거할F의확률〉= .100).
2	헌금	.	단계선택 (기준: 입력할F의확률〈= .050, 제거할F의확률〉= .100).

종속변수: 선교사

〈표 III-67〉 선교사 6: 모형요약

모형	R	R 제곱	수정된 R 제곱	추정값의 표준오차
1	0.275a	0.076	0.072	0.695
2	0.302b	0.091	0.084	0.691

모형1: 종속변수 '선교사'에 대한 예측값: (상수), 기도
모형2: 종속변수 '선교사'에 대한 예측값: (상수), 기도, 헌금

〈표 III-68〉 선교사 7: 분산분석

모형		제곱합	자유도	평균제곱	F	유의확률
1	회귀모형	9.904	1	9.904	20.494	0.000b
	잔차	120.811	250	0.483		
	합계	130.714	251			
2	회귀모형	11.954	2	5.977	12.531	0.000c
	잔차	118.761	249	0.477		
	합계	130.714	251			

<표 III-69> 선교사 8: 계수a

모형		비표준화 계수		표준화 계수	t	유의 확률	B에 대한 95.0% 신뢰구간		상관계수		
		B	표준 오차	베타			하한값	상한값	0차	편상관	부분 상관
1	(상수)	1.144	.138		8.265	.000	.871	1.416			
	기도	.287	.063	.275	4.527	.000	.162	.413	.275	.275	.275
2	(상수)	.984	.158		6.236	.000	.673	1.294			
	기도	.262	.064	.251	4.086	.000	.136	.389	.275	.251	.247
	헌금	.076	.037	.128	2.073	.039	.004	.148	.175	.130	.125

4) 선교의식: '선교사'에 미치는 변수에 대한 결과 분석

개인모형에서 선교사를 종속변수로 하고 이에 영향을 미치는 변수를 독립변수로 한 회귀모형은 매우 적합한 것으로 보인다. 심층적인 분석을 위해 단계별 회귀분석을 시도한 결과는 다음과 같다.

첫째, 선교사로의 부르심에 가장 큰 영향을 주는 것은 선교를 위한 기도이다. 둘째, 선교사로의 부르심에 두 번째로 큰 영향을 주는 것은 선교를 위한 헌금이다. 이것을 통해 알 수 있는 것은 선교에 관한 선교사로의 부르심에 관련된 변수에 영향을 주는 것은 선교를 위한 기도와 헌금이라는 것이다. 즉 중국교회에서 선교를 위한 기도와 헌금이라는 요소가 선교적 부르심에 기여하고 있음을 시사한다.

e. 원저우지역 도시가정교회 지도자들의 선교의식: '순종'에 미치는 변수

1) 회귀모형과 분산분석표

회귀분석 모형은 응답자들의 선교사로서의 순종을 종속변수로 하고 나머지 변수들을 독립변수로 하였을 때, 여러 가지 독립변수들이 종속변수에 어느 정도 영향을 미치는가 하는 것이다. 회귀분석에 의한 회귀모형과 분석표의 결과는 다음과 같다.

아래의 〈표 III-71: 순종-2〉는 회귀모형에 대한 결정계수가 0.125이고, 수정된 결정계수는 0.095로써 회귀모형이 매우 적합하다는 것을 보여준다.

〈표 III-72: 순종-3〉은 회귀직선이 유의하지 않다는 귀무가설에 대한 F 검정통계량이 4.166 이고, 이에 대한 유의확률 값이 0.000으로 귀무가설을 기각하게 된다. 이것은 회귀식이 매우 유의하다는 것을 의미한다.

〈표 III-70〉 순종-1: 독립변수에 진입되는 변수

모형	독립변수	종속변수	방법
1	선교지식, 당위성, 해외경험, 선교경험, 기도, 헌금, 나의참여, 설교b	순종	일반 회귀분석

〈표 III-71〉 순종-2: 모형요약

모형	R	R 제곱	수정된R 제곱	추정값의표준오차
1	0.354a	0.125	0.095	0.799

2) 회귀계수

회귀모형식의 계수는 다음의 표에서 비표준화계수를 이용한다.

〈표 III-72〉 순종-3: 계수

모형		비표준화 계수		표준화 계수	t	유의 확률	B에 대한 95.0% 신뢰구간		상관계수		
		B	표준오차	베타			하한값	상한값	0차	편상관	부분상관
1	(상수)	.768	.308		2.492	.013	.161	1.375			
	당위성	.305	.115	.166	2.660	.008	.079	.532	.198	.172	.163
	해외경험	.138	.105	.083	1.306	.193	-.070	.346	.080	.085	.080
	선교경험	-.227	.112	-.132	-2.028	.044	-.448	-.006	-.080	-.132	-.124
	기도	.246	.080	.200	3.083	.002	.089	.404	.253	.198	.189
	헌금	-.016	.050	-.023	-.321	.749	-.115	.083	.072	-.021	-.020
	설교	.043	.045	.069	.960	.338	-.045	.131	.142	.063	.059
	나의참여	.030	.062	.033	.480	.632	-.092	.151	.106	.031	.029
	선교지식	.049	.036	.088	1.371	.172	-.021	.119	.144	.089	.084

위의 표에서 비표준화계수를 이용한 회귀모형식은 다음과 같이 표현된다. 선교사 순종은 0.768, +0.305 당위성, +0.138 해외경험, -0.227 선교경험, +0.246 기도, -0.016 헌금, +0.043 설교, +0.030 나의 참여, +0.049 선교지식이다. 회귀계수에 대한 유의확률을 살펴볼 때, 유의수준 0.05이하인 것은 당위성, 선교경험, 기도이며, 또 유의수준 0.05보다 큰 값이 존재한다는 것은 단계별 선택방법과 같은 변수 선택방법을 이용하는 것이 모형 적합에 바람직하다는 것을 나타낸다.

3) 단계별 회귀분석

동일한 자료로서 단계별 회귀방법에 의한 출력결과는 다음과 같다.

〈표 Ⅲ-73: 순종 4〉에서는 변수 선택 결과에서 처음에는 기도가, 다음으로는 당위성이 모형에 선택되었음을 알 수 있다.

아래의 〈표 Ⅲ-74: 순종 5〉에서 모형 1은 수정된 결정계수가 0.060로 모형의 적합도를 보여주며, 기도가 독립변수로 종속변수에 유의미한 영향을 준다는 것을 보여준다. 모형2는 수정결정계수가 0.085로서 선교에 관한 당위성이 독립변수에 포함됨을 보여준다. 두 모형은 모두 유의수준 0.01에서 F값 16.407과 12.144로 유의하다.

〈표 Ⅲ-73:〉 순종-4: 단계적으로 진입되는 독립변수

모형	진입된 변수	제거된 변수	방법
1	기도	.	단계선택 (기준: 입력할F의확률〈= .050, 제거할F의확률)= .100).
2	당위성	.	단계선택 (기준: 입력할F의확률〈= .050, 제거할F의확률)= .100).

종속변수: 선교사로순종

〈표 Ⅲ-74〉 순종-5: 모형요약

모형	R	R 제곱	수정된R 제곱	추정값의 표준오차
1	0.253a	0.064	0.060	0.814
2	0.304b	0.092	0.085	0.804

〈표 III-75〉 순종-6: 분산분석

모형		제곱합	자유도	평균제곱	F	유의확률
1	회귀모형	10.882	1	10.882	16.407	0.000b
	잔차	159.172	240	0.663		
	합계	170.054	241			
2	회귀모형	15.688	2	7.844	12.144	0.000c
	잔차	154.366	239	0.646		
	합계	170.054	241			

모형1: 종속변수 '선교사로 순종'에 대한 예측값: (상수), 기도
모형2: 종속변수 '선교사로 순종'에 대한 예측값: (상수), 기도, 당위성

〈표 III-76〉 순종-7: 계수

모형		비표준화 계수		표준화 계수	t	유의확률	B에 대한 95.0% 신뢰구간		상관계수		
		B	표준오차	베타			하한값	상한값	0차	편상관	부분상관
1	(상수)	1.185	.168		7.059	.000	.854	1.515			
	기도	.312	.077	.253	4.051	.000	.160	.464	.253	.253	.253
2	(상수)	.841	.208		4.042	.000	.431	1.251			
	기도	.286	.077	.232	3.735	.000	.135	.437	.253	.235	.230
	당위성	.311	.114	.169	2.728	.007	.086	.536	.198	.174	.168

4) 선교의식: '순종'에 미치는 변수에 대한 결과의 분석

개인모형에서 세계선교에 관한 순종을 종속변수로 하고 이에 영향을 미치는 변수를 독립변수로 한 회귀모형은 매우 적합한 것으로 보인다. 심층적인 분석을 위해 단계별 회귀분석을 시도한 결과는 다음과 같은 것이다.

첫째, 선교에 관한 순종에 가장 큰 영향을 주는 것은 선교를 위한 기도이다.

둘째, 선교에 관한 순종에 두 번째로 큰 영향을 주는 것은 선교에 관한 당위성이다.

이것을 통해 알 수 있는 것은 선교에 관한 선교사로의 부르심에 관련된 변수에 영향을 주는 것은 선교를 위한 기도와 당위성이라는 것이다. 이것은 원저우 도시가정교회 지도자들의 선교적 순종에 영향을 주는 것들이, 중국교회 안에서 세계선교의 활성화를 위하여 세계선교를 위한 기도 운동으로 일어나야 함을 말해주고 있다. 또한, 교회나 신학교에서 선교에 관심을 갖도록 하는 사역으로서 세계선교를 위한 기도회와 선교에 관한 교육을 강화할 필요가 있다.

f. 원저우지역 교회의 '선교사 파송계획'에 영향을 주는 변수

1) 회귀모형과 분산분석표

교회 모형으로서의 본 회귀분석 모형은 원저우 도시가정교회지도자들의 선교사 파송계획을 종속변수로 하고 교회 참여와, 세계선교를 위한 기도회, 교회에서의 선교훈련이나 특강 등을 독립변수로 한 것이다. 이러한 여러 가지 독립변수들이 종속변수에 어느 정도 영향을 미치는가에 대한 회귀모형과 분석표의 결과는 다음과 같다.

아래의 〈표 III-78: 파송-2〉와 〈표 III-79: 파송-3〉은 회귀모형에 대

한 결정계수가 0.247이고 수정된 결정계수는 0.238로 회귀모형이 매우 적합하다는 것을 보여준다. 즉 회귀직선이 유의하지 않다는 귀무가설에 대한 F 검정통계량이 27.149이고, 이에 대한 유의확률 값이 0.000으로 귀무가설을 기각하게 된다. 이것은 회귀식이 매우 유의하다는 것을 의미한다.

〈표 III-77〉 파송-1 : 독립변수에 진입되는 변수

모형	독립변수	종속변수	방법
1	교회참여, 기도회, 특강b	교회의 파송계획	일반 회귀분석

〈표 III-78〉 파송-2 : 모형요약

모형	R	R 제곱	수정된R 제곱	추정값의 표준오차
1	0.497a	0.247	0.238	0.886

〈표 III-79〉 파송-3 : 분산분석

모형		제곱합	자유도	평균제곱	F	유의확률
1	회귀모형	63.983	3	21.328	27.149	0.000b
	잔차	194.823	248	0.786		
	합계	258.806	251			

2) 회귀계수

회귀모형식의 계수는 다음의 표에서 비표준화계수를 이용한다.

〈표 III-80〉 파송-4: 계수

모형		비표준화 계수		표준화 계수	t	유의 확률	B에 대한 95.0% 신뢰구간		상관계수		
		B	표준 오차	베타			하한값	상한값	0차	편상관	부분 상관
1	(상수)	1.559	.185		8.411	.000	1.194	1.924			
	기도회	.098	.074	.079	1.326	.186	-.047	.243	.252	.084	.073
	특강	.267	.050	.318	5.312	.000	.168	.366	.420	.320	.293
	교회참여	.252	.059	.253	4.299	.000	.136	.367	.370	.263	.237

위의 〈표 III-80: 파송-4〉에서 비표준화계수를 이용한 회귀모형식은 다음과 같이 표현된다. 선교사 파송 계획= 1.559, +0.098 기도회, +0.267 특강, +0.252 교회참여이다. 회귀계수에 대한 유의확률 0.05이하는 특강과 교회참여이며 유의확률 0.05 보다 큰 값이 있다는 것은 단계적 선택방법과 같은 변수 선택이 바람직하다는 것을 의미한다.

3) 단계별 회귀분석

일한 자료로서 단계별 회귀방법에 의한 출력결과는 다음과 같다. 변수 선택 결과에서 처음에는 특강, 다음으로는 교회참여가 모형에 선택되었음을 알 수 있다.

아래의 〈표 III-82: 파송-6〉와 〈표 III-83: 파송-7〉에서 모형 1은 수정된 결정계수가 0.173로 모형의 적합도를 보여주며 선교에 관한 강의나 훈련이 독립변수로 종속변수에 유의미한 영향을 준다는 것을 보여준다. 모형2는 수정결정계수가 0.236로서 교회의 선교 참여도가 독립변수에 포함됨을 보여준다. 두 모형은 모두 유의수준 0.01에서 F값 53.493과 39.723으로 유의하다.

〈표 III-81〉 파송-5: 단계적으로 진입되는 독립변수

모형	진입된 변수	제거된 변수	방법
1	특강	.	단계선택 (기준: 입력할 F의확률⟨= .050, 제거할 F의확률⟩= .100).
2	교회참여	.	단계선택 (기준: 입력할 F의확률⟨= .050, 제거할 F의확률⟩= .100).

종속변수: 파송계획

〈표 III-82〉 파송-6: 모형요약

모형	R	R 제곱	수정된R 제곱	추정값의 표준오차
1	0.420a	0.176	0.173	0.923
2	0.492b	0.242	0.236	0.888

〈표 III-83〉 파송-7: 분산분석

모형		제곱합	자유도	평균제곱	F	유의확률
1	회귀모형	45.617	1	45.617	53.493	0.000b
	잔차	213.189	250	0.853		
	합계	258.806	251			
2	회귀모형	62.601	2	31.301	39.723	0.000c
	잔차	196.204	249	0.788		
	합계	258.806	251			

모형1: 종속변수 '파송계획'에 대한 예측값: (상수), 특강
모형2: 종속변수 '파송계획'에 대한 예측값: (상수), 특강, 교회참여

〈표 III-84〉 파송-8: 계수

모형		비표준화 계수		표준화 계수	t	유의 확률	B에 대한 95.0% 신뢰구간		상관계수		
		B	표준 오차	베타			하한값	상한값	0차	편상관	부분 상관
1	(상수)	1.951	.158		12.321	.000	1.639	2.263			
	특강	.352	.048	.420	7.314	.000	.257	.447	.420	.420	.420
2	(상수)	1.676	.163		10.266	.000	1.355	1.998			
	특강	.285	.048	.339	5.870	.000	.189	.380	.420	.349	.324
	교회 참여	.267	.057	.268	4.643	.000	.154	.380	.370	.282	.256

종속변수: 파송계획

4) 선교의식: 교회의 '선교사 파송계획'에 미치는 변수에 대한 결과 분석

교회의 선교사 파송계획을 종속변수로 하고 이에 영향을 미치는 변수들을 독립변수로 한 회귀모형은 매우 적합한 것으로 보인다. 심층적인 분석을 위해 단계별 회귀분석을 시도한 결과는 다음과 같다.

첫째, 교회의 선교사 파송계획에 가장 큰 영향을 주는 것은 교회에서 선교를 위한 특강이나 선교훈련이다.

둘째, 교회의 선교사 파송계획에 두 번째로 큰 영향을 주는 것은 교회의 선교참여도 이다. 이것을 통해 알 수 있는 것은 교회의 선교사 파송계획에 영향을 주는 것은 선교를 위한 특강이나 선교훈련의 시행이며, 세계선교에 관한 참여도라는 것이다. 이것은 원저우 도시가정교회의 사례는 중국교회가 활발한 선교 특강과 훈련 혹은 적극적인 세계선교에의 참여를 통해 세계선교에 기여할 수 있음을 시사하고 있다고 분석할 수 있다.

제3장 요약

제3부는 원저우 도시가정교회 지도자들의 선교의식에 관한 실증분석으로 연구의 설계, 연구의 결과 및 해석 두 부분으로 나누어 살펴보았다. 본 연구의 목적은 중국의 도시가정교회 지도자들의 선교의식을 파악하고, 그것을 근거로 하여 중국교회의 선교 활성화 전략을 세우고자 하는 것이다. 이 연구를 위해서 지도자 개인에 해당하는 〈연구모형1〉과 교회에 해당하는 〈연구모형2〉로 나누어 설계하였다.

〈연구모형1〉에서 종속변수에 영향을 줄 것으로 기대되는 독립변수들은 '선교의 당위성', '해외여행 경험', '선교경험', '선교를 위한 기도', '세계선교를 위한 헌금', '세계선교에 관한 설교', 와 '선교참여' 그리고 '선교지식' 등으로 설계하였다.

〈연구 모형2〉에서는 종속변수를 '선교사 파송계획'으로 하였고, 종속변수에 영향을 주는 독립변수는 '세계선교를 위한 기도회', '세계선교에 관한 당위성', '교회의 선교참여' 등으로 설계하였다.

또한 〈연구모형 1〉, 〈연구모형 2〉 외에 '세계선교 활성화'에 영향을 주는 요인들에 대한 항목이 있다. 선교의 어려운 점, 세계선교의 장애, 세계선교의 강점과 약점 그리고 세계선교 활성화를 위해 '교회가 할 일'에 대한 지도자들의 의식을 파악하도록 하였다. 아울러서 선교지도자들의 기초 선교지식을 파악하는 항목도 포함하고 있다.

〈연구모형 1〉의 연구를 통하여 나타난 결과는 첫째, 종속변수 선교에 관한 '관심'에 영향을 주는 것은 선교에 관한 당위성, 선교에 관한 설교, 선교지식 순으로 나타났고, 둘째, 종속변수 선교에 관한 '헌신'에 영향을 주는 것은 선교를 위한 헌금, 선교에 대한 당위성, 선교에 관한 설교, 선교를 위한 기도 순으로 나타났다. 셋째, 종속변수 '선교사'에 영향을 주는 독립변수로는 기도, 헌금의 순으로 나타났고, 넷째, 종속변수인 '순종'에 영향을 주는 독립변수로는 선교를 위한 기도, 선교에 관한 당위성 순으로 나타났다.

이것을 통해 알 수 있는 것은 개인이 선교사로 순종하는 길은 관심과 헌신과 선교사의 과정이 필요하며, 선교의 당위성과, 기도, 헌금 등이 각 종속변수에 큰 영향을 주는 것으로 나타났다.

〈연구모형 2〉의 연구를 통해 나타난 것은 한편 종속변수 교회의 '선교사 파송계획'에 영향을 주는 것은 독립변수로서 교회에서 선교를 위한 특강이나 선교훈련, 교회의 선교참여도 순으로 나타났다.

이것을 통해 알 수 있는 것은 교회의 선교사 파송계획에 영향을 주는 것은 선교를 위한 특강이나 선교훈련의 시행이며, 세계선교에 관한 참여도이다. 원저우 도시가정교회의 사례는 중국교회가 활발한 선교 특강과 훈련 혹은 적극적인 세계선교에의 참여를 통해 세계선교에 기여할 수 있음을 시사해 주고 있다.

세계선교 활성화의 문제점에서 먼저, '선교의 어려운 점'은 성도들의 선교의식이 없음, 인력 부족 그리고 지도자의 무관심의 순으로 나타났다. 이는 교회 지도자들의 무관심이 성도들의 선교의식 없음과 무관하지 않다는 것을 알게 된다. 또한, 중국교회가 선교를 잘하지 못하고 있는 첫 번째 이유가 '선교에 대한 냉담'으로 나타난 것과도 관련이 있다.

선교에 있어서 중국교회가 가지고 있는 장점은 성도와 화교가 많고, 교회 부흥과 핍박 경험으로 나타나고 있다. 반대로 약점은 인재부족, 타문화 적응에 대한 두려움, 선교경험 미약 등으로 나타났다. 즉 중국교회가 성도와 화교가 많지만 선교에 필요한 인재는 부족하다는 것이 드러났다.

세계선교의 장애에 가장 큰 요인은 '정치적 요인'으로 나타났고, 중국교회가 세계선교를 하지 못하는 이유에도 '국가의 반대'가 나타나고 있어 선교가 자유롭지 못한 것을 발견하였다.

중국교회 특별히 도시가정교회는 세계선교에 필요한 많은 환경을 조성하고 있는 것으로 판단된다. 그러나 중국 도시가정교회 지도자들은 중국교회의 선교 활성화에 문제점들을 많이 노출시키고 있다.

중국교회가 세계선교를 하는 일에 있어서 인력 부족, 선교사 후보 부족 그리고 인재부족 등이 그 결과로 나온 것으로 보아, 중국교회가 세계선교에 헌신할 인적자원이 부족하다는 것이다. 또한, 성도들의 선교의식이 없고, 지도자가 무관심하고, 선교에 냉담 등의 결과로 알 수 있는 것은 중국교회가 전반적으로 선교에 관한 인식이 부족하다는 것이다. 중국교회는 정치적인 원인이나 국가의 반대 때문에 현실적으로 선교에 어려움이 있는 것을 알게 되었다.

제4부

분석결과의 적용을 통한 선교활성화 전략 연구

제4부
분석결과의 적용을 통한 선교활성화 전략 연구

제1장 실증분석 결과의 함축적 의미와 적용

본 연구는 현직 중국 원저우지역 교회 지도자 그룹의 사람들과 원저우(溫州) 지역에서 운영되고 있는 신학생들을 대상으로 조사한 것이다. 이들의 응답을 통해 나타난 중국 저장성 원저우교회의 지도자들과 교회의 선교의식과 선교의지는 양호하게 나타나 선교중국(Mission China)의 가능성을 보게 하였다.

1. 선교의식

a. 개인적 모형

신학생을 포함한 지도자들은 선교당위성에 대해 '매우 그렇다'와 '그렇다'에 98.8%가 응답했으며, 선교사로의 하나님의 부르심에 응답에 대한 당위성에 대해 '매우 그렇다'와 '그렇다'에 86.1%가 응답했다. 보다 구체적이고 개인적인 도전인 "하나님께서 당신을 선교사로 부르신다면 순종하시겠습니까?"라는 설문에서 '매우 그렇다'와 '그렇다'에 252명 중 204명 즉 84.3%가 응답하였다. 이렇듯 높은 적극적 응답률이 의미하는 것은 중국교회의 선교 가능성이 높다는 것을 의미한다. 중국교회가 적어도 중국교회 지도자들은 세계 신흥 선교운동에 진입하고 있는 것을 보여주는 것이다. 아울러서 개인적으로 선교사로 순종하는 일에 영향을 주는 여러 변수에 대한 응답이 매우 중요한 것인데, 이 조사에서는 당위성, 기도, 헌금, 설교나 강의, 현재의 참여도, 선교경험, 선교지식 등에 대한 응답에서도 대체로 높은 긍정적 태도를 보여주고 있어서 중국교회의 높은 선교 가능성을 뒷받침해주고 있다.

b. 교회적 모형

지도자들의 개인적인 적극적 태도와 아울러서 중요한 것은 결국은 선교의 모판이 되는 중국교회의 태도이다. 지도자들에게 현재 섬기고 있는 교회에서 '선교사 파송계획'이 있는지를 직접적으로 질문하였는데, '매우 그렇다'가 5.6%, '그렇다'가 28.6%로 34.2%만이 긍정적인 답변을 하고 있어 지도자들이 개인적인 선교의식과는 많은 차이가 있음을 알 수 있다. 선교사 파송계획에 영향을 주는 변수들로는 교회에서의 선교 특강이나 설교가 44.9%, 교회적으로 선교에 참여하고 있는지 여부에서 77.8%의 긍정적 답변을 하고 있다. 이것은 결국 중국교회가 계속하여 선교적 교회로의 전환을 시도하는 일에 필요한 과제가 선교사 파송에 대한 계획을 갖고 설교하고, 선교 기도회와 특강 등을 실행해야 하는 것을 보여주는 것이다.

2. 중국교회의 선교활성화를 위한 제언

본 조사에서 지도자들은 중국교회 선교사명에 대해 78.4%가 동의하였고, 66.3% 선교할 능력이 있다고 생각하고 있다. 그러나 '중국교회가 현재 세계선교를 잘하고 있는가?'에 대해서는 84.2%가 부정적인 응답을 하였다. 그렇다면 중국교회가 선교를 잘하지 못하고 있는 원인을 다양한 각도에서 살펴볼 필요가 있다. 이 조사에는 중국교회의 선교현황과 세계선교를 함에 있어서 중국교회의 역량, 강점이나 약점, 장애물 그리고 몇 가지 선교지식에 관하여 설문하여 그 원인을 도출하여 보았고, 결과는 아래의 〈표 IV-1〉과 같다.

a. 교회 내부적인 문제

이 결과에서 중복해서 언급되는 성도들의 선교의식이 없는 것과 지도자의 무관심(Q17), 선교에 대해 냉담(Q23-2)등은 중국교회의 선교가 활성화되지 못한 주요 원인으로 볼 수 있다. 또한, '선교의 강점' 항목에서 '사람(성도)이 많음'이 가장 강점으로 응답하였지만, 반대로 '선교의 약점' 항목에서 '인재부족'이 가장 약점으로 응답하였다. '세계선교의 어려운 점' 항목에서는 '인력부족', '세계선교 장애' 항목에서는 '선교사 후보 부족' 등으로 응답하고 있다. 이러한 일관된 응답들이 나오는 것은 중국교회는 '준비된 선교사 후보생'이 없다는 것을 드러낸 것이라고 분석할 수 있다.

동일 선상에서 Q28)항의 응답자들이 '교회가 세계선교를 위하여 마땅히 해야 할 사역' 1순위에서 선교교육, 3순위에서 선교훈련을 제시하고 있는 것으로 보아 지도자들은 중국교회 안에 인적 '선교인프라"가 구축되지 않았다고 판단하고 있음을 알 수 있다. 또한, '세계선교 약점'에서 '타문화 적응에 대한 두려움'이 2순위로 나타나고 있고, 비고란에 제시한 것과 같이 '개인적인 어려움'을 묻는 말에 1순위로 '현지 적응 두려움'이 제시된 것으로 보아 타문화 적응에 대한 두려움이 있는 것으로 나타났다.

〈표 IV-1〉 세계선교 활성화 문제점

설 문	1순위	2순위	3순위	비 고
선교의 어려운 점 (Q17)	성도들이 선교의식 없음	인력 부족	지도자의 무관심	개인: 1.현지적응능력 2.재정 3.가족반대
세계선교의 장애 (Q20)	정치적인 원인	선교 정보 빈약	선교사 후보 부족	
못하고 있는 이유 (Q23-2)	선교에 냉담	교회역량 부족	국가의 반대	
세계선교 강점 (Q24)	사람(성도)많음	화교(華僑)많음	교회부흥	(핍박 경험)
세계선교 약점 (Q25)	인재(人才) 부족	타문화적응에 대한 두려움	선교경험 거의 없음	
교회가 할 일 (Q 28)	선교교육	선교를 위한 기도	선교훈련	

b. 교회 외적인 문제

'세계선교의 장애'에서 1순위로 나타나는 '정치적 원인'과 중국교회 '선교가 잘되지 않는 이유', 3순위에서 '국가의 반대'가 제시되어 있어 중국교회의 세계선교는 정부의 정치적인 입장이 무시 될 수 없음을 볼 수 있다.

c. 선교지 개념에 대한 문제

중국은 56개 민족으로 이루어진 국가이며, 종족개념으로 접근하면

499개 종족을 가진 나라이다. 따라서 중국교회가 갖는 선교의 범위는 일반적으로 가지고 있는 해외라는 개념보다는 자국 내 소수민족 지역을 포함하며, 심지어 교회가 없는 일정 행정단위마다 전도인을 보내는 것도 선교에 포함하고 있다.[1] Q4)의 응답에서 보았듯이 '어느 지역이든 관계없이 복음을 전하면 된다.'라는 응답이 71.4%에 이르고 있고, '중국 외의 다른 나라'로 응답한 것은 6.7%에 불과하다. 교회와 신학교에서 선교교육을 통하여 정확한 선교개념 정립이 필요한 것으로 판단된다.

d. 선교활성화 전략을 위한 제안

이상의 결과들을 토대로 하여 연구하게 될 중국 원저우교회의 선교활성화를 위한 전략 수립을 위해 다음과 같은 것을 제안한다.

첫째, 세계선교에 대한 관심이 없이는 중국교회의 세계선교는 진행될 수 없다. 회귀분석을 통하여 얻은 결과는 선교의 당위성과 교회에서 세계선교를 주제로 설교하는 것이 깊은 관계가 있고, 종속변수인 '관심'에 영향을 주는 것으로 나타났다. 따라서 교회와 신학교에서는 전략적인 차원에서 선교의 성경적 근거를 설교하거나 교육하는 일을 통하여 선교의 당위성을 제고(提高)하는 일이 진행되어야 한다.

둘째, 순종으로 나아가는 두 번째 단계는 관심의 단계를 넘어 개인적으로 세계선교에 헌신하고자 하는 마음을 가지도록 해야 한다. 종속변수인 '헌신'에 가장 큰 영향을 주는 독립변수는 '헌금' 이다. '헌신'은 추상적인 것이 아니고 구체적이며, 자신을 드리는 것임을 방증하는 것이다. 따라서 전략적 차원에서 교회에서는 선교의 성경적 근거와 아울러 헌금

---

[1] WH 단체도 모두 이런 개념으로 선교사를 파송하였다.

의 성경적 원리를 잘 가르치고, 세계선교에 어떻게 사용되는지를 잘 가르치는 일이 진행되어야 할 것이다.

셋째, 순종으로 나아가는 세 번째 단계는 헌신에 대한 동의 이후에 하나님의 부르심에 대하여 응답하는 것에 대한 당위성을 인정하는 것이다. 종속변수인 '응답'에 가장 큰 영향을 미치는 독립변수로는 '기도'로 나타났다. 그 다음은 헌금이다. 결국, 선교사로의 부르심에 응답하는 일은 하나님의 뜻을 알고 순종하고자 하는 기도가 최우선이다. 이어서 자신의 신앙고백과 헌신의 표시로 드리는 헌금이 중요한 것이다. 따라서 신학교별로, 교회별로 기도에 대해서 교육할 뿐만 아니라 전체적으로 또 개인적으로 기도하도록 기도운동을 전개해야 할 것이다.

넷째, 관심과 헌신, 응답의 과정을 지나면서 하나님께서 개인적으로 선교사로 부르실 때에 기꺼이 순종하는 것은 당연한 일이고 영광스러운 일이지만 결코 쉽지 않은 일이다. 그러나 중국교회 지도자들은 이 질문에 84.3%가 응답하였다. 종속변수인 '선교사로 순종'에 '기도'가 가장 큰 영향을 미치는 독립변수이고, 이어서 나온 것은 선교 '당위성'이다. '응답'의 항목과 같이 결국 부르심에 순종하는 일에는 자신을 부르시는 하나님에게 기도하는 일이 가장 큰 일이다. 아울러서 이것을 뒷받침하는 것은 '당위성'인데 이것은 선교에 '관심'을 갖게 하는 동시에 선교사로 순종하는 일에도 큰 영향을 미치는 것을 보여준다.

다섯째, 이 항목은 결국 선교사로 헌신하고 순종한 선교사를 파송하는 교회에 관한 것이다. 교회는 선교사의 모판이다. 선교사들이 신앙을 갖게 되고, 신앙생활의 근거지이며 신앙이 성장하는 곳이다. 이러한 교회가 종속변수로서 선교사를 파송하는 일에 가장 큰 영향을 주는 독립변수는 교회에서의 선교를 주제로 하는 특강이나 선교훈련이다. 다음으로는 '교회의 선교참여'이다. 이것은 이미 이런 선교적 행보를 진행하고 있는 교회가 선교사 파송도 할 수 있다는 것을 알 수 있다. 지도자들이 선교에 무관심하거나 성도들이 선교에 냉담해서는 선교활성화는 일어나지 않는다. 따라서 교회는 일 년 목회계획이나 프로그램에 세계선교에 관한 것들이 포함되어야 하며, 다양한 방법과 경로를 통해 선교에 동참하는 일들을 지속적으로 해야 한다.

제2장 중국 도시가정교회 선교활성화 전략 연구

1. 중국 도시가정교회와 세계선교

a. 중국 도시가정교회의 세계선교의 도전

21세기의 중국교회는 많은 도전 앞에 직면해 있다. 사회 전반적으로 현대과학기술의 급속한 발달과 그로 인한 환경 변화의 도전, 곳곳에서 창궐하고 있는 이단 사이비 종교들의 도전, 도시화 현상으로 인해 나타나는 사회문제가 주는 도전, 포스트모던 시대가 주는 진리의 상대화에 대한 도전 등이 중국교회 앞에 놓여 있는 것이 현실이다.

그러나 가장 확실한 도전은 예수 그리스도께서 중국교회에 주신 '대사명'의 요구이다. 이것은 중국교회가 피할 수 없는 책임이며, 피해서도 안 되는 선교중국(Mission China)[2]의 도전 앞에 직면하고 있는 것이다. 중국 내에 존재하고 있는 미전도 종족으로서의 소수민족 선교에 관한 강한 도전이다. 499개[3]에 이르는 종족과 중국 국경 안에 남아 있는 미전도 종족에 대한 선교는 중국교회가 신속하게 감당해야 할 선교과업이다. 중국교회의 타문화권선교는 시대적 요청이다. 서구교회들의 몰락과 선교대국으로 부상했던 한국교회의 침체현상을 보면, 중국교회의 타문화권 선교 당위성은 더욱 강하게 부각된다. 200년이 넘는 기독교 역사를 가진

---

[2] 통상적으로 "중국선교(China Mission)"와 "선교중국(Mission China)"은 구분하여 사용한다. 중국선교는 중국이 피선교국가인 것을 의미하고, 선교중국은 중국교회가 선교하는 것을 의미한다. 한국에서는 2007년 "중국선교협의회"가 주축이 되어 "Mission China 2007"를 개최한 이래 매 격년마다 이 대회를 진행하고 있으며, 이 대회를 통하여 중국교회가 선교하는 교회로 전환하는 일을 기대하며 중국교회 지도자들과 동역하며 진행하고 있다. 이 대회는 지금까지 4차 대회를 진행하였고, 중국에서 많은 선교지도자들과 목회자들이 발제자로 참여하여 한국선교사들과 함께 선교중국 전략을 세워가고 있다.

[3] 폴 해터웨이, 『오퍼레이션 차이나』, 중국대학선교회 역(대구: 도서출판 CUM, 2007), 12.

중국교회는 복음의 빚진 자로서 사명을 감당할 때가 되었다.

긴 환란과 핍박을 견디어 온 중국교회에 예수 그리스도께서 큰 은혜와 축복을 주셔서 이전에 경험치 못했던 부흥을 통해 중국교회 가운데 8,000만 명 정도의 그리스도인을 세우셨다. 다양한 형태의 선교 인프라를 중국 대륙 안에 뿐만 아니라 세계 도처에 예비해 놓으셨다. 이런 상황에서 중국교회의 사명은 무엇인가? 그리스도의 재림을 바라는 중국교회들과 성도들에게 그리스도께서 이 시대에 주신 사명은 세계선교이다. 이와 관련하여 선교동원과 선교훈련, 선교기구 설립의 필요성에 도전받고, 세계선교가 시작되고 유지되고 역동적으로 확장되기 위하여 선교전략을 세워야 하는 도전 앞에 있다.[4]

b. 중국 도시가정교회의 선교의식

중국교회는 위에서 살펴본 것과 같이 성장과 부흥이 있다. 그러나 세계선교에 대한 의식 전환이 없고, 세계선교에 관한 부담 또한, 그리 크게 느끼지 않는다. 선교적 관점에서 볼 때, 이것은 중국교회가 해결해야 할 시급한 문제이다. 중국교회가 성경이 말하는 선교에 관한 분명한 인식과 하나님의 관점으로서의 세계 민족을 바라보는 관점이 형성되도록 돕는 일이 요구된다. 부활하신 그리스도 예수께서 명령하신 지상 대사명을 교회의 본질로 알고 준행하고자 하는 복음전파에 대한 열정이 일어나도록 중국교회와 지도자들과 성도들을 도전해야 한다.[5]

---

[4] 銘賢, "中國宣敎大趨勢", 『中國西部宣敎(下)』, 道恩編 著(橄欖山工作室, 2011), 1035-1037.
[5] 이 부분은 본 필자가 제 1차 권역별선교전략회의(RCOWE I) 125-139. 에서 발제한 내용을 포함하고 있음을 밝힌다.

중국교회의 세계선교에 관한 인식을 제3부 에서 설문조사 자료를 통하여 살펴본 것과 같이 결국 담임목사나 지도자들, 성도들이 가지고 있는 선교에 대한 의식이 결여되었다라는 것이 가장 큰 문제이다. 또한, 제 3국에서 중국인 선교사를 훈련시켜 파송하는 훈련기관으로, 중국인이 직접 운영하고 있는 중국인선교훈련(CMTC)에서는 중국교회 세계선교 현실을 다음과 같이 평가하고 있다.

> 대부분의 중국교회들은 아직 세계선교의 눈을 뜨지 못하고 있으며, 구호를 외치는 경우는 있지만 실제의 행동은 없는 경우가 대부분이다. 많은 청년들이 선교현장에 가지만 현지에 적응하지 못하고 1-2년 안에 귀국하고 있는 실정이다. 이들은 선교에 관한 사명감이나 품성을 확인하지 못한 상황에서 형편에 따라 마음대로 선교 현장에 파송하고, 신학 졸업 후에 타문화 선교훈련을 받지 않고 곧바로 선교현장에 파송하므로 문화충격을 피하지 못하고 실패를 경험하며, 조직적으로 파송하는 교회는 있지만 지속적인 후원이 부족하고, 파견한 후 관심을 갖거나 관리가 부족하여 중도귀국 하는 일들이 많이 있다.[6]

한 지역의 교회가 '선교하는 교회'로 전환하는 것은 어려운 일이다. 지역교회들이 선교를 위해 불타오르도록 하기 위해서는 선교에 관한 상세한 연구와 자신들의 잠재적 가능성을 바라보도록 동기를 부여하는 일이 있어야 하며, 기회가 되는 대로 선교사들의 간증을 듣거나 선교여행을 경험하는 일들을 통해 간접 경험을 하도록 해야 한다. 그러나 그 어떤 것보다 우선되는 것은 하나님의 뜻과 그 마음을 알고, 하나님의 관심이 머물러 있는 곳과 하나님이 관심 있어 하는 일에 관심을 갖게 하는 일이다.[7] 이 일은 기도함으로 시작된다. 기도를 통해 희어져 추수할 곡식을

---

[6] 'China Mission Training Center(CMTC)'의 훈련원 안내책자에 수록된 내용을 번역 정리 한 것이다.
[7] 랄프 윈터, 스티브 호돈, 한철호, 『퍼스팩티브스 1』, 정옥배 외 3인 공역(서울: 예수전도단,

보게 되고, 하나님의 추수 일에 헌신하게 된다. 결국은 중국교회가 성령으로 충만하게 되고, 담대하게 되어 복음을 가지고 땅 끝까지 가는 선교가 시작되는 것이다.

선교운동은 부흥운동의 직접적 결과이다. 중국교회는 지금 부흥의 시대를 지내고 있다. 중국교회가 선교사명을 알게 되어 기도하게 되고, 선교적 교회가 되어야 한다.[8] 한 지역의 교회가 선교적 교회가 되기 위해서는 시간이 필요하다. 끊임없는 도전도 필요하다. 그러나 성령께서 중국교회를 깨워서 사도행전의 안디옥교회처럼 사용하시어 마침내 세계선교를 감당케 하실 것이다.

2. 중국교회의 세계선교 원동력

a. 중국교회가 경험한 환란과 핍박

중국교회는 1949년 중국이 공산화가 되면서 큰 어려움을 만나게 된다. 공산당 정부가 종교를 강력하게 전면적인 통제를 가하면서 기독교를 포함한 모든 종교를 자치, 자전, 자양의 삼자원칙 하에 두었기 때문이다. 1954년 '기독교 삼자혁신 운동'이 '기독교삼자청년애국운동위원회'로 정식으로 발족되면서 이 제도에 순응하지 않는 교회와 지도자들과 성도들은 말할 수 없는 고난을 겪게 되었다. 뿐만 아니라 10년이나 지속된 '문화대혁명'으로 더욱 극심한 환란이 가중되었다.

2010), 51-60.
8 Howard Brant(SIM 선교사), 2009년 11월 3-5일 기간에 '한국세계선교협의회(KWMA) 모임에서 강의 한 *"Seven Essentials of Majority World Emerging Mission Movements"*를 참고하였다.

중국교회에 대한 핍박은 여전히 진행 중이다. 한 예로 원저우에서 1997년과 2014년 예배당 건물을 헐어버렸고, 600개가 넘는 교회의 십자가를 강제 철거하는 일이 자행되었다.[9] 중국의 교회, 특별히 가정교회는 60여년이 넘는 긴 고난을 견디어 온 교회이다. 고난은 교회를 정결케 하였고, 교회는 정결함과 복음진리 수호와 전파에 목숨을 거는 믿음이 바탕이 되어, 교회 성장의 원인이 되었던 것이다.

중국교회가 선교적 교회로 전환하는 일에, 오랜 핍박을 경험한 것은 중국교회에 강한 선교 운동의 에너지로 축적되어 있다고 할 수 있다. 그리스도를 위해 고난을 경험한 사람이나 교회는 임전무퇴의 십자가 군병 같은 선교사이고 선교적 교회이다.[10] 이슬람권과 불교권과 힌두권인 선교지에서 만나게 될, 아니 필연적으로 만날 수밖에 없는 환란을 경험한 것은 선교의 큰 지혜요, 능력이다.

b. 선교경험

1) 선교활동

역사적으로 중국교회의 선교경험은 몇 차례 있었던 것을 알 수 있다. 그 중의 하나는 1840년에 20명의 선교사들을 홍콩과 마카오에 파견하여 40일 동안 선교한 바가 있으며, 1910년 이후 말라카 해협과 동남아 지역의 화교지역에 선교사를 파송하여 선교하고 교회를 세운 적이 있었다. 1918년 본토선교회의에서 '중화교회포교단(中華敎會布道團)'을 조직하고 내륙의 편벽한 지방과 변방 국경 지역에 사는 소수민족에게 접근하기 위한 연합사역이 있었다. 1920년대 후반과 1930년대는 중국 선교사들이

---

9 "中 '동방의 예루살렘' 말살 야욕, 저장성 교회 64곳 철거 또는 철거 위협받아" 국민일보, 2014년 05월 25일자, 후에 중국정부의 이런 행동은 계속되어 600여개의 십자가를 철거하였다.
10 Howard Brant의 "다수세계 지역에서 일어나고 있는 신흥선교 운동을 위한 7가지 핵심사항"

동남아시아로 파송되었다.[11]

예수가족(Jesus Family)은 1921년도에 시작 되어 복음의 서진운동 그리고 새로운 "The Northwest Spiritual"운동을 펼쳤고, 리더인 시몬자오(Simon Zao)를 통해 보다 개혁된 복음의 서진운동을 전개한 바 있다.[12] 1929-1934년에는 기독교인의 두 배의 성장을 목적으로 '5년 전국포교운동(五年全國布道運動)'을 전개하였고, 1946~1949년 전국적으로 전도를 목적으로 '3년 전국운동'을 전개한 경험이 있다.[13]

2) '백투예루살렘운동'

중국교회는 1940년대의 '편전복음단(遍傳福音團)'의 선교 경험이 있다.[14] 이 단체는 '복음의 예루살렘 회귀운동(福音回歸耶路撒冷)'인 '백투예루살렘' 운동으로 시작한 선교단체로 볼 수 있다. 이 운동은 1943년 부활절 예배 시에 '산시성북성경학원(陝西省北聖經學院)'의 일부교사와 학생들이 신장(新疆)지역에 대한 선교비전(異象)을 받고 시작되었다. 또한, 신장지역 선교를 위한 기도회가 설립되면서 이 단계 행보를 시작하였다. 그 후에 마마커(馬馬可) 목사가 이상을 보고, "이 이상은 하나님께서 우리를 부르신 증거입니다. 단순히 중국 서북의 각 성 뿐만 아니라, 동시에 서북을 지나 서장, 아프가니스탄, 이란, 사우디아라비아, 이라크, 시리아, 터키를 지나 팔레스타인까지 입니다."라고 선포하면서 시작되었다.[15]

이들은 단체의 이름을 '편전복음단(遍傳福音團)'라 하였고, 1946년 5월

---

11 Kevin Xiyi Yao, "중국교회의 선교운동", 「EMQ」2014: 7, 「파발마 2.0」 2015년 1-2월호(서울: 한국선교연구원, 2015), 재인용.
12 에릭 존스, "땅끝까지 선교, 중국 스타일!", 「선교타임즈」2013년 7월, 54.
13 文牧, "中國敎會對宣敎中國的異象", 「제3차 "선교중국"대회 컨퍼런스」, 15-16.
14 大衛, "遍傳福音團: 福音回歸耶路撒冷"「中國心」26期 10-17. 백투예루살렘운동(BTJ)은 선교사들과 신학자들 사이에 많은 신학적 혹은 선교학적 논쟁이 있는 선교운동이지만, 여기서는 중국교회의 선교경험 또는 역사를 살펴보는 차원에서 '遍傳福音團'의 활동을 살펴보았다.
15 위의 책, 11.

마마커(馬馬可)목사를 단장으로 세우고, 구체적인 활동을 시작하였다.[16] 이것은 중국교회가 일찍이 경험한 선교역사이며, 중국교회에 좋은 선교 자원이다. 오늘날 많은 중국교회들도 이 사명을 하나님이 주신 사명으로 받고 있다.

2007년 7월 미국 LA에서 열린 '백투예루살렘운동' 국제 포럼에서, 이 단체는 중국가정 교회와 협력하여 10/40° Windows 내의 미전도 종족을 접촉하고, 동시에 전 세계 기독교기구와 협력하여 백투예루살렘까지 이르는 일에 협력하기로 결정한 바 있다.[17] 폴 해터웨이는 이 운동에 대하여 "지상 명령 성취를 위한 지하교회의 담대한 비전"이라고 그의 저서에서 밝히고 있다[18]

한편 이 운동에는 51개 선교대상 국가가 포함되어 있으며 다음과 같이 분류할 수 있다.[19]

---

[16] 1944년 여름, 1차로 세 명의 자매와 서북단체를 결성하기 전에 감숙성에서 수개월을 사역하였고, 1945년 두 명의 형제는 영하자치구로 파송하였고, 1946년 난주와 청해성 시닝(西寧)으로 선교사를 보냈으며, 사역자들은 위구르어를 배웠고, 1947년 3월 단체에서 12명의 사람들이 계속하여 신강으로 갔다. 1948년 가을 천산(天山)이 있는 우루무치에 도달하였고, 두 명의 감숙성 성도는 돌아왔고, 그들을 청하여 사역하도록 하였다. 1946년 명덕로(明德路)에 "신강중화기독회(新疆中華基督敎會)"를 설립하였다. 1949년 11월 중국공산당정부가 신강을 접수한 이후에도 이들의 활동은 계속되었다. 이 내용은 大衛, "遍傳福音團: 福音回歸耶路撒冷", 10-17을 정리한 내용이다.

[17] 중국 화교교회 지도자인 토마스 왕(Thomas Wang)은 중국교회의 Back to Jerusalem운동의 사역 4가지를 말하였는데 a)가정교회들의 국내 소수민족 선교, b) 가정교회들의 선교훈련정착, c) 해외 선교사 파송사역, d) 국외에서 사역 중인 외국단체들과의 협력 준비 등이다. 2004년 화교교회 지도자들이 '백투예루살렘 국제기구'를 조직했고, 2004년 제 1회 국제회의를 시작으로 2006년, 2008년 그리고 2010년(예루살렘) 국제회의를 소집하였고 "백투 예루살렘 문서"와 "선언문"을 작성하였다. 문서의 내용 중에는 중국교회에 4 가지 행동을 제기하였는데 첫째, 선교동원, 둘째, 사역 전의 훈련, 셋째, 협력파송, 넷째, 현장 감독 등이다. 리이에원, '실크로드: 중국교회 선교의 새로운 모색-과거와 미래의 건의-' CUM-Q,(대구: 중국대학선교회, 2011), 21.에서 인용

[18] 폴 해터웨이, 『백 투 예루살렘(Back to Jerusalem)』, 류응렬 역(서울: 홍성사, 2005년), 17-18. 또한, 그의 책의 부제(副題)를 그렇게 달고 있다.

[19] a.북아시아: 일본, 몽골, 북한. b.동남아시아: 캄보디아, 라오스, 미얀마, 베트남, 태국. c.남아

〈표 IV-2〉 백투예루살렘 운동에 포함된 국가의 분류

지역	국가 (개국)	인구(명)	종족수 (종족)	주요종교
북아시아	3	155,300,000	60	불교 2, 무교 1
동남아시아	6	213,658,000	595	불교 5, 이슬람교 1
남아시아	5	1,214,721,000	2,548	힌두교 2, 이슬람교 2, 불교 1
중앙아시아	8	252,200,000	871	이슬람교 8
중동	14	249,810,000	595	이슬람교 13, 유대교 1
북아프리카	15	212,178,000	506	이슬람교 15
총계	51	2,297,867,000	5,175	이슬람교 39, 불교 8, 힌두교 2, 유대교 1, 무교 1

한편, 이 선교운동에 대한 비판적인 시각도 있다. 무엇보다도 "예루살렘에 복음이 증거되어야 하리라"는 말씀에 대한 문자적 해석이라는 것이다. 그리고 중국 가정교회가 이단으로 분류하고 있는 중생파의 '서영택(徐榮澤)'이 관여되어 있고, 성경적 근거보다는 개인들의 체험이 위주가 된 것이라는 강력한 비판이 있기도 하다. 김영호는 그의 글에서 이 운동에 대하여 다음과 같이 비판하고 있다.

> 이 운동의 첫 번째 문제점은 이 운동이 신비체험과 직통계시에 기초하고 있다는 점이다. 두 번째 문제점은 초대교회에서 시작 된 선교의 방향성을 서진선교로 지나치게 단순화 하고 있다는 점이다.... 세 번째 문제점은 땅

시아: 방글라데시, 부탄, 인도, 몰디브, 네팔. d.중앙아시아: 아프가니스탄, 아제르바이젠, 카자흐스탄, 키르기즈스탄, 파키스탄, 타지키스탄, 투르크메니스탄, 우즈베키스탄. e.중동: 바레인, 이란, 이라크, 이스라엘, 요르단, 쿠웨이트, 오만, 팔레스탄, 카타르, 사우디아라비아, 시리아, 터키, 아랍에미레이트, 예맨. f.북아프리카: 알제리, 코모로, 지부티, 이집트, 감비아, 기니, 리비아, 말리, 모리타나, 모로코, 니제르, 세네갈, 소말리아, 튀니지, 서사하라 등 51개국을 대상으로 삼고 있다. 폴 해터웨이, 『백 투 예루살렘(Back to Jerusalem)』, 203-217.

끝에 대한 해석을 성경적, 신학적인 해석이 아니라, 지리적으로만 왜곡되게 해석하였다는 점이다...네 번째 문제점은 땅 끝인 예루살렘까지의 선교 사명의 완수가 예수 그리스도의 재림을 야기한다.[20]

그러나 이와 같은 비판의 요소가 있으나 중국교회에게 주는 전략적 의미는 크다고 볼 수 있다. '백 투 예루살렘 운동'이 갖는 전략적 특성은 첫째로는 중국이 선교지에서 선교하는 나라로 변하고 있다는 사실이며, 둘째로는 제 3세계로 불리던 아시아 지역의 교회로부터 전 세계적인 선교비전이 등장했다는 점이며, 셋째로는 아직 선교 초기인 중국교회가 구체적인 전략[21]을 가지고 접근하고 있다는 것이다.

3. 중국 도시가정교회 선교활성화

a. 기본원칙

선교활성화 방안 혹은 전략[22]은 성경을 근거로 해야 하며, 전략의 궁극적인 목적은 복음이 효과적으로 전달되어 선교지에 주의 교회를 세움으로 하나님 나라가 확장되는 것이다. 즉 선교지에 토착교회를 설립하

---

20 김영호. "중국교회의 '백투예루살렘'에 대한 비판적 연구", 「신학과 목회」(제 42집), 200-210.
21 이현모, 『현대선교의 이해』, 129-137. 구체적 전략으로는 a. 선교사들을 집중적으로 파송할 미복음화 국가를 선정하고 파송할 선교사들을 지원할 인프라를 구축해가고 있으며, b. 일 년 정도의 단기선교사와 삶의 근거지를 선교지로 옮겨서 성령의 인도하심이 있을 때까지 그곳에서 사역하는 장기선교사로 구분하고 있으며, c. 참여자 모두를 위한 훈련이 실시되며, 개인보다는 팀으로 하는 사역을 시행하고자 하는 등의 전략이 있다.
22 이현모, 『현대선교의 이해』, 242. 선교전략이란 제시된 선교의 목표를 달성하기 위한 계획을 의미한다. 또는 특정한 문화권 내에서 하나님의 뜻을 실현하는 실제적인 행동방안을 의미하기도 한다. 전략과 방법은 구분한다면, 전략이란 자원과 기회들을 활용하는 전반적인 계획, 원리, 방안 등을 의미하고, 선교방법은 구체적이고 상세한 전술(tactics) 혹은 실천방안을 지칭하는 것을 의미한다고 할 수 있다. 즉 전략은 좀 더 일반적이고 포괄적인 개념이고, 방법 혹은 전술은 보다 상세한 실천 방안을 지칭한다.

고 그 교회가 재생산(再生産)을 할 수 있도록 하는 것이다. 또한, 전략은 현장연구나 실제조사를 실시한 것이어야 한다. 직접선교로서 전도활동, 제자훈련, 교회개척, 교회성장, 지도자 훈련 등과, 물질의 필요를 채워주는 재정 문제, 구제활동과 긍휼사역 등 포괄적인 내용이 포함된 실제적이고 효과적인 전략이다.[23] 효과적인 활성화 전략은 하나님 나라의 확장을 중심 목표로 하여야 하며, 총체적이어야 한다.[24]

하나님께서는 중국교회 역사 가운데 마지막 시대에 세계선교의 한 축을 감당할 교회로서의 많은 것들을 준비시켜 주셨다. 그러나 국가가 종교를 통제하거나 강력한 간섭내지는 핍박이 여전히 존재하고 있는 현실은 중국교회가 세계선교를 감당하기에는 큰 장애물이 아닐 수 없다.[25] 그럼에도 불구하고 중국교회는 일부교회가 참여하는 것이 아니라, 중국 도시가정교회가 보편적으로 선교에 참여하는 일과, 준비하고 계획하여 체계적으로 시작하고 진행하는 것, 일회성이 아닌 지속적이고 장기적인 선교을 할 수 있도록 도약하는 일이 필요하다. 이를 위해 중국교회 특색과 상황이 고려된 선교활성화 전략이 필요하다.

선교의 태동기에 있는 중국교회의 선교동원을 위해, 서구선교의 역사가 주는 교훈들과 비서구권인 한국교회의 선교적 경험들을 근거로 전략을 연구하고 제시하여, 마지막 시대에 선교적 역량을 극대화해야 할 것이다. 선교중국의 행보가 외국선교사 주도 하에 진행 중이거나, 극히 일부 지역에서 중국교회에 의해서 이미 시작되었다. 토니 렘버트는 중국

---

23 E. R. 데이톤 & D.A. 프레이저, 『세계선교의 이론과 전략』, 103-105.
24 총체적이라는 말은 직접적인 전도활동, 제자훈련, 교회개척, 교회성장, 지도자 훈련, 재정적 문제, 구제활동과 같은 물질적 필요를 채워주는 긍휼사역 등 포괄적인 내용이 포함되어야만 실제적이고 효과적인 전략이다.
25 실제로 본 연구 제4부에서 설문분석 결과 〈표 III-27〉, 〈표 III 30-2〉, 〈표 III-94〉 등에 의하면 응답자들은 '국가의 반대', '정치적 원인'을 중국교회의 세계선교 장애물로 제시하였다.

교회에 의해 진행 중인 선교에 대하여 이렇게 말하고 있다.

> 가정교회 중에는 이미 진지하게 중국 내에 있는 1억의 소수민족을 향하여 타문화 전도에 힘을 쏟고 있는 교회가 있다. 중국은 사실상 다른 '민족'으로 이루어진 거대한 모자이크다. 복음을 다시 예루살렘으로 전하겠다는 관심이 일단 중국 안에서 일어나고 그 다음에 훨씬 넓은 지역으로 나가겠다는 과정 중의 일부일 뿐이다. 이 비전은 널리 퍼져 있긴 하나 수행은 아직 초기단계에 머물러 있다.[26]

이것은 매우 고무적인 동시에 많은 염려를 가져오기도 한다. 분명한 전략이나 목표를 정하고 훈련하고 파송하는 단계라기보다는, 단편적이고 즉흥적인 선교운동(movement)일 가능성이 크기 때문이다. 따라서 중국교회가 스스로 선교하며, 또 다른 나라의 교회들을 깨워 함께 선교하기 위해서는 먼저 성령의 인도하심에 철저하게 순종하는 법을 배워야 한다. 동시에 성경적이며 중국적인 '중국교회의 세계선교전략'을 세우는 것이 필요하다.

교회는 하나님의 기관으로서 본질인 선교사역을 지역에서와 타문화권에서 수행하기 위해서 교회의 두 구조인 모달리티(modality)와 소달리티(sodality)[27]의 기능을 활용해야 한다. 교회와 선교단체는 선교운동을 구성하는 교회의 두 가지 기본구조가 되어 선교사를 파송하고 관리하는 일을 하게 된다.[28] 그래서 효과적인 선교를 위해서는 교회-선교사-선교단체로 구성되는 선교의 삼각구도가 필요하다.

---

[26] 토니 램버트, 『중국교회의 그 놀라운 성장(China's Christians Millions)』, 242.
[27] 세계적인 선교학자인 랄프 윈터(Ralph Winter)가 사회학 분야의 용어를 채용하여 교회의 이중구조를 모달리티(Modality)와 소달리티(Sodality)로 이름 하였다. 그는 1973년 아시아에서 열린 아시아 선교대회(All-Asia Mission Consultation)에서 발표한 내용이다.
[28] 정경호, 『바울의 선교신학』(서울: CLC, 2009), 364..

본 연구에서는 중국교회가 세계선교를 준비하는 일에 필요하다고 생각되는 사항들을 각각의 항목에서 기술하여 보고자 한다. 중국교회가 선교하는 교회로 전환하여 선교하기 위한 필수요소는 선교사 모집과 훈련, 파송과 현장관리 등이다. 중국교회가 선교에 관심을 갖고 선교를 시작하는 단계에서 보다 조직적이고 제도화된 체제로 선교사를 파송하기 위해서는 교회-선교사-선교단체로 형성되는 선교의 "거룩한 삼각구도(Holy Triangle)"를 이해해야 한다. 이 구도의 적용에 있어서 본 연구에서는 하워드 브란트(Howard Brant)가 제시한 "신흥 선교운동을 위한 일곱 가지 핵심사상"[29]을 살펴보며 선교활성화 전략에 접근하고자 한다. 이것은 지역 교회가 선교하는 교회로의 전환에 필요하고, 중요한 요소들이다. 신흥 선교 운동을 하는 나라에는 중국이 포함되어 있다.[30] 앞에서 언급한대로 비록 단편적이고 체계를 갖추지 못한 채로 시작되고 있는 선교중국의 선교운동이 자리를 잡고, 선교활성화로 발전되기 위해 갖추어야 될 요소들이 있다. 중국교회의 현실을 직시하고, 핵심요소들을 점검해보고 보충해주고 섬겨주는 일을 해야 할 것이다.

---

[29] Howard Brant, "Seven Essentials of Majority World Emerging Mission Movements".
[30] Howard Brant는 신흥 선교운동이 일어나고 있는 국가로 이티오피아, 나이지리아, 중국, 가나, 볼리비아 등을 언급하고 있다.

제3장 선교활성화 전략 적용을 위한
'교회-선교사-선교단체' 이해

1. 파송 주체로서의 교회

선교적 교회는 선교적 목표가 필요하다. 선교적 교회를 세우는 데 있어서 모든 사람이 각각 전략적인 역할을 담당할 수 있도록 교회는 구조적인 면에서 조직화 되어야 한다.[31] 또한, 교회는 성도들에게 선교 정신을 심어 주고, 자라게 한다. 다듬어서 나아가게 하시는 강한 성령의 역사로 말미암아 선교적 교회가 되는 것이 그 과정이다. 이렇게 선교적 교회로 되어가는 것이 교회의 선교적 속성이다.[32] 교회는 세상과 구별되지만, 세상을 향한 선교적 사명을 감당하기 위하여 목적과 계획을 세우고 실천해야 한다. 교회는 하나의 유기체이며 조직체로 성령께서 인도하시는 선교활동[33]에 순종하는 것이 당연한 것이며, 이것이 교회의 존재 목적을 이루는 것이 된다.

교회는 교회의 사역에 우선순위를 설정하는 것이 필요하다. 선교적 교회는 당연히 선교에 우선순위를 두고 사역계획을 세워야 한다. 교회성장, 불신자 구원, 사회봉사, 구제 등 많은 사역을 감당해야 한다. 하지만, 그 우선순위에 있어서 선교가 우선되지 않으면 교회의 선교운동은 일어나지 않을 것이다.

교회의 선교운동은 우선 활력 있는 설교를 통해서 일어난다. 이러한

---

31 정홍호, "선교와 교회의 관계성 고찰", 「신학과 선교」, (경기양평: 아세아연합신학대학교, 2014),
32 Charles E. Van Engen, 『하나님의 선교적 교회 God's Missionary People: Rethinking the Purpose of the Local Church』, 227.
33 Abraham Kuyper는 교회는 동시에 유기체적이며, 조직 기관이고 이 두 특성이 잘 조화를 이룰 때 온전한 교회의 모습이 드러난다고 주장한다.

설교는 적용에 있어서 구체적이며, 헌신을 촉구하는 설교이다. 회중의 변화의 과정에서 제기되는 주제들을 그대로 다루며, 공동체 지향적이고, 대담하고 선교지향적인 메시지를 담고 있는 설교이다. 교회 지도자들은 지역교회가 하나님께로 부름 받은 백성인 동시에 잃어버린 영혼을 위하여 세상으로 보냄 받은 백성이라는 선교적 사명을 분명히 인지하는 것이 필요하다.[34]

a. 선교비전을 가진 지도자(Visionary Leaders)[35]

선교사 개인이 자신의 삶에 대한 하나님의 계획을 보는 것이라면, 선교적 지도자는 교회나 단체에 속한 모든 이들에 대한 더 큰 계획과 목적을 이해하는 자이다. 자신의 지역이나 나라만을 위한 것이 아니라 거리적으로나 문화적으로 먼 곳까지 복음을 들고 감으로써 세상에 대한 축복의 통로가 되는 비전을 받은 자이다. 해외 선교가 단지 복음을 전하고 교회를 개척하고 하는 것에 머무는 것이 아니라 현지인들을 일으켜 선교사로 헌신하고 선교단체를 출범시키는데 가야 한다는 비전을 가진 지도자가 요구된다.

b. 선교적 교회의 지도자[36]

우리가 관심을 가지고 있는 리더십은 하나님의 백성들이 세상을 향해 선교할 수 있도록 선교를 촉진시키고 영향력을 주는데 중점을 둔다. 선교적 교회에서의 리더십은 하나의 연합적 사건(corporate event)이다. 하나

---

34 Quicke, Michael, 『전방위 리더십 360-Degree Leadership: Preaching to Transform Congregation』, 56.
35 Howard Brant, 강의안
36 Howard Brant, 강의안

님의 백성들이 하나님의 소명과 뜻에 따라 비전을 가지고 세상을 향하여 나가 선교하는 삶을 살아가며, 세상과 그들이 선교하는 삶의 현장에서 행하시는 하나님의 사역에 성령으로 감동되어 동참하도록 그들을 독려함으로 영향력을 행사하여 가는 연합된 사건이다.[37]

선교적 교회의 리더십은 조직구조나 인간 역학 관계 속에서 리더십을 정의하지 않고 선교적 사건으로 정의해야 한다. 지도자란 하나님의 백성들이 세상을 향해 선교하러 나갈 수 있도록 창의적이고, 자의적이며, 비전이 있고, 적극적이며, 긍정적이고, 미래를 내다볼 줄 아는 안목 있는 인물임을 의미하는 것이다. 그러므로 선교적 교회의 지도자는 하나님의 백성들을 선교에 동원하기 위해 성도들에게 말만 한다든지 프로그램을 만드는 것만으로 부족하다. 게다가 교회의 선교적 목표에 적극적으로 참여하고 열심을 낼 수 있도록 손수 모범을 보여 줄 수 있어야 한다.[38]

중국교회에 필요한 선교적 리더십은 아직은 대다수의 교회가 선교에 침묵하고 있는 중국교회를 깨우고, 도전해야 하고, 세계선교의 당위성 앞에 세워야하는 사명을 감당해야한다. 인격과 영성, 조직과 관리능력 그리고 성도들과 함께하는 섬김의 리더십도 필요하다고 할 수 있다. 지도자들의 인격과 영성은 선교적 교회의 심장이 되어 움직인다. 그들의 지혜로운 관리능력은 선교활동의 구조를 형성한다. 모든 성도는 손과 발이 되어 교회의 선교적 목표를 달성하기 위해 영적 은사들을 발휘하게 하여 함께 동역하는 것이다.

---

[37] Charles E. Van Engen, 『하나님의 선교적 교회 God's Missionary People: Rethinking the Purpose of the Local Church』, 278-79.
[38] 위의 책, 279-280.

c. 능력 있는 기도운동(Powerful Prayer Movement)[39]

기도는 선교의 시작이고 과정이며 곧 선교이다. 성경에서의 선교와 세계선교의 긴 역사가 그것을 증명하고 있다. 오늘날에도 우리의 선교 현장에서 기도의 능력을 힘입어 사역하고 있다. 지구촌 곳곳의 여러 곳의 거대한 선교운동이 일어날 때마다 하나님의 나라가 그 땅에 임하도록 하는 강력한 기도가 있었다. 중국교회에 우선적으로 필요한 것은 세계를 품는 기도이다. 열방을 품고 기도하지 않고 세계선교를 시작할 수 없기 때문이다. 본 연구에서는 B지역 도시가정교회의 "기도를 통한 세계선교 동원"에 대해 구체적으로 제시하고 있다.[40]

d. 중국교회의 선교적 교회로의 전환

선교적 교회는 비기독교 세계 속에서 초문화적으로 사역하며, 지역에서 전도하며, 세계선교에 참여하는 교회이다. 거룩한 담대함으로 충만하여 기도하며, 영적인 부흥을 경험하며, 선교사명을 분명하게 알고 있는 교회가 바로 선교적 교회이다. 교회가 핍박을 겪었고, 아직 물질주의에 사로잡히지 않은 나라가 신흥 기독교 국가가 된다. 역사적으로 아주 강한 선교운동은 바로 이런 나라들에서 일어났다. 중국은 이 두 가지 요소를 충분히 겸비한 나라이다.[41]

중국교회는 교회에게 주어진 본질로서의 선교적 책무가 있음을 인식하는 일이 급선무이다. 본 연구의 제부3에서 살펴본 결과는 중국교회는 선교에 관한 의식부족과 지도자의 무관심, 교회의 냉랭함 등의 약점을

---

[39] Howard Brant, 강의안
[40] 본 연구의 제4부 제4장 3. 항목에서 구체적으로 기술하였다.
[41] Howard Brant의 강의안.

가지고 있음을 알 수 있다.

　교회가 선교적 책무를 알고 선교의 모판역할을 충실하게 할 때 선교가 시작되고 활성화 될 수 있다. 지역교회가 선교사역을 지탱해주는 기초가 되어야 한다. 선교를 단순히 프로그램의 하나로 보는 차원을 넘어 선교에 관한 성경적인 이해와 헌신에 근거하여 교회들이 선교에 참여해야 한다. 중국교회의 해외 선교가 건강하기 위해서는 건강한 교회가 필수다. 건강한 교회가 건강한 선교사를 양육하고, 성장시키고, 배출할 수 있기 때문이다.

　하나님께서 교회를 세우고, 교회 안에서 사람들을 선택하신 목적에 대하여, 정흥호는 존 랩(John Lepp)의 글을 다음과 같이 요약하고 있다

> 우선적으로, 선교에 관한 부르심은 모든 교회의 임무라는 것이다. 둘째로, 교회내의 각 부서가 서로 주고받는 관계 속에 있어야 한다. 셋째로, 결정적인 것은 선교사를 발굴해 내어야 한다는 것이다. 넷째로, 우리 모두가 선교사적 상황 속에서 자신에 대한 훈련이 이미 자신의 문화 속에서 선교사적 삶을 살아야 할 것을 강조한다. 다섯째로, 선교사들은 협력교회와 파송교회 사이의 연결자로서, 자신의 역할을 이해해야 하며, 충분한 정보와 교류를 나누면서 협력하는 가운데 서로를 활용할 수 있다는 의식을 갖고 자신의 위치를 생각해야 한다. 여섯째로, 나라 간에 경제적인 간격이 점점 더 커지는 이때에, 세계적의 선교는 다른 사람들의 관점을 고려하여 교회들 간에 가지고 있는 자원들을 나누고 화해의 통로가 되는 노력에 서로가 동참해야 할 것을 강조해야만 한다.[42]

　중국교회가 우선적으로 시작해야 할 선교적 책무는 첫째로 선교에 관한 비전을 제시하고 교육하여야 한다. 둘째로 교회는 선교사의 모판이자 사령탑, 병참소 역할을 감당해야 한다. 셋째로 교회는 세계선교를 위해 기도해야 한다. 특별히 중국교회는 소수민족과 아직도 남아있는 미

42　정흥호, "선교와 교회의 관계성 고찰",「신학과 선교」, 229-231.

전도 종족과 국경을 접하고 있는 14개국의 선교를 위하여 기도하는 일을 시작해야 한다.

중국교회는 교회에 주어진 선교적 책무를 여러 경로를 통해서 배워야 하고, 교회 안에서 공유해야 한다. 교회가 선교의 모판이 되어서 장차 선교사들이 될 좋은 일꾼들을 잘 양육하고 성장시키고 훈련시켜야 할 것이다. 하나님의 부르심 앞에 순종하여 세계 열방으로 나갈 수 있도록 최고의 선교 훈련장이 되어야 할 것이다.

2. 파송 받은 선교사

a. 부름 받은 개인(Called Individuals)[43]

하나님으로부터 직접 받은 분명한 소명이 선교사의 첫 걸음이다. 하나님은 그의 이름을 열방에 전할 개인들을 부르셔서 그의 일을 맡기시는 것이다. 이것이 분명하지 않을 때 선교사로서의 자아상이 쉽게 훼손되며 낙심하고 사역 또한 효과적이지 못하게 된다. 하나님의 나라를 위해서 진정한 사역은 주께로부터 분명한 부르심을 받은 자들과 함께 시작된다.

중국교회는 선교사로서의 기본적인 소명과 자질을 점검하는 항목들을 분명히 숙지하여 헌신하고 파송받기를 원하는 선교사 후보들을 분명히 점검해야 한다.[44]

본 연구의 제3부의 비교분석 결과 〈표 Ⅲ-33〉에 의하면 중국교회지도자들은 "선교사에게 가장 중요한 것이 무엇이라고 생각하십니까?"라는 설문에서 '소명'을 제1순위로 선정하였다. 중국선교 현장에서 종종 발견

---

43 Howard Brant, 강의안
44 1. 소명 2. 탁월한 영성 3. 건강 4. 경제적 능력 5. 학력 6. 인간성 순으로 응답하였다.

되는 현상 중의 하나는 교회의 목회자들이 소명이 불확실 하다는 것이다. 마찬가지로 선교사로 헌신함에 있어서 잘못된 동기[45]로 헌신하는 일이 없도록 해야 한다.

선교사에게 점검되어야 할 세 가지 소명(calling)이 있다. 첫째는 구원을 위한 소명이다. 진정한 거듭남에 대한 부르심이 확인되어야 한다. 둘째로 사역자로의 부르심, 즉 교회를 세우고 목회사역을 감당하도록 하나님께서 부르셨다는 내외적인 소명이 확인되어야 한다. 셋째로 타문화권 선교사로서의 부르심에 대한 소명이 확인되어야 한다.[46] 타문화권 사역은 그 자체가 고난이고 험한 길이기 때문이다.[47] 선교사로서 부르심에 대해 확실하게 점검되고, 기본적인 훈련이 충분한 상태에서 파송받아 장기선교사로 사역할 수 있기를 기대하는 것이다.

---

[45] 이재환은 그의 저술한 훈련교재 『미션파셔블』에서 옳지 않은 동기로 선교에 지원하는 경우를 다른 나라에 대한 호기심, 외국어가 능통해서, 휴머니즘 때문에, 개인적으로 의미 있는 삶을 살기 위해, 해외에서 전도에 관심이 있어서 등이라고 밝히고 있다.
[46] 데니스 레인, 『선교사와 선교단체』, 도문갑 옮김 (서울, 도서출판 두란노, 1993). 35-46.
[47] 인병국, "선교 중국에 요청되는 중국인 선교사" 『중국을 주께로』통권 126호 2011년 7,8 월호)」, 53-63. 선교중국에 요청되는 선교사는 첫째, 기본이 갖추어진 선교사로 소명이 확실하고, 원만한 성품과 인격과 섬기는 태도와 소속교회의 외적 소명이 확인된 사람이 필요하다. 둘째, 사역경험이 있는 선교사로 가정교회 개척 사역 경험과, 중국에서 목회경험, 소수민족 사역 경험들을 구비한 사람이 필요하다. 셋째로, 타문화 사역의 역량을 갖춘 선교사로 타문화권 복음 커뮤니케이션 사역에 대한 훈련을 받고, 현지어를 구사 할 수 있으며, 타문화권 교회 개척과 사역자 훈련을 효과적으로 감당 할 수 있으며, 디지털 시대 사역자로 역량을 갖춘 사람이 필요하다. 넷째로, 협력과 팀 사역을 잘 할 수 있는 선교사로 개인적으로 뿐만 아니라 팀과도 조화를 이룰 수 있으며, 타국 선교사들과 네트웍을 구축하고 협력을 잘 할 수 있고, 현지교회를 wf 섬기며 협력 할 수 있는 사람이 필요하다. 다섯째로, 타국에서도 자기 관리를 잘 할 수 있는 선교사로 가정관리와 자신의 건강관리와 영성관리를 잘 할 수 있으며, 성령으로 충만하여 성령의 인도를 확실하게 받는 사람이 필요하다.

b. 적절한 훈련(Appropriate Training)[48]

일반적인 신학교의 교과과정은 같은 문화 상황 속에서 사역하는 일과 교회를 목양하는 목회 차원의 교육으로 구성되어 있다. 그러나 선교사로 파송되는 사람들은 이슬람교와 힌두교, 불교지역 등으로부터 신학적 도전을 거세게 받게 된다. 이들에게는 타문화권 선교에 맞는 적절한 훈련이 필요하다. 신흥 선교운동은 특화된 세 가지 영역의 훈련, 즉 철저하게 성경적이어야 하며, 비판적인 동시에 상황화 된 신학, 다수세계에서 제대로 작용되는 상황화 된 선교학, 선교가 재정적으로 유지되며 선교지의 사람들의 필요에 기여하는데 필요한 실제적 기술훈련 등이다. 또한, 전인훈련(Integral Training)의 목표 하에서 인격과 성품, 영성, 자신과 타인의 이해 등의 훈련이 기본적으로 포함되어야 한다.[49]

3. 선교단체

중국교회들이 해외선교를 준비하고 진행함에 있어서 취약점 중 한 가지는 선교단체[50]의 문제이다. 선교전문기관으로서의 선교단체 필요성을 충분히 인식하고 준비해야 한다.[51] 이것이 중국교회가 세계선교에 한층 더 진입하는 단계이다. 본 연구의 제3부에서 비교 분석한 결과에 의하면 "해외 선교를 함에 있어서 선교단체가 필요하다고 생각하십니까?"라는 설문에 중국교회 지도자들의 98.4%가 "필요하다"라고 응답하였다.〈표

---

48 Howard Brant, 강의안
49 엄주연, "선교사와 사역자를 위한 전인 훈련 프로그램 개발과정", 「선교연구」제 65호 (2011년 6월), 9.
50 중국교회에서는 일반적으로 선교기구(宣敎機構), 차회(差會)라고도 한다.
51 1. 매우 그렇다 62.7 %, 2. 그렇다 35.7%, 3. 잘 모르겠다 1.2%, 4. 그렇지 않다. 0.4%, 5. 전혀 그렇지 않다. 0.0%.

Ⅲ-36〉

선교는 협력과 조화가 필요한 사역이다. 문화, 언어, 나라, 신학, 재정, 사회, 정치적 제한이 많기 때문이다. 전략적이고 효과적인 선교를 시행하기 위해서는 여러 한계들을 극복할 수 있는 연합체인 선교단체가 필요하다.[52] 선교단체는 단체가 목표로 하는 지역이나 종족에 대하여 연구해야 하고, 선교지의 정세나 주변 국가의 정세 등에도 관심을 갖고 선교정책에 반영할 수 있어야 한다.[53] 본 연구 제 Ⅲ장에서 "선교단체는 무슨 일을 해야 한다고 생각하십니까?"라는 설문에서 "선교사 훈련, 파송, 후원"의 종합적인 항목에 답을 한 응답자가 86.5%에 해당하고 있는 것으로 본다면 중국교회 지도자들은 선교단체의 필요성과 업무에 대한 기본적인 이해가 있는 것으로 보인다. 〈표 Ⅲ-37〉

선교사 파송 이후 선교현장의 사역관리나 선교사 관리 등에도 집중해야 한다. 선교단체는 설립 당시부터 다양한 방면에 분명한 선교정책을 수립하여야 한다. 그러나 이런 조직과 규모를 갖추는 것은 단기간에 되는 일은 아니다. 이런 면에서 중국교회는 아직은 다른 국가의 선교단체들과 협력하여, 선교 현지에 사역하고 있는 다른 단체 선교사들의 안내와 도움을 받을 필요가 있다. 특별히 중국교회는 선교인프라 구축이 초기 단계에 있으므로 선교단체는 선교사 파송 전에 협력할 수 있는 선교 네트워크를 구축하는 것도 필요하다.[54]

---

52 데니스 레인, 『선교사와 선교단체』, 15-34.
53 데니스 레인, 31-34.
54 캘리 오도넬, 『선교사 멤버케어』, 최형근 외 4인 역, (서울: CLC, 2004), 731.

a. 유연한 구조(Flexible Structure)[55]

하나님께서 각 족속이 복음을 받아들이는 방식을 독특하게 준비하신 것처럼, 각 족속이 복음을 들고 나가는 방식도 독특하게 준비하셨다. 각 문화권에 있는 모든 교회는 선교적 교회가 될 수 있도록 역량과 은사를 받았음을 알게 된다. 즉 다수세계든 소수세계든 선교를 함에 있어 인종과 문화적 다양성을 충분히 활용하는 유연성이 필요하다.

선교정책에는 선교단체의 성격과, 선교목표, 선교단체가 표방하는 분명한 신학적 교리를 표명해야 하며, 선교사와 선교단체의 관계에 대한 분명한 행정원칙과, 선교비 모금과 사용에 대한 확실한 재정원칙이 있어야 하고, 위기관리의 원칙들이 있어야 한다.[56] 이런 유연한 구도를 통하여 신흥 선교사역이 기존 선교사역과 연결 구조를 갖고 더 나아가 발전의 가능성을 제공하게 된다.

b. 지속적인 유지가 가능한 재정 구조(Sustainable Finances)

선교에 필요한 재정을 어떻게 마련하고 지속적으로 동원하여 유지하는가 하는 것은 신흥 선교운동의 큰 도전이고 과제이다. 장기간 사역 할 선교사를 파송하는 일은 지속적인 재정유지가 중요하다.

선교가 지속되기 위해서는 경제적인 기반이 현지교회나 리더들의 주도적인 태도와 참여가운데 가동되는 것이 필요하다.

중국교회는 본토 밖에 있는 화교교회라든지 외부 선교사들 의존적으로 선교중국을 수행하고자 해서는 안 된다. 선교사역을 시작하고 지속적으로 진행하기 위하여 중국교회 성도와 파송교회들이 역량을 키워야

---

55 Howard Brant, 강의안
56 캘리 오도넬, 『선교사 멤버케어』, 732.

하며, 선교대상 국가의회들이 스스로 역량을 키우도록 도와야 하며, 신흥선교사들에게 기술이나 재능을 계발시켜주어 재정충당을 돕도록 하는 일도 심각하게 고려해야 할 것이다.

재정적인 면에 있어서 우리가 해야 할 것은 이런 중국교회와 성도의 더 큰 선교헌신과 상황에 맞는 재정적 구조를 갖도록 돕고 지도하는 일이다.[57]

c. 선교훈련

효율적이고 장기적인 선교사역을 위해 선교훈련은 필수이다. 선교훈련 모델은 신학이나 선교학, 인류학 등 학문적 탐구나 연구에 훈련의 강조점을 두는 모델, 타문화 적응, 언어습득, 사역 방법론 등 현장 중심모델, 기도와 말씀, 경건생활 등 영적인 모델을 중점적으로 다루는 훈련 모델 등이 있다.

조나단 루이스(Jonathan Lewis)는 전인 훈련의 목표는 성경적 세계관으로 평가 할 수 있는 기준들을 제시하고 있다.[58]

> 첫째로 전인 훈련의 목표는 훈련생들에게 동기를 부여하고 그들을 도와서 그리스도를 닮아가게 하고, 성령과 동행하며, 세상을 향한 하나님의 목적을 효율적으로 성취하도록 돕는 것이다. 둘째로 전인 훈련의 목표는 훈련생의 삶의 모든 영역에서 건강한 성장에 기여하는 일관성 있고 의도적이며 문화적으로 적합한 과정을 포함한다. 셋째로 전인 훈련의 과정은 배우는 사람의 학습형태와 의도된 학습결과를 만족시키는 광범위하고 다양한 방법과 수단, 그리고 상황을 파악하고 활용한다. 넷째로, 전인훈련의 결과는 삶과 사역의 전 영역에 걸쳐 기술, 태도, 그리고 이해의 역량을

---

57 허버트 케인, 『선교사의 생활과 사역』, 백인숙 옮김(서울: 두란노서원, 1998), 93.
58 엄주연, "선교사와 사역자를 위한 전인 훈련 프로그램 개발 과정, 9-11"

강화시키는 것을 포함한다. 다섯째, 훈련자와 훈련생은 훈련 결과에 대해 서로 책임을 지는 자세를 갖는다. 여섯째, 훈련자는 맨토인 동시에 사역자로서 훈련생들의 성장을 위해 헌신된 사람들이며 자신의 경험, 도덕적 권위, 그리고 은사에 기초하여 훈련과정을 지도한다. 일곱째, 하나님은 각 개인을 위한 독특한 계획(서명, 은사, 기질, 지성 등)을 인식하고 발전할 수 있도록 돕는다. 여덟째, 배움은 공동체 환경 가운데서 일어나며 동료 훈련생 상호간의 교류와 하급 환경 및 훈련자의 모본과 가르침을 통해 발생한다. 아홉째, 지식은 그 자체가 목적이 아니고 지식이 순종과 성실한 실천이 결합될 때 이해, 성숙, 그리고 발전에 이르게 된다. 그리고 열 번째로 훈련프로그램과 훈련자의 역량은 훈련생들의 삶과 사역의 전 영역에 있어 성숙한 인격과 변화된 삶, 그리고 성령과 사역의 열매로 평가된다.[59]

21세기 선교에서도 선교사들은 복음을 전하여 회심자 그룹을 만들어야 하며, 이들로 하여금 교회개척, 성장, 자치, 재생산이 가능하도록 해야 하며, 또한 지역교회 목회자들은 선교 협의회를 구성하고 선교 협력 사역을 거시적이면서 미시적으로 해나가야 한다.[60]

---

[59] Jonathan Lewis, *Integral Ministry Training: Design & Evaluation*, (Pasadena: William Carey Library, 2006), 엄주연에서 재인용, 9-11.

[60] Wilbert R. Shenk, 『선교신학의 21세기 동향 *Mission Strategy*』, 홍응표 외 14인 역. (서울: 이레서원. 2001).

제4장 중국 도시가정교회 선교 활성화 전략

1. BM선교회와 협력사역을 통한 선교활성화 방안

a. BM선교회 선교학교 적용을 통한 선교활성화

BM선교회는 2010년부터 교회를 중심으로 선교학교를 진행하고 있다. 선교학교를 진행하는 목적은 "선교사의 모판인 교회가 구체적으로 선교를 알고, 협력하고, 참여하며, 선교동원을 할 수 있도록 돕는 것이다." 대부분의 선교기관이나 단체가 별도의 장소에서 선교프로그램을 진행하며, 선교 관심자나 후보자가 참여하도록 하였다.

그러나 선교학교는 선교단체가 교회를 찾아가는 형식을 취한다. 그 이유는 교회가 전반적으로 선교에 참여하도록 하고, 교회의 선교 담당자나 선교위원회, 선교 관심자들이 시공간적으로 접근하기에 용이하기 때문이다. 즉, 교회 전체가 선교관심을 갖도록 하는 일에 유익하며, 선교 전문기관과 교회가 직접 만남으로, 교회는 선교사와 선교단체의 사역을 구체적으로 이해하고, 선교단체는 근접거리에서 교회를 만나고 이해함으로서 교회와 선교단체의 거리를 좁히는 효과를 얻고, 교회 성도 중에 선교 헌신자들을 발굴할 수 있는 유익함이 있기 때문이다.

BM선교회는 교회들을 방문하여 선교학교 프로그램의 의미와 개요들을 설명하고 교회의 선교담당 부서와 담임목사 등의 협조 하에 6주-10주의 프로그램을 진행한다. 선교학교의 강의 내용은 이론을 포함하지만 이론위주의 내용보다는 선교의 실제를 많이 다루며, 이를 위해 주요 강의 담당자들은 선교경험이나 선교 행정과 멤버케어의 경험들이 풍부한 사람들로 구성하였다. 본 선교회는 서울과 경기 지역의 교회에서 선교학교를 진행하였다. 진행 방법은 교회의 연중 계획과 목회일정, 선교단체의 사역 등을 고려하여 교회가 지정해주는 기간에 진행하였다. 주중에 교회가 지정한 선교부원들과 중직자를 대상으로 하는 경우, 주중에 관심자와 헌신자들을 대상으로 하는 경우, 주일 저녁예배 시간에 예배 참석한 전 성도를 대상으로 하는 경우, 수요저녁 예배 시간에 참석한 성도들을 대상으로 하는 경우가 있다. 주요 과목과 내용을 소개하면 다음과 같다.

첫째, 21세기 선교 동향과 전망, 둘째, 선교의 성경적 근거, 셋째, 교회와 선교사와 선교단체, 넷째, 세계선교와 중보기도, 다섯째, 선교정탐을 위한 종족연구, 여섯째, 지역연구-중국선교 이해, 선교현장 이야기, 일곱째, 이슬람 이해와 선교, 선교현장 이야기, 여덟째, 선교의 네 가지 관점, 아홉째, 국내 이주민 사역, 열째, 전 성도의 선교사적인 삶 등이다.

이상과 같은 프로그램을 중국교회에 접목하는 것은 쉬운 일은 아니지만, 계속하여 교회 지도자들의 교육과 만남을 통해서 도전하고, 권면하여 중국교회 안에 선교학교를 진행할 수 있도록 해야 한다. 제2부에서 살펴본 것처럼 중국교회 즉, 삼자교회는 종교국과 양회의 간섭으로 어렵고, 가정교회는 정부의 핍박으로 어려운 현실적인 문제가 있다. 그러나 비교적 자유로운 상황 하에 있는 원저우 도시가정교회는 실행 가능성이 많은 지역교회이다.

b. BAMT(B. Asia Mission Team) 사역의 공유를 통한 선교활성화[61]

1) 선교 캠프(Mission Camp)

선교에 있어 중요한 것은 선교에 관한 당위성의 인식이다. 선교를 듣거나 배우지 않고서 알 수 없으며, 그 상태로는 선교동원이 일어나지 않기 때문이다. 본 필자가 신학교를 운영하며 배출한 신학교 졸업생들을 중심으로 두 번의 예비캠프를 진행하였다. 2012년 4월, 3박 4일의 일정으로 중국의 한 도시에서 30여 명의 중국 사역자와 본 필자가 속한 선교단체 동역자 5명 그리고 중국 도시가정교회 지도자 1명 등이 모여 강의와 토론과 선교기도회를 진행하였다. 특별히 이 캠프에서는 본 필자의 제자이며, 미얀마 선교사로 헌신한 중국인 Y형제를 중국교회와 협력하여 파송하는 파송식을 거행하였다. 함께한 동역자들과 중국 현지교회와 선교회가 후원하기로 하였고, 지금까지 지속되고 있다.

두 번째 캠프는 2015년 1월 상해 근처 모처에서 각처에서 다양한 그룹들이 50여 명이 참석한 가운데 3박 4일간 진행하였다. 참석자들은 중국교회 목회자, 선교단체 대표, 가정교회 리더들이 대거 참여하였다. 첫 번째 캠프와는 달리 장소와 경비 등을 중국 동역자들이 부담하였고, 순서의 여러 부분을 중국 동역자들이 맡아 주었다. 이 캠프에서는 중국교회의 선교 현황과 교회의 선교에 관한 의식을 볼 수 있었고, 인도네시아 정탐훈련을 가기로 결정하였다.

2) 선교정탐 훈련

제1차 훈련은 2012년 중국인 동역자들과 미얀마 정탐훈련을 실시하였다. 제 1회 캠프 때에 파송한 중국인 선교사가 있는 지역을 방문하면

---

[61] 김종구, "중국교회의 선교운동과 협력방안", 『한국선교KMQ』 2015년 여름호, 47-56. 이 내용은 본 필자가 『한국선교 KMQ』, 2015년 여름호에 기고한 내용임을 밝힌다.

서, 국경을 넘는 경험과 타문화 지역에서의 선교사역 현장을 체험하였다.

제 2차 훈련은 2014년 중국 서남쪽 운남성에서 중국 동역자 14명과 본 선교회 소속 선교사 6명이 참석한 가운데 선교캠프 준비모임과 전략회의를 하고 간략하게 '종족정탐훈련'을 실시하였다. 정탐훈련 중에 만나는 그들이 누구이며, 그들은 어떻게 살고 있으며, 그들에게 어떻게 복음을 전할 것인가라는 관점에서 탐방지의 사람들을 바라보는 강의를 하고, 라오스 지역으로 정탐훈련을 다녀왔다.

제 3차는 2015년 6월 선교회 소속 선교사 4명과 중국인 동역자 9명이 인도네시아 자카르타 지역으로 정탐훈련을 다녀왔다. 세계 최대 이슬람 국가이며, 화교교회가 많이 발달한 지역이다. 중국교회와 화교교회와의 협력과 네트워크를 통하여 인도네시아의 회교도들을 대상으로 선교 가능성을 경험하고자 함이었다. 자카르타의 G 화교교회가 많은 관심을 가졌으며, 대륙에서 오는 선교사 후보생들에 대해 화교교회가 어떻게 대처할 것인가에 대해 의견을 나누는 진척이 있었다.

몇 차례의 선교정탐훈련을 통하여 중국 형제들이 많은 도전을 받고, 개인적으로 뿐만 아니라 교회적으로도 구체적으로 선교에 동참하고 헌신하는 변화의 모습들을 보고 있다. 국경을 넘어 타 문화권을 경험하고 선교에 도전을 받는 것은 중국교회가 선교에 눈을 뜨고 구체적으로 헌신하는 일에 필요한 과정이다.

2. B지역 선교활동의 적용을 통한 활성화

선교역사를 통하여 알 수 있는 사실 중 하나는 교회와 공동체 가운데 강력한 기도운동이 있다는 것이다. 북경의 어느 도시 가정교회의 세계선교를 위한 연합기도회를 살펴보고자 한다. 본 필자가 실제로 참석하여 함께 기도하며 중국 도시가정교회의 세계선교를 향한 열정과 비전, 그것을 하나님의 은혜로 실현하고자 하는 강력한 기도운동이 벌어지고 있는 것을 보았다.[62] 기도 모임의 리더를 '2015 선교중국 컨퍼런스'에 강사로 초청하여서 '기도회를 통한 세계선교 동력화'라는 제목으로 강의하였다.[63]

a. 기도 모임

이 도시 가정교회의 기도 모임은 "기도는 선교의 발동기(發動機)"라는 확신가운데 "세계선교를 위하여, 무슬림이 주께 돌아오도록, 선교현장을 위하여, 중국 국내의 지역교회들과 선교단체들을 위하여" 기도하기 시작하였다. 2015년 11월부터 현재까지 220회 모였으며, 매주 약 50-60명이 연합 기도회를 갖고 있다. 매시간 사도행전을 강해하고, 선교보고와 간증을 들은 후에 기도한다.

b. '기도 선교사'

기도 모임은 2014년 11월 29일, "제 3회 만국선교 캠프"에서 200여 명의 성도가 하나님 앞에서 '기도 선교사'로 헌신하여, 선교를 위한 기도사역을 작정하였다. 기도 선교사에 가입한 성도가 이미 3,000명이 넘었으

---

[62] 2015년 6월 B 지역의 세계선교를 위한 연합기도 모임에 본 필자가 참석하였다. 매주 월요일 저녁에 8개 교회가 연합으로 모여 단기 선교 보고, 세계교회 현황과, 선교필요, 세계선교를 위해 기도하고 있었다. 건초더미 속의 기도하는 세 청년들과 같은 모습을 보았다. 필자는 중국교회가 세계선교를 감당할 수 있다는 강한 도전과 확신을 경험하였다.
[63] 2015년 선교중국 대회에서 11월 3일 저녁시간에 중국 B지역 가정교회 지도자인 L목사의 강의안을 위주로 정리한 것이다.

며, 세계교회의 부흥과 선교사명과 비전을 위하여, 무슬림이 주께 돌아오도록, 파키스탄 정세 안정과 키르키즈스탄, 신장지역과 회족지역을 위한 기도를 한다. L목사는 선교중국 컨퍼런스에 참여한 회중을 향하여 이렇게 도전하였다.

> "선교는 영적전쟁이며, 그리스도의 교회와 세상, 죄, 사탄, 이교도들과의 싸움입니다. 기도는 능히 세상을 변화시키고, 기도는 능히 하나님의 교회가 영적 전쟁 중에 승리하도록 합니다. 선교중국을 위해 기도하는 당신과 당신의 교회가 '기도 선교사'에 가입하여 선교 사역하기를 원합니다."

이 도전은 단순히 컨퍼런스에 참여한 회중만을 향한 것이 아니다. 선교중국에 참여하고자 하는 성도들, 아니 전 중국교회 성도들을 향한 초청이기도 하다. 세계선교를 위한 기도회가 도시가정교회에 보급되는 일은 중요하고 시급한 일이다. 세계선교를 위한 북경 모지역의 도시가정교회의 기도회를 좋은 모델로 삼아 원저우 도시가정교회 나아가서 전국의 많은 교회에서 세계선교를 위한 기도회가 열릴 수 있도록 해야 할 것이다.

c. 선교회 설립

이 기도 모임은 기도회를 시작한 지 일 년 만에 선교회의 필요성을 알고 같은 선교철학을 바탕으로 'ATA'라는 선교회를 설립하였다. 선교회는 첫째, 분명한 신학과 교리를 성경적으로 세우고, 둘째, 교회와 기도의 두 날개를 축으로 교회에 선교기도회를 보급하며, 모든 교회가 선교하도록 하며, 셋째, 선교단체가 중심이 되어 사명을 감당하며, 넷째, 선교캠프와 단기선교를 운영하며[64], 다섯째, 선교사 훈련센터를 설립하고

---

[64] 선교 대상을 무슬림을 중심으로 즉 파키스탄, 키르키즈스탄, 중국내 신장 지역과, 회족 지역으로 정하였고, 매년 1회 선교캠프를 통하여 선교사 헌신자 들을 동원하고 있다. 2012년 선교회

선교사 파송을 준비한다는 목표를 가지고 있다.[65]

L목사는 전통적인 선교의 거룩한 구도인 지역교회-선교사-선교단체에 '선교기도회'를 더하여 지역교회도, 선교사고, 선교단체도 '선교기도회' 중심축으로 할 것을 말하며 세계선교에서 기도회의 중요성을 강조하였다.

3. 선교동원대회 참석을 통한 선교 활성화

a. 선교중국대회

국내에 있는 선교단체 중에서 중국선교에 집중하고 있거나, 중국에 선교사를 파송하고 있는 단체들로 구성된 '중국선교연합회(중선협)'가 있다. 이 연합회는 중국교회가 선교하는 교회로 전환하는 일에 쓰임 받게 되기를 소망하며 구성된 연합회이고, 주요 사역으로는 2007년부터 2년마다 '선교중국 대회 및 컨퍼런스'를 진행하는 것이다.[66] 이 대회에는 중국교회 지도자들과 화교교회 지도자들이 많이 참석하고 있으며, 이 대회가 중국 대륙교회로 하여금 선교중국을 실현하는 일에 촉진제(促進劑)가 되고 있다.

이 대회를 통하여 한국교회와 화교교회 그리고 대륙의 중국교회가 협력하며 세계선교의 이상과 구체적 방안들을 공유하기 시작하였다. 따라

설립과 동시에 단기선교를 시작한 이래, 2015년 11월 현재까지 파키스탄 6번, 키르키즈스탄 3번, 신장(新彊) 5번의 단기선교를 진행하였고, 그중 10여 명이 이미 선교사 후보가 되었다.

65 선교사 훈련 센터에서는 8개월의 훈련과 1개월의 선교 현장실습을 거쳐 신장과 파키스탄에 선교사를 파송하였다. 제 1기 훈련생 8명 중 4명을 이미 선교사로 파송하였으며, 2016년에는 1명을 파키스탄으로, 2명을 키르키즈스탄으로, 2017년에는 파키스탄으로 선교사 파송을 계획하고 있다.

66 제 1회 대회 2007년, 제 2회 대회 2009년, 제 3회 대회 2011년, 제 4회 대회 2013년에 한국에서 진행하였고, 그리고 제 5회 대회는 2015년 11월 제주도에서 개최하였다.

서 이 대회는 협력 방안의 한 모델이 될 수 있다. 이 대회는 점진적으로 중국인의 참여 비중이 커졌으며, 2015대회에는 중국인의 참석 비율이 70% 이상 되었다. 대회 전체를 통역 없이 중국어로 진행하였고, '발제'와 '토론'의 형태로 진행하였다. 일부 필요한 경우를 제외하고는 대부분의 강의와 발제, 찬양, 진행 등을 중국인들이 하도록 하여 중국인들의 모임으로 전환하고 있는 모습을 보게 된다.

교회가 선교에 관심을 갖고, 청년들이 선교에 선교사로 헌신하는 일에 이러한 선교 동원대회가 큰 역할을 할 수 있다. 중국인 주도의 진정한 선교중국대회 같은 선교동원대회가 제 3국에서 뿐만 아니라 본토에서 열린다면 선교중국의 시대가 한층 빨리 열릴 것이다. 선교동원 대회에 중국교회 성도들이 적극 참여하도록 하는 것도 중국교회의 선교 활성화에 중요한 전략이 된다.

b. 2013 Asian Church Leaders Forum(亞洲敎會領袖論壇)

2010년 남아공 케이프타운에서 열린 로잔대회에 참석하고자 했던 중국가정교회 지도자들이 정부로부터 출국금지를 당해 참석할 수 없었다. 이에 한국에서 2013년 6월 25-28일에 장로회 신학대학교에서 'New Horizons'을 주제로 '아시안 교회 리더 포럼(Asian Church Leaders Forum)'으로 모이게 되었다. 이 대회의 의장인 화융(Hwa Yung)은 대회의 취지를 이렇게 밝히고 있다.

> 중국가정교회 리더들의 네트워크에서 요구하여 대회가 세 개의 중요한 목표를 가지고 열리게 되었다. 첫째는 가정교회 지도자들이 로잔운동에 참여하여 세계 각국의 기독교 리더들과 만나고 온 사람들에게서 로잔운동의 비전을 배우고, 둘째는 가정교회지도자들이 세계 각국의 교회들과 하나님께서 중국교회를 통하여 이루고자 하는 것들을 나누고, 셋째는 가

정교회 지도자들이 세계 각국 교회들의 세계선교 동향을 이해하고, 자신들이 어떻게 참여하며 그리스도의 복음 전파를 어떻게 힘쓸 것인지를 알도록 하는 것이다.[67]

이 대회에는 로잔운동 신임 집행이사인 Dr. Oh Michael Young-Suk, 허드슨 테일러(Hudson Taylor) V세인 제임스 테일러(James Taylor), 중국 신학자 쑨이(손이), 한국의 조종남 박사, 이태웅 박사 등 60여 명의 강사들이 로잔운동과 중국교회와 선교를 주제로 다양한 형태의 강의와 집회가 진행되었다. 이 대회는 중국 가정교회지도자들이 중심이 된 대회로 중국교회의 세계선교 운동 확산에 대한 구체적인 비전을 공유하고 실행하는 일에 중요한 역할을 하였다. '2015 선교중국 2030' 대회를 주도한 가정교회 지도자들 대부분이 '아시안 교회 리더 포럼'에 참여했던 사람들이다.

중국교회가 세계선교를 향하여 시야를 넓히는 일에 중요한 역할을 한 대회이다. 앞으로도 이와 같은 대회에 중국가정교회 지도자들을 적극 참여하도록 독려해야 할 것이다. 왜냐하면 선교중국시대를 앞당기고 선교를 활성화하는데 중요한 전략이 될 것이기 때문이다.

---

67 Hwa Yung, "大會主席歡迎辭", 「2013 Asian Church Leaders Forum(亞洲敎會領袖論壇)」 핸드북 (서울: ACLF, 2013), 1-2.

4. 단계별 및 지역별 활성화 전략[68]

a. 1단계: 중국내 소수민족(타문화권) 선교

소수민족들과 그 지역은 중국의 긴 역사만큼이나 다양한 종교들이 있다. 크게 보아도 도교, 불교, 라마교, 이슬람교, 천주교와 기독교, 그리고 민간 신앙들이 견고하게 뿌리를 내리고 있다. 이슬람교를 믿는 소수민족들은 후이족(回族), 카자크족(哈薩克族), 키르키르족(柯爾克孜族), 타타르족(塔塔爾族), 우즈베크족(烏孜別克族), 타지크족(塔吉克族), 뚱샹족(東鄉族), 싸라족(撒拉族), 바오안족(保安族), 위그루족(維吾爾族) 등이 있다.[69]

소수민족의 종교는 각 민족의 생활·문화·정치 등과 밀접하게 연관되어 있다. 그들은 의·식·주, 혼인, 상례 등 일상생활 등 세계관이 분명하게 다르다. 소수민족이 살고 있는 지역들은 대체로 중국내에서도 빈곤지역에 속하며 이슬람과 라마불교의 영향이 지대한 곳이다. 이런 여러 상황을 고려하여 전략적으로 소수민족 지역을 선교지로, 소수민족을 선교대상 종족으로 보는 것은 중국적 상황에서 적절한 것으로 분석된다.[70]

소수민족에 대한 선교 전략을 갖기 위하여 종교별 분포[71] 외에 언어

---

68 김종구, "중국교회의 자선교학화 세계선교 전략을 중심으로"「제 1차 권역별선교전략회의(2014 RCOWE I)자료집」(서울: KWMA, 2014), 125–138. 이 내용은 2014년 7.16–18일 열린 KWMA 제 1차 권역별선교전략회의(2014 RCOWE I)에서 본 필자가 발표한 내용이 포함되어 있다.
69 王作安, 『중국의 종교문제와 종교정책』, 25.
70 본 연구 제3부에서 〈표 11〉을 참고하면 선교의 범위를 묻는 항목에서 '지역과 무관하다'가 71.4,, '소수민족+다른 국가' 14.7% 그리고 '중국 외 국가' 6.7 % 이다.
71 王作安, 『중국의 종교문제와 종교정책』, 25. 1) 라마교를 믿는 소수민족들: 라마교는 西藏族 전체와, 북쪽–蒙古族, 土族, 裕固族, 柯爾克孜族), 남쪽–門巴族, 普米族,, 納西族, 怒族, 羌族까지 분포되어 있다. 2) 불교를 믿는 소수민족들: 소승불교(小乘佛敎)는 雲南省 西雙版納에서 성행하여, 布朗族, · 德仰族, 阿昌族 등에까지 분포되어 있다. 3) 기타 산악지역 및 민족들은 원시적인 자연숭배와 다신신앙(多神信仰) 외에도 조상숭배, 토템숭배, 무당, 샤머니즘 등 혼합종

에 따른 구분과 소수민족들의 복음화 정도에 따라 구분하여 연구하고 대상 종족 선정과 선교형태를 정하는 등의 전략적 접근이 필요하다. 특별히 각 지역별 미전도 종족에 속하는 종족에게 복음을 전하는 일은 시급하다. 종족입양이나 같은 정서를 가진 소수민족들, 국경을 달리하는 같은 민족들을 동원하여 협력하며 선교하는 전략에 대한 연구와 노력을 기울여야 할 것이다.

중국교회에 있어 타문화 선교의 개념은 중국내에 있는 소수민족, 특별히 현존하고 있는 중국내의 미전도 종족으로의 전환이 필요하다. 이는 중국교회의 토착화 된 하나의 선교모델로 적용할 수 있다. 실제로 중국교회는 이미 이런 모델을 채용하여 선교사를 파송하고 있다. 본 필자가 사역 차 자주 방문하는 원저우지역도 해외 타문화 선교를 시작하기 전에 중국내의 타 문화권으로 선교사들을 파송한 단체들이 있다. 중국내 소수민족을 상대로 선교하는 것은 타 문화권 선교의 준비와 훈련의 개념이 있을 수 있지만, 그 자체도 선교인 것이 분명하다. 선교 경험이 아직은 많지 않은 중국교회가 국내 소수민족을 대상으로 선교하는 것을 통하여 선교를 배우고, 선교를 실행하고, 선교를 준비해야 한다. 중국교회가 중국내 소수민족을 향하여 선교사를 파송하고, 후원하고, 관리하는 경험을 갖도록 하는 것은 중국교회 선교 활성화와 장차 해외 선교를 감당하도록 하는 일에 필요한 전략이다.

교의 색채를 띠고 있다.

b. 2단계: 접경국가 14개국[72] 선교

중국은 국경선이 22,000km이며, 무려 14개국과 육로로 국경을 접하고 있다. 따라서 이 나라들을 선교적 관점으로 주목하여 보는 것은 매우 중요하다. 인구 10억이 넘는 강력한 힌두권의 나라 인도가 있고, 여전히 막강한 세력을 가진 러시아와 4,350km의 국경을 접하고 있다. 기독교 박해지수가 순위가 높은 나라들 북한이나 라오스와 미얀마, 베트남이 있다. 또한 카자흐스탄, 키르기스스탄, 부탄, 파키스탄, 타지키스탄, 아프가니스탄들과 같은 이슬람교를 믿는 나라들도 많이 분포되어 있다.

중국교회는 이슬람권, 힌두권, 불교권 나라들과 미전도 종족을 많이 포함하고 있는 주변 나라들을 선교적 관점에서 조사하고 연구하여 선교에 집중하는 것이 필요하다. 베트남을 제외한 대부분의 나라는 중국과 관계도 매우 우호적이다. 선교의 하나님께서 중국교회에 주신 선교의 장점이요 축복이며 중국교회만이 가질 수 있는 선교전략이다.

c. 제3단계: 실크로드 선교

이슬람 국가인 중앙아시아 5개국 카자흐스탄, 키르기스스탄, 타지키스탄, 투르크메니스탄, 우즈베키스탄은 중국 내 소수민족과 같은 민족들이 대부분이다. 국경은 달라도 같은 역사와 문화를 가진 소수민족들이며 이들은 대부분 이슬람에 속해 있는 민족들이다. 이들은 중국 내의 소수민족을 통한 선교 전략이 잘 짜여 진다면 효과적인 선교가 진행될 것이다.

또한, 중동 4개국으로 요르단, 이집트, 수단, 이라크 등도 실크로드

---

[72] 북한, 러시아, 몽골, 카자크스탄, 키르기스스탄, 타지키스탄, 아프가니스탄, 인도, 네팔, 파키스탄, 부탄, 라오스, 미얀마, 베트남.

상에 위치하고 있는 나라들이다. 중국이라는 국가의 위상과 영향력, 그리고 많은 중국인이 중동지방 진출로 중국교회가 선교하는 일에 좋은 인프라를 구축해 주고 있다. 여기에 한국 선교사들의 많은 시행착오와 환란과 눈물어린 순교를 통하여 축적된 중동국가 선교역량을 전수하고 공유한다면 이슬람 선교의 좋은 열매들을 기대할 수 있을 것이다.

중국 내륙은 선교적인 면에서 미전도 종족이 많이 산재해 있는 지역이고, 복음화율이 상당히 낮은 지역으로 제 2의 중국 내지 선교의 의미를 갖는다. 중국의 닝샤후이족(寧夏回族)자치주, 깐수성(甘肅省), 칭하이성(靑海省), 신장성(新疆)이 포함되며, 후이족(回族)과 카자크족(哈薩克族)과 장족(藏族)과 위그루(维吾尔族) 등 소수민족의 70% 이상이 살고 있다. 이 지역은 매우 빈곤하고, 무슬림들이 집중적으로 살고 있는 지역이기 때문에 무슬림 선교에 유익한 통로가 될 수 있다.[73] 또한, 실크로드는 중앙아시아 다섯 나라와 중동지역을 지나고 인접하는 길이다. 선교학적으로 실크로드의 복음화는 21세기 세계선교의 가늠자가 될 수 있다. 무슬림과 미전도 종족 복음화를 실현하는데 철옹성 같은 중동지역의 이슬람권과 티벳 불교권, 힌두권과 인접한 지역이기 때문이다.[74]

---

[73] 大衛, "神州歷史", 「中國心· 26期」터키족은 1990년 이후 교회 성장률이 43%이며, 374개의 집회처가 있고, 성도는 43,000명에 이르렀으며, 근 10년 내에 1,661 명의 신자가 생겼다.
[74] "실크로드의 선교 네트워크", 「중국선교자료집」, 도서출판 CUM, 277-290.

5. 선교거점의 활용 전략[75]

a. 세계의 '중국 민족(종족)' 집단

중국에는 56개 민족이 있으며, 종족으로는 약 500여개 종족 집단이 존재하고 있으며, 이들 가운데 144개 종족 집단이 세계 약 60여 국가에 거주하고 있다. 중국 서남부의 많은 종족 집단이 미얀마, 라오스, 베트남, 태국 그리고 모로코까지 폭넓게 흩어져 있다. 또한, 서양의 많은 나라 즉 미국, 프랑스, 호주, 파나마, 남아프리카, 프랑스 영 폴리네시아, 수리남, 노르웨이 등에 망명자로 간 사람들도 있다.[76]

이들은 중국교회의 세계선교에 있어서 중요한 거점이 될 수 있는 선교자원임과 동시에 중국교회가 갖는 독특한 선교 전략적 모델이 될 수 있다. 본 필자가 가르쳤던 학생은 윈난성에 살고 있는 소수민족으로 현재는 미얀마의 같은 민족을 상대로 하는 신학교에서 선교사로서 강의사역을 하고 있다.

b. 전 세계 화교와 화교교회

세계도처에 산재해 있는 화교들과 화교교회는 중국교회의 세계선교 전략에서 중요한 요소를 차지한다. 2011년 말 통계에 의하면 약 700만 명의 화교들이 오대양 육대주에 분포되어 있다. 표2에 의하면 약 9,300

---

[75] 김종구, "중국교회의 자선교학화 세계선교 전략을 중심으로" 「제 1차 권역별선교전략회의(2014 RCOWE I)」자료집(서울: KWMA, 2014), 125–139. 이 부분의 내용에는 본 필자가 발제한 내용이 포함되어 있음을 밝힌다.

[76] 폴 해터웨이, "타 국가에 거주하는 중국종족집단", 「오퍼레이션 차이나」, 중국대학선교회 역 (대구, 도서출판 CUM, 2007), 581–583. 이 외에도 인도, 인도네시아, 러시아, 몽골, 캐나다, 독일, 키르기스스탄, 우즈베키스탄, 아프가니스탄, 카자흐스탄, 타지키스탄, 이란, 케냐, 캄보디아, 루마 니아, 노르웨이, 덴마크 등 60여 개국에 144개 종족이 산재해 있다.

개의 화교교회와 210만의 신자들이 있다(표 Ⅳ-3 참조). 중국교회와 해외 화교들과의 협력은 해외 선교에 많은 시너지 효과를 가져 올 수 있는 선교자원이다.

디아스포라가 갖는 선교적 의미를 이렇게 부여할 수 있다.

> 첫째는 디아스포라들의 복음에 대한 반응은 원거주지의 집단보다 더 크다는 것이다. 이것은 여러 연구를 통해 입증된 바 있는데, 다른 도시 혹은 타국으로 이주한 사람들은 환경적인 불안정 속에서 심리적 혼란을 겪으면서 새로운 정신적 지주를 찾는 경향을 보인다. 둘째는 디아스포라 교회는 그 인근에 있는 새로운 종족에게 복음을 전달 할 수 있는 통로가 될 수 있다. 따라서 소위 선교지에 있는 중국인 교회는 선교지의 다른 종족에게 복음을 전달하는 역할을 할 수 있게 되어 있다. 셋째는 화교들은 '차이나타운'을 형성하여 현지인들과 보이지 않는 담을 쌓아 사회와 단절되는 사회현상을 보이는 경향이 있으므로 중국인 교회는 설립 시부터 선교적 교회(Missional Church)로 정체성을 유지하고 발전시켜야 한다, 넷째는 디아스포라 자녀들은 신앙을 바탕으로 한 국제적 감각과 언어능력 등이 세계선교를 위한 유용한 일군으로 성장할 잠재력이 있다.[77]

이들은 선교의 대상이기도 하며, 또한, 중국교회의 세계선교에 주요한 거점 역할을 할 수 있다. 특별히 인도네시아, 태국, 말레이시아, 싱가포르 등 아시아 지역의 중국인 디아스포라 교회들의 규모는 세계선교에 동원하기에 충분한 상태이다.

---

[77] 한정국, "디아스포라 사역의 전략적 중요성과 나아갈 방향", 2010. KWMA (전) 사무총장.

〈표 IV-3〉 해외화교인구 및 화교 교회 통계[78]

국 가	화 교(명)	화교교회 (개소)	화교신자 (명)	화교기독교기관(개소)
중동(中東)	196,200	8	575	3
아프리카	446,000	22	910	4
라틴아메리카	1,064,250	87	6,670	12
대양주(大洋洲)	848,800	268	14,035	19
유럽	1,446,000	269	16,710	47
북미주	3,003,900	1,360	221,337	330
아세아	62,545,300	7,318	1,820,300	3,097
합 계	69,550,450	9,333	2,080,537	3,512

6. 중국교회의 '2030 선교중국' 비전 공유를 통한 활성화 전략

a. '2030 선교중국' 비전

중국교회 목회자이며 선교사인 이성봉(李聖風)이 '2013 선교중국대회'에서 발표한 선교중국 전략을 살펴본다.[79]

---

78 今日華人教會 2011年2月, 華福中心·研究及發展部http://www.cccowe.org/pic/20110313/ 8-10. 또한, 이승곤, "세계 중국인 디아스포라 미션 21세기 세계선교의 새로운 기회",『선교타임즈』 2012년 3월, 81-95. 참조 할 수 있다.

79 '2013 선교중국대회' 강의안 "中國教會與世界宣教"참조. 또한, 2011 선교중국대회에서 1) 이우윤은 "중국교회의 세계선교전략"을 수립함에 있어서 다음과 같은 전략적 초점을 제시하고 있다. a. 글로벌 선교리더십 b. 국제적 협력과 네트워크 c. 유기적 관계와 역할 d. 재생산 등을 전략적 초점으로 제시하였다. 2) 文牧는 선교중국을 꿈꾸는 중국교회에게 a. 급하게 시작하지 마라, 선교나 선교사를 파송하는 것은 장기계획이 필요하다. b. 선교에 관한 전반적 인식이 필요하다. 동원과 훈련과 파송과 선교현장 관리 등 4가지 사항에 대하여 성숙한 준비가 필요하다. c. 정규적인 선교학교를 개설해야 하는데, 특별히 타문화 이해 훈련이 필요하다. d. 먼저 국내

<표 IV-4> 중국교회의 "2030 선교중국(宣敎中國)"전망

2030선교중국 각 단계별 중요과제 선교각성기		제1차 5개년 2015 선교발전기	제2차 5개년 2020 선교부흥기	제3차 5개년 2025 선교성숙기	제4차 5개년 2030
선교 방향	미전도 종족	*중국소수민족 중국인디아스포라 *국내외국인	*14개접경국 *중앙아시아 *동남아	*10/40창 *아시아남부 *중동지구	*92/25 대문 *북아프리카 *이스라엘
	선교비전 지속	*중국복음화 실크로드	여호수아 프로젝트참여	미전도종족 전방개척선교	백투 예루살렘
선교 체제	선교연구 활동	*중국복음화상황 *소수민족연구 선교적교회연구	불교권 연구 민간종교연구 선교사연구	힌두권연구 부락종교연구 선교기관연구	회교권 연구 유대교연구 선교신학발전
	선교인력 동원	*교회선교캠프 *대학생선교대회 *청소년선교캠프	선교사선발 선교사훈련 선교사파송	선교사증가 단기선교운동 선교사관리	선교사멤버케어 선교사성숙 선교사전승
	선교교육 실시	*문서선교 *Kairos *신학교선교학개설	선교전문잡지 Perspective 선교팀	선교관련교재 선교사훈련학교 선교스쿨	선교학저술 선교보급교육 선교대학
	선교사 파송	*서부선교 *소수민족선교 *선교단체설립	타문화도전 언어공부 선교행정관리	타문화선교 타문화제자훈련 타문화교회개척	선교리더 선교의전문화 국제적선교단체
선교 지원	선교네크 워크	*국내선교회의 *선교현장탐방 *선교단체협력	국제선교회의 해외화교교회 국제적기업	복음주의연맹 지역선교협력 선교사자녀학교	로잔선교운동 세계적선교협력 선교사타운
	선교기지 강화	*선교기도운동 *복음전도대회 *제자훈련운동	교회개척운동 교회성장운동 사역자훈련	교회합일운동 단기선교운동 신학교육심화	중국선교기지 해외선교기지 대사명복음운동

에서 선교사역을 하다가, 역량이 생기면 해외 선교 현장으로 나가기를 추천한다. e. 좋은 선교사 파송의 예로는 언어가 가능하며 전문 자격증을 가진 사람이다. 이런 사람이 타문화 선교 훈련을 받고 가는 것이다. f. 해외선교 단체와 파트너가 되어 배우는 것이다. 낮은 자리에서 협력하고, 겸손과 자족을 배우자. 「제 3차 "선교중국" 선교중국 컨퍼런스 핸드북」, 15-23 및 44-77. 참조

이성봉은 2015년부터 2030년까지 매 5년마다 새로운 단계로 진입하는 것으로 계획하였고, 중요 과제로 첫째 선교방향, 둘째 선교체제, 셋째 선교지원으로 나누어 5개년 계획을 세워 '2030 선교중국'을 전망하며 중국교회의 선교중국 전략을 수립함에 좋은 샘플이 될 것이다.

이 선교전략 모델은 상술한 내용들을 종합적으로 수용할 수 있는 샘플로서 향후 중국교회가 연차별-단계별 전략을 세우는데 좋은 참고자료가 될 것이다. 이 모델에서 제시된 전략의 중요한 요소들로는 선교비전의 공유, 전교회(全敎會)의 선교사 동원에 집중, 분명한 선교 목표선정, 선교연구와 선교훈련 진행, 언어 훈련원 개설, 선교네트워크 구축 등을 중심으로 필요한 방안들을 모색하였다.

'2030 선교중국' 비전은 2015년 홍콩에서 제1회 2030 선교중국대회를 개최함으로 구체적으로 실현되기 시작하는 것을 보게 되었다.

b. '2015 선교중국 2030 대회'

이 대회는 63개 가정교회, 단체 책임자 63명이 발기인이 되어 시작하였다. '선교중국대회'에 제2회, 3회, 4회 대회에 강사로 참여하여 참여자들, 특별히 중국인 참석자들에게 강한 도전을 주고, 비전을 제시하였던 김명일, 이성봉, 이부흥, 최권을 중심으로 홍콩에서 2015년 9월 29일-10월 1일 기간에 '2030 선교중국 대회'가 개최되어 선교중국대회의 열매를 맺게 되었다.

이 대회는 북경과 상해의 중국 도시가정교회 지도자가 주축이 되어 계획하고 진행하여, 진정한 의미의 선교중국대회의 효시가 되었다고 볼 수 있다. 2016년 한국 제주도에서 제 2차 2030 선교중국 대회를 했다. 이 대회는 '중국선교협의회'의 협력을 요청하여 임원진들과의 회의를 진행했다. 이것은 '중국선교협의회'가 선교중국대회를 시작하며 기도하고 소원하던 바가 이루어진 것이다. 진정한 의미의 선교 중국대회는 중국인에 의해, 중국인을 위한 대회인데 이 일이 성취되어 가고 있는 것이다.

둘째, 이 대회에서 '홍콩선언'과 '행동강령'을 선포하였다. 중국교회가 세계교회의 일원이 되어, 삼위일체 하나님의 선교에 참여하는 특권을 누리고, 동시에 주 예수 그리스도의 대사명을 부탁받았다. 우리는 예수 그리스도의 종으로 부름 받고 하나님의 비밀을 맡은 자가 되어 보배로운 복음을 온 천하에 전해야 할 것이다. 성경은 우리 신앙의 근거이며, 우리의 선교 사명을 계시해 주고, 우리가 선교사명을 감당하도록 인도한다. 우리는 2013년 6월 '아시아교회 리더십논단' 중의 '서울선언'을 계승하여 '홍콩선언'[80]과 '행동강령'[81]을 발표하고 세계선교사명을 실천할 것을 기대한다.

정치적인 이유로 인하여 대형 선교집회가 중국 땅에서 진행될 수 없는

---

[80] 첫째, 요한복음 3:16을 근거로 우리는 확신한다. "성경의 중심주제는 하나님의 인류를 구속하시는 것이다." 둘째, 사도행전 4:12을 근거로 우리는 확신한다. "예수 그리스도는 유일하신 구주시다." 셋째, 마가복음 16:15과 마태복음 28:18-20을 근거로 우리는 확신한다. "복음을 전하고, 제자를 삼으며, 교회를 세우며, 신학을 교육하는 것이 주요 선교사역이다." 넷째, 사도행전 1:8을 근거로 우리는 확신한다. "선교사역은 성령의 능력을 의지해야 한다." 다섯째, 베드로전서 2:9을 근거로 우리는 확신한다. "교회는 본질적으로 선교의 사명을 갖는다." 여섯째, 마태복음 22:36-40을 근거로 우리는 확신한다. "선교의 목적과 동기는 하나님을 사랑하고, 인간을 사랑하는 것이다." 일곱째, 마태복음 24: 14을 근거로 우리는 확신한다. "복음은 중국으로 들어가야 할 뿐만 아니라 복음은 또한, 중국에서 나가야 한다."

[81] 1) 선교중국2030의 추진을 위하여 상설기구를 설립한다. 2) 매년 선교중국 대회에 기독교인들을 동원하여, 세계선교에 참여하도록 한다. 3) 선교 간행물을 발행한다. 4) 선교 컨퍼런스를 진행한다. 5) 선교기도를 추진한다. 6) 선교인재를 양성한다. 7) 선교교회를 일으킨다. 8) 단기선교노선을 개발한다. 9) 10/40창과 이슬람 지역, 불교권, 힌두교, 민간신앙 집단과 미전도 종족을 중심으로 선교를 중심으로 선교사를 파송하고 선교현장을 섬긴다. 10) 선교 네트워크를 구축한다. 11) 중국정부가 추진하는 '일대일로(一帶一路)' 정책을 이용하여 비즈니스 선교를 개발한다.

현실적인 한계는 현재로서는 방법이 없다. 공개적으로 할 수 없는 현실을 감안하여 소규모로 이런 대회를 진행하는 방법을 모색해야 할 것이다.

중국 도시가정교회 지도자들이 연합하여 〈표 IV-5〉와 같은 선교중국의 비전을 갖고, 5개년 단위의 구체적인 실천목표들을 제시하였다. 2015년 홍콩에서 열린 '2015 선교중국 2030' 대회도 그 일환으로 보기에 충분한 선교동원 대회이자 세계선교를 더 미룰 수 없다는 중국 가정교회들의 신앙고백과 같은 것이다. 이 선교비전과 구체적인 행동으로 나타나는 선교동원 대회에 한국교회나 선교단체들이 적극 참여하고 협력하는 것은 중국교회의 선교 활성화 전략차원에서 필요한 사역이다.

제5장 요약

제4부는 제3부에서 실증 분석한 결과의 의미, 결과의 적용을 통한 도시가정교회 선교 활성화 방안에 관한 연구이다. 본 장은 크게 실증분석 결과의 함축적 의미와 적용, 중국 도시가정교회 선교활성화 전략연구, 선교의 거룩한 삼각구도 적용을 활용한 선교 활성화 전략, 중국 도시가정교회 선교 활성화 전략 등으로 나누어 살펴보았다.

첫째, 실증분석의 결과로부터 개인적 모형에서는 관심과 헌신, 선교사와 순종에 영향을 주는 독립변수들을 발견하였다. 주요 독립변수들은 선교의 당위성과 기도, 설교와 헌금 등이다. 교회 모형에서는, 교회의 선교사 파송에 영향을 주는 독립변수로는 교회의 선교참여, 세계선교를 위한 기도회, 교회 내 선교훈련이나 특강 등이다. 또한, 중국교회의 선교 활성화에 문제가 되는 주요 변수들은 지도자들과 성도들의 선교에 관한 의식이 없거나 무관심한 것, 선교관련 된 인적자원이 부족한 것이다. 이와 더불어 중국의 정치적 요인으로 인해 선교가 자유롭지 못한 것 또한 큰 이유인 것을 파악할 수 있다.

55개 소수민족과 국내에도 확연하게 타 문화권으로 구분할 수 있는 지역을 가지고 있는 중국의 상황에서 세계선교에 관한 개념도 정립해야 할 요소이다. 또한 선교의 활성화를 위하여 교회는 선교교육과 선교를 위한 기도, 선교훈련 등을 실시하여야 할 필요성을 발견하였다. 이러한 요소들이 중국교회에 적합한 활성화 전략들을 세울 때에 반영하여야 할 변수들이다.

둘째, 중국 도시가정교회 선교활성화 전략 연구에서는 우선적으로 중국교회는 피할 수 없는 세계선교의 당위성 앞에 서 있으며, 어떻게 준비하고, 감당해야 하는지를 기도하고 연구해야 할 필요성을 발견하였으며, 이 일에 가장 큰 문제는 해외선교에 관한 인식의 전환인 것을 알게 되었다. 중국교회는 선교의 큰 원동력이 될 수 있는 교회의 부흥과 환란과 핍박을 경험한 교회이며, 역사적으로 몇 차례의 선교경험이 있다. 또한, 국가적으로는 경제성장이 있고, 교회적으로 도시 가정교회가 발흥하고 발전하고 있다. 이를 통해 중국교회가 선교적 역량을 갖춰가고 있으며 선교에 대한 가능성을 크게 발견하게 되었다. 이에 활성화를 위한 전략을 세우는 데에는 성경적 원리와 복음을 통한 하나님 나라의 확장이라는 분명한 목표를 가져야 한다.

셋째, 선교의 거룩한 삼각구도 적용을 통한 선교활성화 전략에서는 선교를 위한 거룩한 삼각구도의 세 축인 교회와 선교사 그리고 선교단체를 중심으로 살펴보았다. 먼저 교회는 파송의 주체로서 선교비전을 가진 지도자와 능력 있는 기도운동과 선교적 교회로의 전환 그리고 교회가 갖는 선교적 책무를 살펴보았다. 또한, 파송 받은 선교사는 하나님으로부터 부름을 받은 사람이어야 하며, 적절한 훈련을 통하여 훈련되어야 하는 것을 살펴보았다. 거룩한 삼각구도의 다른 한 축은 선교단체로서 유연한 구조와 지속적으로 유지가 가능한 재정구조와 선교훈련의 기능을 할 수 있어야 함을 제시하고 있다.

넷째, 중국 도시 가정교회 선교 활성화 전략에서는 BM선교회 사역의 공유를 통한 활성화 방안, B지역의 선교 기도회 적용을 통한 활성화 방안, 선교 동원대회 참여를 통한 활성화 방안, 단계별 및 지역별 요소를 활용한 활성화 방안, 선교거점을 활용한 활성화 방안, "선교중국 2030"의 비전 공유를 통한 활성화 방안 등으로 구분하여 살펴보았다.

먼저, 선교동원과 선교교육을 목적으로 시작한 '선교학교'와 선교중국의 비전을 가지고 2010년에 시작한 BM선교회의 BAMT 프로그램인

'선교캠프'와 '선교정탐훈련'을, 2011년 시작한 B지역 '선교기도 모임'을 제시하고 적용점을 찾아보았다. 이어서 '선교중국대회'와 '2013 ACLF'와 같은 '선교동원대회'를 제시하고 적용점을 찾아보았다.

선교중국 측면에서 구축되어 있는 인프라를 활용한 활성화 방안을 단계별 즉, 국내 소수민족 지구, 중국과 육로로 국경을 접하고 있는 나라들 그리고 미전도 종족 지역 등으로 살펴보았고, 선교거점으로서의 주변국가에 분포되어 있는 중국민족 집단과 전 세계에 분포하고 있는 화교와의 협력을 통한 활성화 전략을 제시하여 보았다. 아울러서 중국 도시가정교회 리더들이 제시한 '2030 선교중국' 비전과 그 일환으로 개최된 '2015 선교중국 2030 대회'를 살펴보며 도시가정교회 선교활성화 방안을 살펴보았다.

끝으로, 원저우 도시가정교회 지도자들 대상으로 실시한 선교의식의 실증 분석 결과를 위에 제시한 활성화 방안을 종합하여 중국 도시가정교회 선교활성화 전략을 정리하였다.

제5부

결론

제5부
결론

    교회는 주님의 세계선교를 감당함에 있어서 매우 중요한 기관이다. 교회가 '본질로서의 선교'를 감당하기 위해서는 교회의 모든 성도가 참여해야 한다. 결국 교회의 선교는 교회 지도자들의 선교에 관한 의식이 중요한 요소가 된다. 왜냐하면 교회 지도자 그룹들의 선교에 관한 의식에 따라 교회의 선교 참여도가 확연히 달라지기 때문이다. 따라서 본 연구는 교회 지도자들의 선교에 관한 의식에 영향을 주는 변수들에 대하여 확인하였으며, 교회가 '선교사를 파송할 계획'에 영향을 주는 변수들을 확인하였다. 이러한 변수들을 근거로 교회에서의 선교운동의 활성화를 위한 지도자 개인차원과 교회차원에서의 방안들을 찾아보고 중국 도시 가정 교회에 대한 활성화 전략을 제시하는 것에 강조점을 두었다. 이 장에서는 지금까지 논의한 내용을 결론적으로 요약하고, 연구를 진행함에 있어서 기여도와 한계를 밝히며, 향후 연구를 위해 제언하였다.

제1장 요약

본 연구는 현재 강한 부흥의 역사를 경험하고 있는 중국교회가 세계선교를 감당하기 위한 선교활성화를 위해 중국 도시교회 선교전략을 세우는 일에 역점을 두고 진행하였다. 본 연구의 진행을 위해 총 다섯 부분으로 구성하였으며, 다음과 같이 장별로 요약을 하였다.

먼저 제2부에서는 본 연구를 진행함에 우선적으로 필요한 중국교회에 대한 이해를 다루었으며 크게 세 부분으로 나누어서 연구하였다.

첫 번째 부분으로는 중국교회에 대한 전반적인 이해이다. 이를 위하여 현대기독교 즉, 1807년의 로버트 모리슨(Robert Morrison)의 중국선교를 기점으로 하였다. 중국교회사를 연구하는 방법은 다양하지만, 본 연구에서는 시간적 순서와 그 가운데 중요한 의미를 갖는 주요한 사건들을 중심으로 살펴보았다. 중국교회 개신교 역사는 기독교가 처음 전래된 1807년에서 중국이 공산화되면서 중화인민공화국을 수립하는 1949년까지, 1949년 공산화 이후 문화대혁명이 종료되는 1976년까지, 그리고 중국정부가 개혁개방을 시도하는 1978년부터 현재까지로 구분하여 살펴보았다.

공산화 이전의 중요한 사건은 허드슨 테일러(Hudson Taylor)의 중국내지선교회(China Inland Mission)가 설립되면서 내지 선교를 시작하게 된 것으로, 이는 선교적으로 깊은 의미를 갖는다. 중국의 아편전쟁 패배는 중·영간에 체결되는 남경조약과 그 뒤에 계속되는 8개국과의 불평등 조약으로 이끌었다. 이러한 강제적인 조약체결로 인해 중국인들의 기독교에 대한 반감이 표출되면서 반기독교 운동이 다양한 형태와 다양한 주도세력에 의하여 전국 각지에서 대규모로 발생하였다. 본 논문에서는 대표적인 사건들인 의화단 사건, 오주참안, 비기독교운동, 그리고 북경지역의 대학생과 지식인들을 중심으로 전개된 비기독교 운동 등에 대하여 살펴보았다.

그 후 1949년 중국의 공산화 이후 중국교회는 큰 위기를 맞이하게 되는데 그것은 '기독교삼자혁신운동'의 과도기 과정을 거친 후에 설립된 '중국기독교삼자애국운동위원회' 때문이다. 정부는 이 기구를 통하여 모든 종교를 통괄하게 되었는데 기독교도 예외가 아니었다. 이 삼자애국운동위원회에 참가한 교회를 소위 삼자교회로 칭하고, 여기에 가입하기를 거부한 교회를 소위 가정교회 혹은 지하교회로 칭하게 되면서 중국교회는 크게 두 부류로 나뉘어져 지금까지 존재하게 된 것이다. 본 연구에서는 이 두 개의 교회에 대하여 역사와 존재양태, 성격과 신학사상 그리고 선교에 관한 입장에 대하여 살펴보았다. 연구의 대상이 되는 가정교회에 대하여 비교적 상세히 다루었다.

두 번째 부분에서는 본 연구의 목적을 위하여 범위를 가정교회로 한정하였고, 특별히 세계선교를 위한 운동을 펼칠 가능성을 가진 교회로서의 도시가정교회에 대한 이해를 집중적으로 연구하였다. 가정교회는 전통적 가정교회, 도시가정교회, 그리고 독립된 형태의 가정교회 등이 있지만 여기서는 도시가정교회에 대하여 연구하였다. 경제성장과 이를 수반한 교통·통신수단의 발달로 인해 중국의 도시화 현상은 빠른 속도로 진행되고 있다. 도시화로 인하여 여러 현상들이 나타나고 있으며, 그 여파는 교회에도 많은 영향을 미치게 되어 도시에 새롭게 많은 교회들이 세워지는 결과를 가져왔다. 이러한 교회들은 북경이나 상해와 광주 등과 같은 대도시뿐만 아니라 원저우와 같은 중소형 도시에도 일어나고 있는 추세이다.

이 연구에서는 기존의 교회들과는 구별되는 부흥 중에 있는 중국의 도시가정교회의 역사와 배경, 특징과 선교적 역량들을 살펴보았다. 기존의 가정교회가 갖는 '농촌인구와 부녀자와 노인'이 많던 삼다현상이 적용되지 않는 교회들로서 단순하게 지리적인 의미가 아닌 도시가정교회의 길지 않은 역사와 종류, 교회 구성원들과 구조와 성격들에 대하여 살펴보았다.

이러한 교회들이 갖는 특성들을 살펴보면서 결국에는 세계선교의 당위성 앞에 직면해 있는 도시가정교회의 사명을 발견하게 되었다. 인적 구성에 있어서 지식층들과 전문직 종사자들, 회사를 경영하는 CEO들이 주로 있으며, 이러한 구성원들이 내포하는 의미는 교회가 갖는 재정적 규모와 무엇보다도 교회 지도자들의 해외 경험을 포함한 다양한 경험이나 의식 등 실제 선교에 필요한 환경들이 조성되어 있다는 것이다.

이것은 이 연구가 갖는 일차적 의미를 증명해주는 결과이다. 그 후 중국교회가 세계선교를 감당하기 위해 넘어야 할 현안의 문제에 대해 기술하였다. 현재 세계선교의 도전 앞에 있는 중국의 '도시가정교회'가 세계선교를 감당할 수 있도록 돕고 선교전략을 세워주고자 하는 것을 목적으로 본 연구는 실제 적용을 위하여 저장성 원저우지역을 선정하여 집중적으로 연구하였다.

세 번째 부분은 본 연구에서 도시가정교회의 한 모델로 선정한 원저우지역의 교회에 대한 이해를 집중적으로 연구하였다. 원저우지역의 교회는 '중국의 예루살렘'이라는 칭호를 가질 만큼 기독교가 부흥하고 있다. 이 장에서는 원저우지역에 대한 일반개황을 살펴보았고, 원저우인의 특성을 살펴보면서 이것이 원저우교회의 지속적인 부흥과 무관하지 않음을 알게 되었다. 그들은 4감(敢) 정신이 보여 주듯이 미개척분야에 대한 두려움이 없으며, 새로운 것을 만들어 내는 창의성 등이 있었다. 이어서 원저우지역의 교회역사를 1865년 원저우지역에 기독교가 처음

전래된 때로부터 1949년 공산화 이전까지의 역사를 살펴보았다.

당시 복음전파의 주요 세력이었던 선교회 혹은 교파 중심으로 살펴보면서 각각의 교파들 즉, 내지회, 순도공회, 중국기독교자립회, 중국예수교 자립회 그리고 기독도집회처 등이 갖는 특성과 선교 방법, 그리고 결과들을 살펴보았다. 다음으로 오늘날 원저우교회의 현황과 부흥의 원인, 그리고 원저우교회의 특성들을 연구하면서 얻게 된 결론을 기술하였다. 원저우지역의 교회는 신도수와 집회와 교회당 건물이 많고 집회 방식이 다양한 특성 외에 평신도 동역자로 규정할 수 있는 동역자(同工)가 많은 것이 원저우교회의 두드러진 특성임을 알게 되었다. 이 평신도 동역자들이 원저우지역교회 부흥의 중심부에 있는 것은 중국교회의 한 모델 "원저우모식(溫州模式)"이 될 수 있을 것이다.

또한, 원저우지역교회는 목회사역에 있어서 교육중심의 목양사역과 복음전도 사역과 사회에 대한 적극적 봉사활동, 그리고 지역교회 간의 연합을 통해 공동으로 관리하는 신학훈련반을 개설하는 등, 목회사역뿐만 아니라 선교사를 파송하는 일에도 협력하는 사례들이 있었다. 이것은 원저우지역 교회가 선교운동을 펼칠 적절한 단계에 도달해 있음을 보여주는 결과이다. 한편 이러한 결과가 실제로 원저우지역 교회 지도자들과 교회 가운데서 어떻게 나타나고 있는지를 알기 위하여 원저우지역 도시가정교회 지도자들을 대상으로 그들이 가진 선교의식을 조사하였다. 다음 장에서 이 내용과 결과를 살펴보았다.

제3부에서는 "원저우지역 가정교회지도자들의 선교의식에 대한 실증분석"을 제목으로 하여 본 연구의 대상지역인 원저우지역 교회지도자들의 선교의식에 관해 연구하였다. 이 연구를 위하여 설문지 조사방법과 인터뷰 등을 통한 방법, 즉 질적 연구와 양적 연구를 병행하였다. 먼저

설문조사는 원저우지역 교회 지도자들과 신학생그룹을 대상으로 실시하였으며, 이미 설립되어 있는 원저우지역의 선교회 관련 인사들을 대상으로 인터뷰 하였으며, 기존의 자료 그리고 서면 인터뷰를 통한 조사를 실시하였다.

이 장에서는 설문조사에 대한 분석을 위하여 연구의 설계와 연구의 결과 및 해석으로 나누어 연구하였다. 연구의 설계 과정에서 종속변수와 종속변수에 영향을 주는 독립변수를 세로축으로 하고 인구 통계적 특성과 교회적 특성을 가로축으로 하는 모형을 기본 틀로 하는 설문을 구성하였고, 설문의 분석을 위하여 통계전문 프로그램인 SPSS(PAWA 17.0)를 사용하여 분석하였다. 분석은 비교분석과 병행하여 단계별로 정확한 분석을 위하여 회귀분석을 실시하였다.

분석의 결과는 지도자들의 선교의식을 4 단계로 나누어서 연구하였다. 첫 번째 단계는 선교에 관한 관심의 단계, 두 번째 단계는 헌신의 단계, 세 번째는 선교사의 당위성 단계, 네 번째는 선교사로 순종하여 나가는 단계이다. 이 네 개의 변수를 종속변수로 하고 각각의 종속변수에 영향을 주는 요소들을 회귀분석을 통하여 찾아내었다. 먼저 '관심'에 영향을 주는 독립변수들은 당위성과 설교와 선교지식으로 분석되었으며, '헌신'에 영향을 주는 독립변수들로는 '선교를 위한 헌금' 과 '당위성과 선교에 관한 설교'이다. 선교사의 당위성에 대한 독립변수들로는 '선교를 위한 기도'와 '헌금'이며, 개인적으로 선교사로 나가는 일에 '순종'의 여부에 영향을 미치는 독립변수들로는 기도와 선교의 당위성으로 밝혀졌다.

한편 교회의 선교의식으로는 '선교사 파송계획'을 종속변수로 하였으며 이에 영행을 미치는 독립변수들로는 '선교세미나, 특강, 선교훈련' 과

'선교의 당위성'으로 분석되었다.

본 연구에서는 이와 같은 분석결과들을 근거로 원저우지역 교회의 선교활성화를 위한 결론적 제안을 교회내부, 교회 외부, 선교지 개념으로 나누어 제안하였고, 결론으로 선교활성화 전략을 위한 제안을 하였다.

제4부에서는 실증분석 결과의 함축적 의미와 분석 결과를 근거로 한 도시가정교회 선교 활성화 방안에 관한 연구로 네 부분으로 나누어서 고찰하였다.

첫째, 실증분석의 결과로부터 개인적 모형에서는 종속변수를 세계선교에 관한 관심, 헌신, 선교사, 순종으로 하고 각각의 종속변수에 영향을 주는 독립변수들을 발견하였다. 각각의 독립변수에 가장 큰 영향을 주는 요소로는 '선교의 당위성'이며, 이어서 기도와 헌금과 설교 그리고 선교에 관한 지식인 것을 발견하였다. 종속변수를 교회의 선교사 파송으로 하는 교회 모형에서는 교회의 선교참여, 세계선교를 위한 기도회, 교회 내 선교훈련이나 특강 등의 독립변수가 영향을 주는 것을 발견하였다. 원저우지역의 지도자들이 생각하는 세계선교에 관한 중국교회의 문제는 성도들과 지도자들의 선교의식이 없는 것과 정치적인 이유로 인한 어려움이다. 선교의 활성화를 위하여 교회는 선교교육과 선교를 위한 기도와 선교훈련 등의 필요성을 제시하였다.

둘째, 중국 도시가정교회 선교활성화 전략 연구에서는 중국교회의 선교 당위성과 세계선교를 감당하기 위해 가장 시급하게 할 일이 해외선교에 관한 인식의 전환인 것을 알게 되었다. 중국교회는 이미 부흥과 환란과 핍박과 선교 경험을 가지고 있으며, 국가의 국력과 경제력 상승의 인프라가 구축되어 있는 것을 고찰하였고, 무엇보다도 '도시가정교회"의 발흥과 부흥으로 선교적 역량을 갖추어 가고 있는 것을 제시하였다.

셋째, 도시가정교회 선교활성화를 위해 선교의 '거룩한 삼각구도'와 하워드 브란트(Howard Brant)의 "다수 세계에서 일어나고 있는 신흥 선교운동을 위한 7가지 핵심사상"을 접목하여 살펴보았다. 교회는 파송의 주체로서 선교비전을 가진 지도자와 능력 있는 기도운동과 교회가 갖는 선교적 책무를 살펴보았다. 이어서 파송 받은 선교사의 소명과 적절한 훈련 사항에 관하여 살펴보았다. 그리고 선교단체가 구비해야 할 성격으로 유연한 구조와 지속적으로 유지가 가능한 재정구조와 선교훈련의 기능을 살펴보며 선교 활성화에 필요한 구조를 제시하였다.

넷째, 중국 도시 가정교회 선교 활성화 전략에서는 기존의 선교프로그램을 가진 한국의 선교단체, 중국 내의 도시가정교회 세계선교기도회, 선교동원 대회와의 협력이나 참가를 통한 활성화 전략을 고찰하였다. 또한, 중국이 국가적으로 가지고 있는 환경들을 활용한 단계별 및 지역별 요소를 활용한 활성화 방안, 선교거점을 활용한 활성화 방안들을 고찰하였고, 종합적으로 '선교중국 2030'의 비전 공유를 통한 활성화 방안을 제시하였다.

제2장 활성화 전략

본 연구의 서론에서 제기한 것과 같이 중국교회는 세계선교에 관한 많은 인프라들이 구축되고 있지만 여전히 선교의식의 부재 혹은 소극적 태도에 문제의식을 가지고 있으므로 본 연구를 시작하였다. 양적조사를 실시하여 실증적으로 분석함으로 현상을 파악하였고 선교활성화를 위한 전략을 제시하였다.

본 연구를 통하여 파악한 결과로 중국의 원저우 도시가정교회의 선교 활성화를 위해 시도해야 할 첫 단계는 선교에 '관심'을 갖게 하는 것이다. 선교에 대해 관심을 갖게 하는 중요한 요소는 선교에 관한 당위성을 갖게 하는 것이며, 교회가 선교에 대하여 설교하고 선교에 관한 교육을 통하여 세계선교에 관한 지식을 갖게 하는 것이다. 본 연구에서는 '관심'의 변수를 해결하는 방법으로 본 필자가 속한 선교회의 선교학교 프로그램을 제시하여 중국 도시가정교회의 활성화를 촉구하였다. 선교학교 프로그램을 운영하기 위해서는 먼저 지도자들이 필요성을 실감하고 교회에서 정규 프로그램으로 운영하는 것이다.

두 번째 단계는 성도들의 삶을 통해 선교에 '헌신'하도록 하는 것이다. 선교에 헌신하는 삶에 영향을 주는 독립변수는 선교헌금과 선교의 당위성, 선교에 관한 설교와 기도 등으로 파악되었다. 세 번째 단계로 '선교사로 부르심'에 대한 응답으로 기도와 헌금이 영향을 주는 종속변수로 파악되었다. 이러한 '헌신'이나 '선교사'의 변수를 해결하기 위하여 본 필자가 속한 선교회의 선교동원과 훈련 프로그램인 '선교캠프'와 '선교정탐 훈련'을 제시하였다. 이 프로그램은 선교에 관심이 있는 성도들을 교회로부터 추천받거나, 신학교 졸업생들 중에서 선교에 관심이 있는 자들과 함께 실제로 선교캠프와 타문화 경험을 위한 정탐훈련을 같이 실시하는 것이다. 이론적인 것을 넘어서 선교의 실제를 배우고 경험하고 도전받을 수 있는 프로그램이다. 지역교회에서 참여함으로 선교 활성화가 가능한 전략으로 제시하였다.

또한, 중국의 B지역에서 실시되고 있는 세계선교기도 모임을 소개하며 원저우지역뿐 아니라 다른 지역에도 세계선교 기도회가 보급되어 중국교회가 선교 활성화를 이루도록 기도회와 선교회와 선교사 파송에 대한 내용을 제시하여 전략적으로 활용하도록 하였다. 네 번째 단계로 선교사 후보가 실제로 순종하여 타문화권 선교사로 나가는 것에 영향을 주는 변수로는 선교를 위한 기도와 선교의 당위성이라는 것을 알게 되었다.

본 연구에서는 위의 여러 변수들을 고려하여 선교동원 대회를 제시하였다. 지도자들과 성도들이 참여 할 수 있는 한국에서 열리는 '선교중국대회'와 홍콩에서 열렸던 '2030 선교중국대회' 등과 같은 선교동원 대회는 선교 활성화에 좋은 전략으로 제시될 수 있다. 그 실례로 선교한국이 한국 선교계에 끼친 지대한 영향은 누구도 부인할 수 없을 것이다.

중국교회의 세계선교 측면에서, 구축되어 있는 인프라를 활용한 활성화 방안을 단계별 즉, 국내 소수민족 지구, 중국과 육로로 국경을 접하고 있는 나라들, 그리고 미전도 종족 지역 등으로 살펴보았고, 선교거점으로서의 주변국가에 분포되어있는 중국민족 집단과 전 세계에 분포하고 있는 화교와의 협력을 통한 활성화 전략을 제시하였다. 본 필자가 2015년 중국교회 선교 관심자들과 같이 정탐훈련 중에 선교중국 비전을 나눈 인도네시아 화교 교회들은 대륙에서 올 선교사 후보들에 대한 인턴십 과정까지도 이야기 한 바가 있는 것으로 보아 화교를 거점으로 한 전략도 중국교회의 선교활성화에 유익한 전략일 수 있다.

아울러서 중국 도시가정교회 리더들이 제시한 '2030 선교중국' 비전과 그 일환으로 개최된 '2015 선교중국 2030 대회'를 살펴보며 도시가정교회 선교 활성화 방안을 살펴보았다. 한국 선교사들이나 교회들도 중국교회 지도자들이나 선교 관심자들이 이런 대회에 참여하도록 적극 협력하여 중국교회의 선교 활성화를 촉진해야 할 것이다.

끝으로 하워드 브란트가 제시한 신흥 선교운동을 위한 일곱 가지 핵심사상을 중국 도시가정교회의 선교활성화와 접목시키고자 하였다. 중국교회 특별히 중국의 삼자교회나 전통적인 농촌 가정교회와는 구별되는 도시가정교회에 구축하는 일이 선교활성화에 큰 틀이 된다. 도시가정교회의 구성원인 젊은 지식인들인 중에 선교에 하나님께로부터 부름 받은 개인과 비전을 보는 지도자들이 일어나고, 도시가정교회들이 선교적 교회로 전환하는 일이 우선되어야 활성화를 이룰 수 있을 것이다.

부름 받은 개인은 건전한 신학과 상황화 된 선교학 등이 포함된 적절한 훈련을 받아야 한다. 이어서 선교사를 동원하고 훈련하고 파송하며 관리하는 선교단체가 있어야 한다. 중국교회가 아직은 미비한 상태에 있지만 건전한 선교단체가 설립되어 유연한 구조와 유지 가능한 재정구조를 구비한다면 도시가정교회 선교 활성화에 박차를 가할 것이다. 일곱 번째 핵심사상은 능력 있는 기도운동이다. 기도운동은 본 연구의 본문 중에도 기술되었을 뿐만 아니라 세계선교 역사가 증명하고 있는 선교의 중요한 요소이다. 선교를 일으키고 유지함에 있어서, 선교가 활성화함에 있어서 기도 운동은 매우 중요하다. 중국의 도시가정교회 선교 활성화에 핵심전략으로 기도운동을 제시한다.

제3장 기여도와 한계

본서는 중국교회의 세계선교 운동의 활성화를 위해 중국교회의 현황과 문제를 제시하였으며 또한, 그 대안적 차원에서 선교운동의 활성화를 위한 전략을 제시하였다.

우선적으로 본 연구의 기여도는 첫째, 선교적 관점에서 중국 도시가정교회를 연구한 것으로 향후 중국교회의 선교관련 연구에 기여할 것으로 기대한다. 둘째로 중국교회 지도자들의 선교의식에 대하여 조사하고 분석하여 현재 중국교회의 선교적 위치를 파악하여 향후 선교전략을 세우는데 중요한 자료가 될 것으로 기대한다. 무엇보다도 선교사로 헌신하는 단계별 분석을 시도하여, 각 단계별로 영향을 미치는 변수들을 파악한 것과 교회가 선교사를 파송하는 일에 있어서 선행적으로 해야 할 교회 차원의 변수들을 파악한 것이다. 셋째로 본 연구는 중국교회가 선교에 있어 지도자들이 생각하는 어려운 점, 장애물 및 강점들을 파악한 것이다. 마지막으로 이 연구의 결과로 제시된 전략과 모델이 중국교회의 선교운동 활성화를 위한 작은 밑거름이 될 것을 기대한다.

부흥과 변화의 시대적 환경 앞에 직면해 있는 중국 도시가정교회의 신앙적 행동이 요구되는 상황에서 중국교회는 선교적 행보를 나타낼 때가 되었다. 엄밀히 말하면 중국교회는 벌써 선교중국의 행보를 진행했어야 했다고 말할 수도 있다. 중국교회가 처하고 있는 정치적 상황이 여전히 어려운 것은 사실이다. 그러나, 중국교회의 세계선교에 대한 책무는 거부할 수 없는 주님의 지상 명령이요 대사명이다(마 28:18-20). 중국교회, 특히 도시가정교회는 세계선교에 깊은 관심을 갖고, 세계선교에 헌신하여 선교사를 동원하고 파송하는 일에 힘써야 할 것이다.

따라서 본 연구에서 제안된 이론들을 따라서 중국교회의 선교운동 활성화에 바람직한 모델이 더 계발되어 세계선교로의 전환과 그 실행을 기대한다.

그러나 이와 같은 기대에도 불구하고 본서는 많은 한계와 약점을 가지고 있어 보완해야 할 점들이 많이 있다. 그것은 첫째 설문조사 자료수집이 지도자 중심으로 되어서 교회의 구성원인 일반 성도들의 선교에 관한 의식을 알 수 없는 약점을 가지고 있다. 한국 교회를 거울삼아 본다면 지도자가 선교에 관한 의식이 없는 것이 큰 문제이지만, 아울러서 지도자 혼자 선교에 관한 열정이 있고 성도들이 무반응인 경우도 있을 수 있다. 이런 면에서 이 연구는 성도들의 선교의식이 고려되지 않았다는 한계를 가지고 있다.

둘째로 연구대상 지역으로 삼은 원저우교회가 갖는 대표성에 대한 약점이다. 왜냐하면 원저우지역의 도시가정교회는 북경이나 상해, 광주지역 같은 곳의 도시가정교회와는 또 다른 성격이며, 원저우지역은 이 지역만의 부흥의 역사와 독특한 특성을 가진 교회이기 때문에 이 결과들을 일반화하여 다른 지역의 교회에 제시하기에는 무리가 있다.

셋째로 설문조사의 결과물을 가지고 비교분석 하여 경향을 살피고 회귀분석을 통하여 단계별 종속변수에 영향을 주는 독립요소들을 분석하여 그것을 근거로 선교운동의 활성화 전략을 제시하였다. 그러나 이것이 전체 중국교회에 적용되도록 하는 데는 한계와 약점을 가지고 있다. 이 제안이 전체 중국교회에 적용되도록 하는 일에 많은 계획과 노력들이 필요할 것이다.

이와 같은 한계와 약점이 있지만 제시된 적용모델이 중국교회를 선교하도록 동원하는 일에 일익을 담당할 것을 기대한다.

제4장 후속연구를 위한 제언

본 연구는 원저우지역 도시가정교회 지도자들이 가지고 있는 세계선교에 관한 선교의식을 파악하여 중국교회의 선교운동 활성화에 필요한 정책이나 전략을 제시하는데 그 목적을 두고 진행하였다. 이 일을 위하여 자료와 문헌을 연구하고 수집하여 SPSS 프로그램으로 비교분석과 회귀분석을 시행하여 결과를 도출하였다. 그러나 본 연구를 위한 자료 수집은 이 연구의 한계와 약점에서도 언급하였듯이 원저우라는 특정지역과 일반 성도를 제외한 지도자그룹으로 한정하여 조사하였기 때문에 중국전역의 교회를 이 기준으로 보는 것에는 무리가 있을 것이다. 따라서 더욱 효율적이고 실질적인 후속 연구를 위하여 다음과 같이 제안 하는 바이다.

첫째, 연구를 진행함에 있어서 교회의 일반성도들과 지도자들의 선교의식 간의 관계에 대하여 비교분석하지 못하고 지도자 그룹의 의견만을 채택한 점이다. 이 점에 있어서 조사방법과 시간 및 능력의 한계 등으로 인해 더 보편적인 연구를 하지 못한 것에 대한 아쉬움이 있다. 따라서 이에 대하여 일반성도들을 포함하여 연구를 더 진행된다면 중국교회의 선교운동 활성화에 많은 유익이 될 것이다.

둘째, 비교분석과 회귀분석을 통한 결과들은 지역에 따라 다르게 나타날 수 있을 것이다. 따라서 중국 도시가정교회의 대표성을 확보하기 위하여 조사 대상 지역을 추가하여 연구할 필요가 있다.

셋째, 본 연구를 통하여 중국 도시가정교회와 도시가정교회로서의 원저우지역 교회를 대상으로 선교의식과 거기에 영향을 주는 변수들을 발견하고, 중국교회가 세계선교를 감당하는 일에 약점과 강점에 대한 의식들을 확인했으나, 중국교회 선교운동의 활성화에 대한 보다 구체적인 전략이나 모델의 개발에 심도 있는 연구가 진행되지 못한 것이 큰 아쉬움이다. 향후 지역교회가 선교에 동원되고, 선교사를 파송하는 일에 박차를 가할 수 있는 '중국교회 선교활성화를 위한 선교학교와 선교훈련 프로그램'의 모델에 관한 연구가 더욱 필요하다.

Appendix/ 부록

1. Missions Movement of Churches in China and Cooperative Programs

2. Crisis and the Demand for Transformation in the Ministry faced with the Korean Missionaries in China, 2018

Appendix 1
Missions Movement of Churches in China and Cooperative Programs

Jong-Gu Kim (Ph. D.)

Introduction

This article explores missions movements of churches in China, which I regard as a part of the missions movements of the majority world, including Brazil, Ethiopia, Nigeria, and Chile. With this perspective, I will examine the status, prospects, and cooperative programs of the missions. In order to make this study more dynamic, I will incorporate the contents of interview which I recorded while visiting a mission organization (WH Mission Center) on one mission field.

In this paper, I will expand our understanding of missions movements of churches in China, and seek ways to maintain and revitalize such movements. Then, I will introduce the mission works which my mission organization has carried out since 2010 to promote missions in China. I would like to clarify, in advance, that this article does not present theoretical articulation but focuses on examining mission practices in which I am personally involved.

I. An Outline of the Christian Churches in China

The Chinese church has two hundred years of history. In such a brief period, however, the Chinese church has undergone several major shifts. The first one was China becoming a Communist country in 1949, at which time the Chinese Communist Party established the Committee of the Three Self Patriotic Movement to enforce strong control, management, and supervision of churches. After this incident, the churches in China were divided into two groups: the "Three Self Patriotic Movement," a state-sanctioned and registered Protestant church, and the "house church" which was not sanctioned by or registered to the state, and has undergone ceaseless tribulation and persecution.

The second major shift was the Cultural Revolution, which lasted from 1966 through 1976. During this period, all religions, including Christianity, were almost eradicated due to extreme and severe persecution. Both the Three Self churches and house churches could not maintain their faith. All churches and seminaries were shut down, and believers kept a low profile.

The third major shift was the Communist party's launch of economic reforms and the opening of China's market after the end of the Cultural Revolution. Churches in China sprung up again and opened their doors to people. Churches, once thought to have been uprooted during the harsh Cultural Revolution, have now revived and house churches, especially, are growing at amazingly explosive rates.

Around 2000, another type of church, the so-called "urban house church," appeared in China.[1] Unlike the traditional churches, which were characterized by the phenomenon of "three excessives," urban house churches attracted younger generations and white-collar workers, such as intellectuals, chief executives, and professionals. The social stances and economic capacity of urban house churches were different from those of the traditional ones. These churches do not belong to either the Three Self churches or house churches.

The above was a brief outline of major changes related to churches in China. In the following section of this article, this paper will focus on urban house churches within the missions movements of churches in China.

II. Missions Practices of Churches in China

In this section, I would like to present the mission activities of an urban house church in a city in Zhejiang Province, China. Since becoming a member of this organization in 2006, I have been involved in their ministries in the seminary, biblical counseling training, and missionary training. I conducted a survey of the

---

1 The name varies depending on perspectives: "emerging urban house church," "urban emerging house church," "urban house church," "the third factory," etc.

opinions of the leaders of Chinese churches to gain a sense of their awareness of missions and conducted a written interview with an operating mission society.[2] In this article I will examine the interviews I conducted at this mission organization along with their published resources.

The organization has had a vision of world missions and dispatched missionaries, albeit a small number at present, and formed networks with local Chinese churches in India, Indonesia, and Thailand in order to send them. In mainland China, this organization carries out both evangelism and church-planting ministries among ethnic minorities as well as at the state level, including higher cities, where there is no church.

1. WH Mission Center

1) Mission

XJ Missions takes as the foundation of their mission statement the following verses: "And he said unto them, go ye into all the world and preach the gospel to every creature" (KJV, Mark 16:15); "I am debtor both to the Greeks, and to the Barbarians; both to the wise, and to the unwise. So, as much as in me is, I am ready to preach the gospel to you that are at Rome also" (KJV, Rom. 1:14-15).

---

[2] For the questionnaire, I have visited churches and seminaries affiliated with this organization several times in April and May 2014, had meetings with the director of board of trustees and executives of this mission organization, and also conducted a written survey for concrete information for this research.

2) History

Originally founded in 1989, this organization was renamed to WH Mission Center in 2006, and the Board of Trustees was formed in 2009. As is characteristic of mission organizations, the WH Mission Center states its acceptance of and support for the spirits of the Apostle's Creed, Reformation tradition, and Lausanne Declaration. It also seeks to spread the mission's movement throughout mainland China by inviting churches and organizations to join world missions and evangelism in China.

3) Policy

The basic ideas of the WH Mission Center are that churches, mission agencies, business enterprises, and individuals must be of one mind for the sake of missions, and that churches are to commit all their capabilities to evangelism and church-planting. This is further described in the following:

> Missions are the obligations of all saints and churches, and our own calling. Mission organization, therefore, prioritizes world missions over all and considers it as the calling for each believer and church to share the good news in China, esp. among the ethnic minorities. For this cause, our mission is to go to evangelize all the nations with all of our capabilities and experiences in order to perform our role of connecting the church and the world.

The basic missions policies of this organization are: first, for WH to directly send missionaries to plant churches; second, for mission groups to connect each church, organization, and individual with mission fields to provide support for missions, either independently or through commissioning mission organizations to implement evangelism ministries; and third, to plant churches in every province of China.

4) Mission Status[3]

This organization requires three years of theological training as a basic qualification to be a missionary. According to the data from the current field missionaries, 60 percent of the missionaries are male, and 40 percent are female; as for ages, 40 percent are 25 – 35 years old, 50 percent are 36 – 50 years old, and 10 percent are 51 – 60 years old.

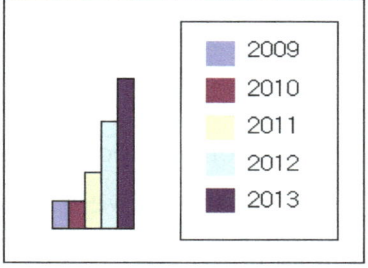

a. Number of Missionaries

This organization began to send missionaries to domestic regions in China. Sixteen missionaries were dispatched in 2009. No missionaries were sent in 2010, but 34 were sent in 2011, 65 in 2012, and 91 new

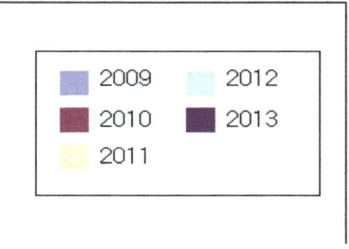

---

[3] As mentioned before, missions examined in this paper refer not only to overseas missions but also to evangelism and church-planting in the churchless county-level cities in China. These are good training fields for overseas missionaries.

missionaries were sent in 2013 (Figure 1). Three other missionaries are currently stationed overseas.

b. The Number of Mission Fields

In 2009, seven mission fields were planted by 16 dispatched missionaries from this organization; 17 in 2010, 23 in 2011, 33 in 2012, and 42 in 2013 (Figure 2). Three ministry fields have been planted overseas.

c. The Number of the Baptized

A total of 163 people received Jesus Christ and were baptized through this organization in 2009, 312 in 2010, 585 in 2011, 812 in 2012, and 1,024 in 2013. It seems that the number of the baptized are rapidly increasing each year.

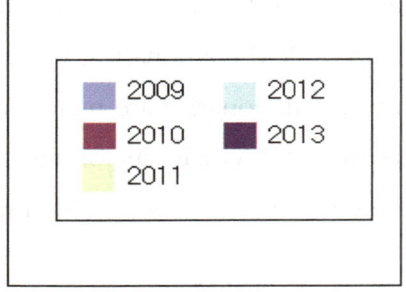

2. Strategy of WH Mission Center

The ultimate goal of this organization is not simply preaching the gospel and planting churches in ethnic minority districts or churchless areas. Through these ministries, missionaries, who had been sent out to different places, have accomplished a variety of mission works, and the mission organization, which dispatched, supports, and supervises them, has encountered a number of different cases. Such experiences will doubtless become great assets and resources for future missions. By utilizing the skills acquired from these experiences, this organization has formed a network with overseas Chinese churches. Through its cooperation with Korean churches, it also has sent missionaries to three overseas fields and has plans to send missionaries to other foreign countries.

Working with this organization, I have helped open classes for mission-oriented theological training and provided lectures and training for missions.

III. A Case of Cooperative Ministries in the Missions Movements of Churches in China and Cooperative Programs

In carrying out missions across the world, churches in China have some weaknesses: political issues, a lack of missionary candidates, a constantly unstable economy, and Chinese ethnocentrism. They also have little experience in overseas missions. These barriers cannot be overcome by Chinese churches alone but require help from experienced mission agencies from other countries.

1. Ministries of Billion Mission

The mission agency that I belong to acknowledged the weaknesses and needs of the Chinese churches and formed a team named B.A.M.T. through a missions conference held in 2010 in order to carry out the ministries required to open the era of missions in China. B.A.M.T. is a research team, primarily devoted to the study of sending Chinese missionaries to Asian countries bordering mainland China. Let us briefly examine their work until now.

First, for concentrated ministries, the mission organization focused on some of the seven essential elements[4] Howard Brant suggested as essential for the settlement, advancement, continuation, and vitalization of the emerging missions movement in the majority world. The seven essential elements, which Howard Brant presented, are 1) individuals called to missions, 2) visionary leaders with the vision of missions, 3) missional churches, 4) appropriate training for missionaries, 5) a flexible structure, 6) a sustainable financial system, and 7) a powerful prayer movement.

B.A.M.T.'s ministries are focused on two missionary-related elements—individuals called to missions and appropriate training for missionaries. B.A.M.T. has already sent one mission unit to Myanmar in partnership and continues to operate the following ministries:

1) Mission Camp

In missions, the awareness of the obligation to go on missions is very important. Without hearing or learning about missions, people

---

[4] Howard Brant outlined seven elements in his presentation at the seminar held by KWMA. Refer to Howard Brant, "Seven Essentials of Majority World Emerging Mission Movements," KWMA Seminar. 3-5 Nov. 2009. Presentation.

cannot gain information about missions, which makes it difficult for recruiting people for missions. Therefore we held a mission camp predominantly for seminary graduates. In April 2012, about 30 participants attended the camp in a place close to Beijing. Four "Perspectives on Missions" were delivered in lecture and discussion format over four days and three nights. The lecturers even discussed the specific steps which churches and their members take in their commitment to world missions. At this camp, a Chinese brother, one of my trainees who had volunteered to go to Myanmar as a missionary, was commissioned to begin his ministry in Myanmar with the partnership of a Chinese church. As they did with all the other participants who had been present at the camp, the local Chinese church and the mission organization promised to support him, which they have continued to do so until now.

The second camp was postponed several times due to unexpected events in China and was finally held in January 2015 near Shanghai. About 50 people from all around the world attended the camp for four days and three nights. Participants were Chinese church ministers, representatives of mission agencies, and house church leaders. Unlike at the first camp, Chinese coworkers paid for lodging and expenses and participated in the programs. At this camp we were able to notice the enhanced status and awareness of the missions of Chinese churches and made a decision about Indonesia Missions Research Expedition Training.

2) Missions Research Expedition Training

I led the Myanmar Research Expedition Training with my Chinese coworkers in 2012. When we visited the mission field, where a Chinese missionary who had been commissioned at the first Mission Camp was working, I led the participants across the border of China and made observations of mission fields in different cultures. After this Research Expedition Training, two leaders at my church had changed. Now they not only participate actively in the missions program but also enthusiastically recruit younger members of our church to become missionaries.

In 2014, fourteen Chinese coworkers andKorean China Mission Association six Korean missionaries from the mission agency gathered in a remote area in southwest China to hold meetings to prepare for the next mission camp and discuss strategic planning. Afterwards, we went to Laos for Research Expedition Training, in which one brother was motivated to dedicate himself to missions and go on short-term missions.

In June 2015, four missionaries from the mission agency and nine Chinese coworkers went to lead Research Expedition Training in the Jakarta region in Indonesia, the largest Muslim country in the world, with many growing Chinese churches. The trip was designed to scrutinize the possibility of missions for Indonesia, especially to Muslims, through the cooperation and network of churches in mainland China and Chinese diaspora churches. A Chinese diaspora church showed a big interest in this task, and we had an opportunity to learn about the ways Chinese diaspora churches think about missionary candidates from mainland China.

We have found that individuals and churches were challenged through Missions Research Expedition Training to participate in missions.

3) Preparation of Mission Training Center

As the missions movement develops efficiently and volunteers commit themselves to missions, the issue of mission training rises to the fore. **Billion Mission** planned to establish a mission center in Cambodia and proceeded, but the project was held up for a while for various reasons. This year, Billion Mission made the decision to launch a Mission Training Center in South China and organized a taskforce team, which will continue to recruit, mobilize, and train the graduates of the seminary, which is operated by the mission agency and its missionaries, local coworkers, and church members in order to produce missionaries. It is no wonder that local Chinese coworkers would like to collaborate in this ministry.

2. Mission China Conference

Korean China Mission Association is composed of organizations with a focus on sending missionaries to China. This association was created with the hope that churches in China would become missionary churches. Its main ministries include holding a conference every two years since 2007.[5] Many leaders from Chinese churches and Chinese diaspora churches participate in this conference, which helps churches in the mainland to take part in missions in China. Billion Mission and I actively participate in this conference as well.

Through this conference, Korean churches as well as diaspora and mainland Chinese churches came to collaborate with each other, and they started sharing their vision and concrete methods of world missions. The conference seems to have presented a model of cooperation in missions.

Conclusion

This paper on mission movements in the churches in the majority world, examined mission work in China, focusing on a mission organization in a particular region. Also, we examined the cooperative programs that have already been implemented by certain ministries to vitalize missions movements of churches in China, such as Mission Camp, Missions Research Expedition Training, and Mission Training Center by the mission organization with which I am affiliated. Furthermore, this paper explored the Mission China Conference, which has facilitated mission movements of churches in China.

---

5 he first conference was held in Korea in 2007, the second in 2009, the third in 2011, and the fourth in 2013. The fifth was scheduled to be held in 2015.

I hope churches throughout mainland China would be equally equipped with the seven essential elements that Howard Brant offered for the attempt, settlement, and development of emerging missions movements: 1) individuals called to missions, 2) visionary leaders with the vision of missions, 3) missional churches, 4) appropriate training for missionaries, 5) a flexible structure, 6) a sustainable financial system, and 7) a powerful prayer movement. I also pray that the churches of China would thereby partake in the world of missions at this last age.

「KMQ(English Edition) 2016」(KWMA)

Appendix 2
Crisis and the Demand for Transformation in the Ministry faced with the Korean Missionaries in China, 2018

Jong-Gu Kim (Ph. D.)

I. Introduction

The world is changing at a rapid pace, both east and west. All spheres of society, culture, politic, and economy are changing all over the world; therefore our mission environment is also changing at a very rapid pace. In addition to changes in the societal and economic fields of the mission field, changes in cultural anthropological aspects are also under way. It also seems that missionary countries and governmental powers dealing with missionaries are changing with unpredictable attitudes.

In 1992, when Korea and China established diplomatic relations, many missionaries went to China with the call and sending of Jesus Christ. They excelled at their missionary works by silently proclaiming the gospel, making disciples, pioneering churches, and setting up small seminaries to train pastor candidates while taking many challenges.

In recent years, however, there has been a strong sense of crisis in Chinese missions. First, since February 1, 2018, 'New Ordinance on Religious Affairs' has been strongly implemented, Korean missionaries in China, as well as Chinese churches, are having difficulties in their activities. Second, there are hundreds of missionaries (some statistics and estimates) who have left their ministries due to the Chinese government's denial of entry, visa denial, and deportation, regardless of their annual or regional status. In addition, visa-related laws have been strengthened, making it difficult to obtain long-term visas. 63 people in Northeast Province in January 2017 and 54 people in Xinjiang Province in January 2018 were deported at the same time and deportation continues. Third, the external growth of the Chinese church, as well as the internal growth in the position and role of Korean missionaries, feel a sense of crisis and are demanded to change. It is another paradigm of Chinese missions and faces the era of Mission China, a strong demand of the times.

In this article, I will examine the trends and ministries of Korean missionaries working in China as of 2018, focusing on the sounds of the field. The recent mission field in China is changing drastically and the ministry of Korean missionaries is also undergoing many changes. It is important to summarize the trends and ministries of Korean missionaries in China at this point.

For the vividness of this article, I interviewed nine field

missionaries, namely, the Chinese local heads of the missions organizations to which I belong. In addition, through the e-mail with missionaries from other missions organizations, I heard the trends of missionaries in China. I also visited GY, BG, and CJ in August and October and interviewed local missionaries to see trends.[1] However, for security reasons, I can not state actual place names or actual situations, and ask for your understanding.

II. Changes in Mission Field

1. Changes in China

At the heart of China's transformation is its economic growth, which is developing with a sharp rise. China's society and the nation are developing with strong titles such as, the world's largest foreign reserves, the world's largest oil consumption, and the world's largest economy. On the other hand, religion, especially Christianity, is experiencing untold tension. There are cases where the church, in Wenzhou in Zhejiang Province, was destroyed and hundreds of crosses forcibly removed. In addition, in the conference on religions held in Beijing on April 21-22, 2016, China's state minister, Si Jinping, instructed the Communist Party not to have religion, giving tension between Chinese Communists and Christians.

---

[1] Their regions are GS, CH, GD, GY, SS, WN, BG, and CJ.

> The Communist Party must be a strong Marxist atheist, never saying that religion should not pursue its own values and beliefs, and give a warning message to the 80 million communists.[2]

The Communist Party of China did not stop here, but enacted 'New Ordinance on Religious Affairs', a legal basis for placing religion under state control. This Ordinance passed the revision on June 14, 2017. And on August 26 of that year, Prime Minister Li Keqiang promulgated the Prime Minister's Decree of the People's Republic of China. This ordinance contains very specific provisions compared to the old 'Ordinance on Religious Affairs' promulgated in 'Issue No. 426' in 2014. The Old Ordinance was total of 7 Chapters 48 Articles, while the New Ordinance has a total of 9 Chapters 77 Articles detailing the content or the statute.[3]

Many Chinese Church leaders and Chinese missionaries had expected the Chinese Christianity to gain considerable freedom as the Sijing government entered. However, the result was reversed, and as soon as 'New Ordinance on Religious Affairs' was promulgated and enforced, the Three Self Church as well as the House Church was now under stronger control.

---

2 "Si Jinping, Communists Should Not Have Religion", igoodnews, May 1, 2016, first page.
3 For more information, please refer to the articles published in the "Mission Times" January 2018 and "with China" in the spring of 2018.

2. Changes in Chinese Church

The Chinese church has been growing rapidly, whether it is a Three Self Church or a House Church. Generally speaking, there are about 100 million Christians in China, but I will analyze it in more detail. In the case of the Three Self Churches accredited by the government, in 2014, "Two Organizations"[4] in China announced the number of Chinese Christians to be 25 million. This shows that the number of Christians increased by 9 million in 10 years compared to 16 million in 2004.[5] On the other hand, there is no adequate statistical data for House Churches that have not received government approval, but Shim-hwa Yu's study estimates the Christian population of China as a whole to be from 67.77 million to 76.02 million.[6] If we refer to these statistics, we can see that Chinese Christians add up to more than 80 million people, and Chinese Christian revival can not be denied.

The Chinese church has grown not only in numbers but also in maturity. It can be seen that the needs of the Chinese church are different from those of the early Chinese missions. In addition to the traditional Three Self Church and House Church, other types of churches are being built around urban areas, which are called

---

4 Two organizations are Christian organizations consisting of 'Three-Self Patriotic Movement' and 'China Christian Council'.

5 Jong-gu Kim, It is described detailedly in "A Study on the Mission Activation Strategy of Chinese Urban House Church", Seoul Bible Graduate School of Thelogy Doctoral thesis 2015, 13–14.

6 Shin-hwa Wu, "How Many Christians are in China?" 『Theological Journal』(Yangpyeong: ACTS Theology Institue, 2014), 59–117.

'New Urban Church', 'New Urban House Church' or 'Third Church'. Unlike the House Church, whose main constituent are the existing rural population, women, and the elderly, these churches are locally located in urban areas and consists of intellectuals, professionals and managers from the urban populations. These churches are being built not only in big cities such as Beijing and Shanghai, but also in other cities, and is playing a big role in the changing of Chinese churches.[7]

Leaders of urban home churches have already begun to be interested in cross-cultural missions. They are opening the era of world mission in the Chinese church, holding '1st Mission China 2030' in Hong Kong in 2015, '2nd Mission China 2030' in Jeju Island in Korea in 2016 and '3rd Mission China 2030' in Chiang Mai, Thailand. It is moving from the "China Mission" era to the "Mission China" era, a new paradigm.[8] They plan to send 20,000 missionaries by 2030 and they have selected ethnic groups in China to have each church or group adopt into the ethnic group.

However, since February 1, 2018, 'New Ordinance on Religious Affairs' has been implemented more strongly than expected, and the activities of Chinese churches and church leaders have been severely

---

7 Jong-gu Kim, book above, 23-24.
8 Jong-gu Kim, book above, 153-54. and referenced 'Mission China 2030 Jeju' handbook. The first meeting was held in Hong Kong from September 29 to October 1, 2015, and 63 House Churches or 63 representatives from the organizations started as promoters. The second meeting was divided into 5 sections (MC0-MC4) on the theme of "Son of Peace" in Cheju-do, Korea from September 27 to September 30, 2016, and there were in-depth presentations and discussions. The conference was led by the local churches in Beijing, and about 1,200 Chinese House Churches leaders and people interested in missionaries participated.

hampered. It is illegal to leave the country without the permission of the Communist government and to engage in ministries, such as studying abroad, attending rallies, pilgrimaging to the Holy Land, and establishing religious institutions. When renting a meeting place to a church that is not authorized by the government, that is, a House Church, the landlord is also subjected to strong regulations through imposing liability and penalties.[9] For this reason, the churches that originally gathered by hundreds of people are trying to make changes by dividing into small groups and gathering at homes. It is impossible to know how this phenomenon will affect the Chinese church in the future.

As mentioned above, the Chinese church in the 21st century has been undergoing various changes such as external revival, internal maturity, the emergence of the Urban House Church, the start of the mission China, and the strong implementation of "New Ordinance on Religious Affairs". Our missionaries in China, that were present before the change of the Chinese church, need to recognize the crisis consciousness and the necessity of the conversion of the method, object and form of existing ministry.

III. Crisis Facing and Demands for Changes

In the interview with the missionaries mentioned above or given

---

[9] New Ordinance on Religious Affairs Chapter 8 Article 69, 70, 71

in the correspondence, the words, which are repeated in common, are 'crisis' and 'conversion of ministry'. Respondents think of the crisis as two aspects: one is the crisis of status, and the other is the crisis in ministry. Also, 'conversion of ministry' is different from the early church mission in China. 'Conversion of ministry' is the attempt to recognize the needs of Korean missionaries in Chinese churches, the role of Korean missionaries in Chinese missions, and the cooperation of Korean churches in opening the era of 'Mission China'. Now, let's look at 'crisis' and 'conversion of ministry' in detail.

1. Crisis caused by the 'New Ordinance on Religious Affairs'

New Ordinance on Religious Affairs is expected to bring many changes to the Chinese church. After the reform and opening of China, the Three Self Churches and the House Churches have walked the path of revival. In addition, missionaries from Korean churches have made many contributions. However, with the implementation of New Ordinance, Chinese churches, especially House Churches, are facing the greatest crisis since the Cultural Revolution. New Ordinance regulations, which was reinforced and embodied by the Communist government over the past 12 years, includes activities in and out of China, links with foreign organizations, involvement in religious matters to the lowest level of government, and control of religious news through SNS etc. In this situation, the Chinese church activities will not be free. Therefore, it is difficult for the Chinese church to cooperate and meet with Korean missionaries. Also, it is not easy for Korean missionaries to carry out mission work as before. The ministry in China and the ministry abroad toward the Chinese are also facing a crisis.

2. Crisis of Residence and Status

On August 13, 2013, Kookmin Daily published the following article.[10]

> Missionary A was refused an extension of visa from the Chinese embassy in Seoul on July 15. An embassy official said their reason by, "Do not you know better what you are doing (in China)?" It was the end of Chinese mission that he had been working on for more than 10 years... On the night of December 25, last year, missionary B was giving a Christmas service in a building in Beijing, China. Suddenly, the police came and said, "Stop the illegal religious rally." B was taken to the public security office on that day and was investigated and forced to leave China the next day.

Hundreds of families have been forced to leave the country, denied entry to the country, or denied a visa. As a result, created a great deal of tension for Korean churches and Korean missionaries who have loved China and served Chinese churches in various ways. The news of these involuntary return home are continuously being heard.

---

10 "Red light on 100 year continental mission", Kookmin Ilbo Augest 30, 2013, page 29

3. Crisis of Ministry (Content or Level)

Missionary Kim, who has been working in China for a long time, told a senior missionary, who was working faithfully in a particular city in China by the end of 2015, "I am in trouble. What should we do next? The local people's participation in the ministry is falling, and I feel less confident. " He said this remained in his heart and told his feelings.

> The senior missionary who confessed to such troubles was one who has been calmly committed to ministry for the last 20 years. He was highly esteemed by his fellow missionaries, both spiritually and intellectually, including language skills. But he said, "What am I going to do next? What am I going to do here? " I know this is not just a single senior missionary's worries. When I traveled to various parts of China and met my colleagues, I could see that they were directly or indirectly obsessed with vague anxieties.

A missionary from GS provinces said about the crisis of change in China.

> I see that any missionary now has the idea to wake up the church here and mission. So they try to do it in the Chinese church or with them for mission China. Some organizations or missionaries are working together, but there is a problem that this is not easy to achieve. In fact, it is difficult to see Korean missionaries doing these things and make up great achievements. The fear of conversion of ministry is the common sense that Korean missionaries have.

a. Crisis from Changes

As missionaries have such ideas, Missionary Kim said, "We see the problem of coping with change as a common factor." In fact, China in the 21st century is rapidly changing in many areas. Above all, China is making rapid economic development, and the Chinese society and the Chinese people's lives are also changing. Externally, it is accompanied by a rise in prices, a rise in real estate prices, and an increase in overseas travel and international students. This phenomenon has not only brought about a change in the general society but also a big change in the Chinese church. These changes demand a lot of changes in the lives and ministries of Korean missionaries. However, while Korean missionaries focused on their ministry with their particular zeal and sincerity, they may not have been able to detect and prepare for sudden changes in the mission environment. As for this situation, Missionary Kim says.

> Chinese and Chinese Christians who are ministerial targets are changing so rapidly. I believe that the Chinese Church does not provide enough of the needs in terms of 'areas of ministry and quality of ministry.' In some cases, the Chinese church is not needed anymore, and there are areas that are better than Korean ministers. A senior missionary's worries will be a common task for Korean churches and missionaries who want to serve Chinese churches. It is considered inevitable that churches and missionaries who have not actively or actively coping with 'change' or are not able to do so are increasingly worried about Chinese missions.

b. 'Instability of Ministry'

If the ministry of China mission has been stable in the past in a settled relationship, now it can be thought of as very unstable regarding the identity and role of the ministers due to the rapid change of the local situation(economy, education, church). Missionary Kim makes the following statement specifically about the crisis or instability of ministry.

> First, for about 20 years, the relationship between Korean missionaries and local Christians, churches and organizations (Korean denominations and presbyteries) was stable. At present, however, local churches and organizations have become more diverse due to increased international exchanges, which means they do not feel the dependence of Korean missionaries or the need to maintain a fixed relationship. Next, there is a direct connection with the local ministry. In the past, they have been greatly helped or influenced by Korean missionaries in many ways (spiritual, intellectual, personal, network, etc.), but not now. Increasingly, the influence of Korean ministers on ministry capacity is reduced. This is because the Chinese church is growing both quantitatively and qualitatively internally and externally through the Internet, overseas travel, the return of overseas students, and relationships with foreigners.

Korean missionaries who are now working in China are confused by the rapidly changing environment, but they are thinking of their own countermeasures and are starting to adjust some ministry areas, forms of ministry, and ministry targets. However, it is also true that there are still groups and missionaries who are not aware of these changes and work in the same way as before, without much action or strategy.

3. Examples of Crisis of Korean Missionaries

The crisis of missionaries is not against a specific region or a specific missionary. Listen to the trends and crises of missionaries in some areas.

a. Examples of GS province

The phenomenon that stands out here is that first, there must be a conversion from Chinese mission to mission China. Missionary Y commented on the recent sharp increase or decrease in the GS province area by saying, "there are occasional newcomers to the area, but few are completely new."

b. Examples of WN province

It is located on the western edge of China and has a large population of ethnic minorities, therefore called the home of a minority. According to 「Operation China」, there are 234 minority ethnic groups scattered around, where ethnic interest missionaries work. Missionary M spoke about the situation of missionaries in the area over the few years.

> There have been a lot of involuntary returnees from this province since 2013. When there were many Korean missionaries, it was

estimated including married couple that there were about N altogether. In recent years, however, many have left the country immensely due to involuntary immigration, visa denial, denial of entry, and voluntary departure. In particular, most of the missionaries who have worked for more than 10 years have left this province.

c. Examples of GY region

This area is where the missionaries went in the early days of the Chinese mission of the Korean church, and the character of the ministry differs from that of other regions. There are ministries targeting a lot of Korean and Korean ministries, a lot of special and welfare ministries, and a lot of public ministries. As for the characteristics of the ministry in this region, a local missionary of the region missionary Yu said,

> Currently, there are many Three Self Churches in this area, and there are more naturally Three Self Church ministries than other areas. And because of its geographical nature, Chinese minorities, the Korean—Chinese ministry, have been actively promoted. There are also many N—related ministries, mostly mercy ministries in the relief dimension, informal, not large—scale support forms, and agricultural ministries.

What I learned from my visit to this area is that this region has a lot of uninvolved returns[11] from around 2013, similar to other regions, and the remaining missionaries are having a lot of trouble getting a visa for long—term residence. In this region, visa—related special

---

11 A missionary who has been ministering for more than 20 years recently has been arrested at the ministry site and has been investigated for three days and was deported.

inspections by the government authorities have been conducted several times. In addition, people 65 years or older are no longer able to work at an educational institution; therefore people have begun to leave and the ministry at a medical institute that has been working as a team has also now progressed slowly. The situation in this area is becoming increasingly difficult, and the visa issue is also a major concern for missionaries. Due to the few new missionaries and the increased number of missionaries who have relocated locally or nationally, as well as the missionaries who have returned home involuntarily, the number of missionaries in the field have decreased and the remaining missionaries are having psychological anxiety.

d. Examples of SS province

When I visited this area in mid-May, missionaries were mainly BAM-related ministers, and it was not easy to meet other missionaries. This is an area that has had involuntary return from the past. And what we learned from this visit is that, many missionaries from this region have been involuntarily returned to Korea during the period when the missionaries were deported massively in 2013.

> Ministers are greatly reduced. Also, the form of ministry seems to have met the transition period. The place where the seminary ministry was performed in this area was converted into a missionary training center, and it is said that the local churches are actively and leadingly participating here. Unlike when Korean missionaries led the ministry of the seminary, they are participating in providing places and finances. A lot of changes are taking place here and there.

e. Examples of BG, CJ region

About this area, I summarized what I learned in the middle of October when I met missionary Y, S, T, Z, L. First, the number of households in CJ has declined from about 00 to about 0, including many who have left the country in the form of deportation and those who have moved to other countries or other areas in China due to various types of checks and warnings. Therefore, it is quiet now, and there is almost no opportunity for relationship.

Meanwhile, the BG area was an area in which missionaries, as well as ordinary Koreans, lived intensively. Now, however, families have moved out of Beijing and moved to the downtown area or Hebei province because of the sudden rise in prices in housing rents and tensions from government authorities. In fact, I learned that there are very few missionaries living in the 4th and 5th ringroad[12] in Beijing. Beijing used to be the area where the ministry of Korean missionaries was active[13], but now, as missionaries left Beijing, they have closed down their ministries or moved their ministries out of Beijing.

f. Examples of other regions

In the case of a missionary in GD province, he has witnessed

---

12 There is a kind of city ring road called 2nd ringroad, 3rd ringroad, 4th ringroad, 5th ringroad, 6th ringroad based on the city center. The 5th ringroad and the 6th ringroad are the roads that come into contact with the outskirts of the city or Hebei province.

13 There were 00 Bible schools run by Koreans, and various ministries including church music related ministry, social welfare ministry, campus ministry, Sunday school teacher training ministry were active. Meanwhile, before returning to Korea to perform the duties being representative of the group, I also had a two-year seminary ministry for a house church in an area in Beijing..

many things that happened recently that hasn't occurred in the past, such as involuntary return of missionaries, regulation or arrest on gathering of Koreans, and so on.

One missionary who has worked in WN province in the past and is currently in charge of domestic ministry said that many missionaries who worked in this area moved their ministries across the border to Southeast Asia, such as Thailand or Malaysia.

A missionary in CH province said that the area itself is a relatively sensitive area. There were many accusations, or in some cases, involuntary return, when visiting the surrounding ethnic regions or learning their language.

g. BM Mission

BM Mission can be seen as a group that is putting much effort into Chinese missions. Since 2013, eight missionary families have left China in the form of denial of entry, visa refusal, or deportation, and some have left China in advance because of such circumstances. A missionary who worked in a northeastern university and another missionary who worked in church pioneering ministry and seminary ministry in a northeastern region were both returned home involuntarily in October 2017 and January 2018, respectively. One is working headquarter ministry in South Korea, studying theology, and ministering to migrants. The other has changed his ministry to Vietnam, Cambodia, India and Turkey. They seemed to have faced considerable crisis, but as a result they were relocated to where they are needed.

As mentioned above, Korean missionaries are having difficulties with visa denial in the mission field, the crisis of involuntary repatriation, and the diminishing field or area of ministry needs. Even in this situation, Korean missionaries will have to break through the difficulties and the crisis of change. Missionary M said this with a sad voice.

> Anyway, there is a high risk that the status of missionaries will be easily exposed and visa issuance is not easy. We must wake up to China, a giant sleeping with the wisdom and courage of heaven, as the Lord said in this age, "wise as a serpent, pure as a dove." And it is our job to raise the future workers who can fulfill the dream of Mission China.

IV. Changes in Ministry Required for Korean Missionaries

What Korean missionaries need in China, at the time of change, is the right perception of change in China as a mission field and change in the Chinese church. If our Chinese mission concept and method, and the missionary dispatched is the same as the early Chinese mission, then that itself is a crisis on its own and reject the demand for change.

So what should Korean missionaries do in this crisis? Missionary Kim, who belongs to the BM Mission and has worked for a long time, makes this suggestion.

First, we need to reconsider the ministry of Bible schools that Korean missionaries operated individually or in groups and organizations. We need to upgrade the level to a level higher than before, and provide quality education to a small number of elite with seminary-level curriculum and teaching staff. And we must leave to them the courses that the Chinese can afford. Sticking to the 20 years ago ways without any thoughts should be discarded. Second, we must participate in opening the Chinese church missionary Chinese era. Existing Bible school ministries must be converted into missionary training or mission camps for Chinese church devotees.

The BM Mission is performing their ministries and also changing the existing Chinese missions to the present age. For example, since 2010, BM Mission has already set up a research team for Mission China and has carried out mission camps every year in the local area where they train about outreach across the border. Also, five years ago, they graduated from the existing Bible School and established the M. Div course for ministers who work locally while gradually reducing the Bible school-level ministry in the group. They already have had two graduation ceremonies.

W Missionary, as a member of a particular denomination, who has been devoted to the ministry of theological education for 15 years, makes a specific proposal as follows. In fact, this denomination has established and operated a Mission Training Center for Chinese people somewhere.

We must make the overall need for mission as a process (product) and provide it to our missionaries. For example, you must make a variety of missions-related courses like 'Understanding the mission of the church, understanding the mission of the pastor, how to participate in local church mission, selecting missionary, training of missionary' as a single product (package) and train (through workshop) them to learn them. Missionaries throughout China must now do their ministry, while at the same time providing them with an appropiate program for missions that local churches in mission fields need. The missions agency should develop a variety of mission-related programs and study the media and teaching methods that enable missionaries to better educate local churches. In doing so, we must support missionaries to make the necessary and appropriate ministry in relation to the changing Chinese and Chinese churches.

A missionary, in this mission, advised that if any group or missionary has done a variety of general ministries in the past, it should now find the ministry needed by the Chinese church as a specialized ministry. The missionary also advised:

> As for the ministry needs, it is certain that youth ministries, such as juvenile, elementary, middle and high school, are weak. Therefore, we see that there are missionaries who are converted into specialized ministries and that they are making progress in that ministry. These ministries will not only have many possibilities and demands in Chinese missions at this point, but will also be meaningful ministries.

Conclusion

This article explains the crisis of 'New Ordinance on Religious Affairs', which has been spurred on Korean missions and Korean missionaries who have been faithful to Chinese missions, 'Crisis in Status and Ministry' and 'Demand for change in mission ministry' according to the change of the ages. This subject consciousness was shared by the field missionaries participating in the questionnaire through interview and e-mail.

Chinese missionaries have experienced a crisis because Korean missionaries have been forced to return home unexpectedly by the Chinese government and hundreds have left China in the form of deportation in the last 3-4 years. Also, due to the absence of preparedness to cope with the changes in the mission environment, they have fear and sense of crisis, 'Who should we target, and now what should we do?' This crisis is a direct result of 'the demand for change in missionary work' and it requires us to convert our perception, attitude and ministry of existing missions and objects. Obviously, the contents of the ministry should be upgraded. In addition, in the form of ministry, they need to know the change and raise awareness about Mission China, which is a new paradigm of Chinese missions, while carrying out Chinese missions. Lastly, missionary groups and missionaries should gather wisdom about the changes in mission policy and the direction of the ministry that occurred as a result of the implementation of 'New Ordinance on Religious Affairs'.

God, who has led the small and weak Korean Church to serve the Chinese Church until now, is surely also encouraging Korean churches to take part in world missions together with the Chinese church as a partner in this age.

We expect Korean churches and missionaries to cope and prepare wisely for the "Crisis of Status", "Crisis in Ministry" and "Demands for Change in Ministry" and continue to cope with Chinese missions ministry. Missionaries should seek integrity, integration, and efficiency based on cross-cultural adaptation and local church understanding. Also, in crisis, missionaries should try to overcome crises and improve their quality by relying on team ministry rather than individual missionaries.

The Chinese Church will be performing God's great work with God. The 56 ethnics of China will praise God with their appearance and voice, and God will surely accomplish the day when the nations will come and praise through the Chinese church.

「KMQ (English Edition) 2018」(KWMA)

참고문헌

한국서적

김성태. 『북방선교의 실상』. 서울: 생명의 말씀사, 1994.
김종구. 『중국교회 이단 동방번개』. 서울: 도서출판 목양, 2011.
박성현 · 조신섭 · 김성수. 『SPSS(PASW) 17.0 이해와 활용』. 서울: 한나래출판사, 2011.
박인성. 『중국의 도시화와 발전축』. 서울: 한울 아카데미, 2009.
배춘섭. 『기독교와 조상숭배』. 서울: 도서출판 목양, 2010.
이규환. 『지역사회의 개발과 이해』. 서울: 이화여대 출판부, 1977.
이현모. 『현대선교의 이해』. 대전: 침례신학대학 출판부, 2003.
전호진. 『선교학』. 서울: 개혁주의신행협회, 1999.
정경호. 『바울의 선교신학』. 서울: CLC, 2009.

중문서적

高建國. "基督敎最初轉入溫州 片斷." 『溫州文史資料』, 第 7集: 343-348.
高師寧. "城市化過程與中國基督敎." 『燕京神學誌』, 2010年 第 23期.
罗伟虹. 『中国基督教』. 北京: 五洲传播出版社, 2004.
舍禾 Ezra Pan. 『中國的耶路撒冷溫州基督敎歷史』. 台北: 宇宙光全人關懷機構, 2015.
唐曉峰. 『改革開放以來的中國基督敎及硏究』. 北京: 宗敎文化出版社, 2013.
陶飞亚. 杨卫华. 『基督教与中国社会研究入门』. 上海: 复旦大学出版社, 2009.
莫法有. 『溫州基督敎史』. 香港: 建道神學院 基督敎與中國文化研究中心, 1998.
銘賢. "中國宣敎大趨勢". 『中國西部宣敎(下)』. 道恩編著. 橄欖山工作室, 2011.
龔纓晏. 『浙江早期基督敎史』. 浙江: 杭州 出版社, 2010.

梁家隣.『福臨中華-中國近代教會史10講-』. Hong Kong: Tien Dao Publishing House Ltd., 1995.

_____.『改革開放以來的中國農村教會』. 香港:建道神學院, 1999.
王治心,「中國基督敎史綱」上海: 上海古籍出版社, 2011.
吳榜明 외 3인.『邊際的共融-全地球化視覺下的中國城市基督敎硏究』. 上海: 上海人民出版社. 출판년도 없음.
溫州市統計局國家統計局溫州調查隊.『溫州統計年鑑-2012』.浙江溫州:中國統計出版社, 2012.
溫州市人口普查辦公室 編.『溫州市 2010年人口普查資料 下』. 浙江省, 溫州, 2011.
_____.『溫州年鑑2013』. 北京:中華書國出版, 2013.
折江日報溫州分社 編.『溫州30年』. 浙江溫州: 2010.
翁雅各.『如何識別异端』. 上海: 中國基督敎三自愛國運動委員會. 中國基督敎協會, 2005.
劉同蘇.王怡.『觀看中國城市家庭敎會』. 臺灣: 基文社, 2012.
趙天恩·莊婉芳.『當代中國基督敎發展史 1949-1997』. 台北: 中國福音會出版部, 1997.
中共中央文獻硏究室本書編寫組.『中國 1978-2008』. 湖南: 湖南人民出版社, 2009.
支華欣.『溫州基督敎』.浙江: 浙江省基督敎協會出版, 1999.
陳村富.『轉型期的中國基督敎-浙江基督敎個案硏究』. 北京: 東方出版社, 2005.

영문서적

Bavink, J. H.. *An Introduction to the Science of Mission*. Philadelphia: presbyterian and Reformed, 1960.
Brown., G. Thompson. *Christianity in the people's Republic of China*. Atlanta: John Knox Press,1983.
Budijanto, Bambang ed. *Emerging Missions Movements: Voice of Asia*. Colorado Springs: Compassion International in partnership, 2010.
Chao, Jonathan ed.. *A Reader An Expanded Study Guide; A History of the Church in China Since 1949* (I). Grand Rapids. Michigan: Institute of Theological Studies, 1995.
_____. *A Reader: An Expanded Study Guide: A History of the Church in China Since*

1949 (II). Grand Rapids, Michigan: Institute of Theological Studies, 1995.
Gelder, Craig Van . *The Essence of the Church: A Community Created by the Spirit*. Grand Rapids. Michigan: Baker Books, 2000.
Newbigin, Lesslie . *The Household of God*. New York: Friendship Press, 1954
_____ . *Behold I Make All Things New*. Madras: Christian Literature Society, 1968.
_____ . *The Good Shepherd: Meditations on Christian Ministry in Today's World*. Grand Rapids: Eerdmans, 1977.
Roxburgh, Alan J. and Boren M. Scott . *Introducing the Missional Church. What it is. Why it matters .How to become one*. Grand Rapids. Michigan: Baker Books, 2009.
Snyder, Howard A.. *The Radical Wesley and patterns for Church Renewal*. Downers Grove : In ter varsity, 1980.

번역서

데니스 레인. 『선교사와 선교단체』. 도문갑 옮김. 서울: 도서출판 두란노, 1993.
E. R. 데이톤 & D.A. 프레이저. 『세계선교의 이론과 전략』. 곽선희 외 2인 공역. 서울: 대한예수교장로회총회출판국, 1991.
랄프 윈터 외 2인 , 『퍼스펙티브스 1』. 정옥배 외 2인 공역. 서울: 예수전도단, 2010.
Shenk, Wilbert R.. 『선교신학의 21세기 동향 *Mission Strategy*』. 홍응표 외 14인 역. 서울: 이레서원, 2001.
O'Donell, Kelly 캘리 오도넬, 『선교사 멤버케어 *Doing Member Care Well*』. 최형근 외 4인 역. 서울: CLC, 2004.
Engen, Charles E. Van. 『하나님의 선교적 교회 *God's Missionary People -Rethinking the Purpose of the Local Church*』. 임윤택 역. 서울: 기독교문서선교회, 2014.
조지 피터스. 『선교성경신학 A Biblical Theology of Missions』. 김성욱 역. 서울: 크리스찬 출판사, 2004.
Quicke, Michael. 『전방위 리더십 360-*Degree Leadership: Preaching to Transform Congregation*』. 이승진 역. 서울: CLC, 2009.
토니 램버트(Tony Lambert). 『중국교회의 부활 *The Resurrection of the Chinese Church*』. 김창영 · 조은화 공역. 서울: 생명의 말씀사, 1995.
_____ . 『중국의 교회 그 놀라운 성장』, 이찬미 · 최태희 역. 부산: OMF출판부,

2007.
폴 해터웨이. 『오퍼레이션 차이나』. 중국대학선교회 역. 대구: 도서출판 CUM, 2007.
_____. 『백 투 예루살렘 Back to Jerusalem』. 류응렬 번역. 서울: 홍성사, 2005.
하워드 A. 스나이더. 『21세기 교회의 전망』. 박이경 · 김기찬 역. 서울: 아가페 서원, 1995.
王作安. 『중국의 종교문제와 종교정책』. 김광성 역. 서울: 한중국제교류재단, 2013.

논문, 정기간행물, 기타

高師寧. "城市化過程與中國基督敎." 『燕京神學誌』 2010年 合輯 總 第 23期.
高師寧. "城市化過程與中國基督敎." 『宗敎學硏究』 2011年 2期.
김명일. "중국신흥도시교회와 선교중국." 「Mission China 2011 핸드북」. 제 3차 선교중국대회 핸드북.
김모세. "中國城市新興敎會與宣敎中國." 「2013 宣敎中國」 세미나 발표자료.
김영호. "중국교회의 '백투예루살렘'에 대한 비판적 연구." 『신학과 목회』. 2014년, 제 42집: 193-221.
김종구. "중국교회의 자선교학화 세계선교 전략을 중심으로." 「제 1차 권역별선교전략회의(2014 RCOWE I)」 KWMA 자료집 2014: 125-139.
_____. "저장성의 온주기독교." 『선교타임즈』. 2012년 2월호: 35-51.
_____. "중국교회의 선교운동과 협력방안." 『KMQ』. 2015년 여름호 제 54호: 47-56.
盧炳照. "우뚝 일어서고 있는 중국교회." 『中國과 福音』 제 159호 2011년 가을호. 서울: 중국복음선교회, 2011.
노봉린. "변화하는 아시아와 새로운 선교전략." 『KMQ』 2014년 여름호 제 50호: 30-45.
大衛. "逼傳福音團: 福音回歸耶路撒冷." 「中國心」 26期.
大衛. "神州歷史." 「中國心」 26期.
리이에원. "실크로드: 중국교회 선교의 새로운 모색-과거와 미래의 건의." 『CUM-Q』. 대구: 중국대학선교회, 2011: 4-22.
文牧. "中國敎會對宣敎中國的異象." 「제3차 "선교중국"대회 컨퍼런스」. 2011: 15-23
박영희. "개방개혁 후 중국기독교 발전상황." 『선교와 신학』 제 16집. 서울: 장로회

신학대학원 세계선교연구원, 2005: 59-70.
엄주연. "선교사와 사역자를 위한 전인 훈련 프로그램 개발 과정."「선교연구」제 65호. 서울: GMTC, 2011: 8-23.
吳微微. "중국교회 기독교 교육의 발전 단계."「중국을 주께로」. 2014년 1,2월호: 82-89.
王俊. "中國基督敎發展的基本情況."「2014 한·중 기독교교류세미나」자료집.
姚力. "我國改革開放以來基督敎發展的原因探析."「當代中國史硏究」. 2004年5月 第11卷 第3期.
우심화. "중국의 기독교인 수치 연구."「ACTS 신학저널」경기양평:아세아연합신학대학교, 2014: 59-120.
_____. "중국교회간사(簡史)."「ACTS 세계연구」. 중국선교연구원, 2012년 제 2호: 257-281.
이승진. "선교적 교회론과 교회 갱신 방안."「복음과 실천신학」제30권, 2014: 229-259.
인병국. "선교 중국에 요청되는 중국인 선교사."「중국을 주께로」. 2011년 7. 8월호. 통권 126호: 52-63.
이우윤. "중국교회의 선교전략의 필요성." 2011년 선교중국대회 컨퍼런스 자료: 44-75.
이후천. "한국에서 선교적 교회론의 접근 방법들에 대한 선교학적 성찰."「선교와 신학」. 30집. 2012. 8: 49-74.
장예진. "중국 도시가정교회 개척 사역."「중국을 주께로」. 제115호. 2009년 9-10월: 44-55.
張忠誠. "從溫州敎會的牧區現狀間敎會的牧羊管理".「金陵神學誌 2011年 4期」. 浙江省基督敎三自愛國運動委員會. 南京, 2011.
정흥호. "선교와 교회의 관계성 고찰."「신학과 선교」. 경기양평: 아세아연합신학대학교. 2014. 제4호: 219-236.
조영태. "한국의 선교적 교회론 확립을 위하 레슬리 뉴비긴의 교회론 연구." 미간행 신학박학위논문. 아세아 연합신학대학교, 2006.
陳鐳. "風雲再起 直到主來."「中國心」2007年 7-9月 第 19期. 中國神州差傳會刊.
최형근. "레슬리 뉴비긴의 선교적 교회론" 선교학 포럼 발제. 한국선교연구원. 2005.
CUIZHENER. "선교적 관점에서 본 중국 독자적 가정교회의 활성화 방안에 관한 연구." 미간행 서울신학대학교 신학박사학위 논문, 2012.
한정국. "디아스포라 사역의 전략적 중요성과 나아갈 방향." 2010.

한철호. "백 투 예루살렘' 운동에 대한 이해와 한국교회 선교." 『KMQ』2005년 봄호: 53-65.
Gobeen, Michael. "The Missional Calling of Believers in the World: Lesslie Newbigin's Contribution," in A Scandalous Prophet: The Way of Missions after Newbigin. ed. Thomas F. Foust. george R. Hunsberger. J. Andrew Kirk. Werner Ustorf. Grands Rapids: Eedmans, 2002.

Ren ZhiJie. "The Formation and the Effect of Christianity belief of the College Students in WenZhou Area." Master's Thesis. Central China Normal University, 2012.
19호 문건: "关于我国社会主义时期宗教问题的基本观点和基本政策"－１９号文件
"中 '동방의 예루살렘' 말살 야욕 저장성 교회 64곳 철거 또는 철거 위협받아." 국민일보. 2014년 05월 25일자.
중국어문선교회 편집부. "도시화에 따른 중국교회의 변화". 전은정 역. 『중국을 주께로』. 제 99호. 2007년 1-2월: 74-76.

인터넷자료

"중 초고속 도시화. 인구비중 농촌 추월". 동아닷컴.
⟨http://news.donga.com/3/all/20120118/43418703/1⟩.

朱秀蓮. 邢福增. <"中国耶路撒冷"－温州教会的现状与分析>, 基督教消息:
http://www.hkchurch.org/GenericStylies/Content.asp?ID=2829.

今日華人教會二〇一一年二月, 華福中心研究及發展部.
http://www.cccowe.org/pic/20110313/ 8-10.